# Qからはじめる法学入門

# はじめに

 今日一日あなたはどんなことをしましたか？

「『法学』の勉強をしようと思ったのに、なんだこの質問は……」と思った、そこのあなた！ まあ取りあえず、だまされたと思って回答してみてくれませんか？

ちなみに、私が受け持った学生のなかにこんな回答をしてくれた人がいました。

「朝寝坊。講義のため電車に飛び乗って最寄り駅を降りた後、大学までランニング。ギリギリセーフ！昼は友達と学食。その後は、午後3時のバイトまで時間があったんで、それまでスマホをいじってました！」

 Q1で回答した内容はどんな法律がかかわっています？

続く質問に対し、「え～そんなのわからないよ」とか「俺は悪いことしないから法律なんか関係ないや！」などの反応が予測されます。でも先の回答例は、少なくとも駅から学校まで道路を使用していますよね。これってすでに道路交通法（以下、道交法といいます）という法律と関係を持っちゃっているのです。「歩行者は車が危ないから歩道を使用しようね！」と小学校時に教わりましたよね？ まさにあれが道交法の話なのです。仮に、道路を使用する人たちがその日の気分で好き勝手に道路を使用してしまったら、どうでしょう？ 大惨事を引き起こしかねないですよね。それを未然に防ぐために道交法があるのです。「法って処罰の話じゃないの？」って思った人もいるかもしれません。でもそれは法の一側面にすぎません。

バイトやスマホなど、ほかはどうでしょう？ これらもめちゃくちゃ関係ありますが、みなさんの考える力を養うには、すぐさまこちらがすべてを伝えることが良いことではないので、どうしてもわからない場合は後述の編・章を読んでみてください。

とにもかくにも、以上の一例から見てもわかるように、みなさんのなにげない日常生活はよく目を凝らして見れば、数多くの法との関係であふれていることがわかるのです。だとすると、好き嫌いに関係なく知らないとまずいですよね？

そこで本書はまず、（法学に初めてふれるであろう）大学生のみなさんの日常生活と法がどのように結びついているのか認識してもらうことに重きを置いて、スマホや恋愛など身近な事例から法の解説を行っています（「第Ⅰ編　大学生に関する法的問題」）。ただ、日本人の平均寿命が80歳前後だとすると、みなさんは就職、結婚、退職、老後の生活などを今後経験する可能性があり、もっともっと法に触れる機会が増えるのです。そこで、大学卒業後の世界についても2つの編を設けてあります（「第Ⅲ編　社会人の世界」、「第Ⅳ編　今後の人生のために」）。また、すでに過ごしてきた子ども時代も無論、法と

i

関係があります。ここではノスタルジーに浸りながら法について考えるも良し、子どもとかかわる仕事に就いた時や子育ての時のために考えるのも良し、として編を設けております（「第Ⅱ編　おとなへのステップ」）。

　本書は、従来の法学の教科書のようにテーマごとに関係するものをすべて本文に詰め込んで、なんでもかんでも親切に教えようというスタイルをとってはおりません。これでは読者がページを開くと同時に、見慣れない法律用語の多さに「げっ！」と思い、ページを閉じる可能性もありますし、一生懸命読もうとする人がいても、法学初心者にとってただでさえ難しい言葉遣いは睡眠の素になったり（「眠素（民訴）」という隠語があります）、法学嫌いを増やす可能性も否めません。

　ところで、社会人にとって大事なスキルの一部は、①気づくこと、②調べること、③考えることを繰り返すことだと編者は考えます。そこで本書はこのスキルを大事にしようと考えています。要するに、A)「お酒は20歳から」、「借りたものは返しましょう」など、みなさんが一般常識として思っている身近な事例が法とどのように結びついているか気づくこと、B) その法がどういう歴史的経緯をたどって現在の姿になっているのか調べること、C) そして、現在の法の姿はみなさんが経験やマスコミなどを通じて知る現実社会の状況にマッチしているのか（あるいは、マッチさせる必要があるのか）などを考えることを中心に各編・章は大筋で執筆されています。

　「法トラブルが生じたらどこに相談すりゃいいの？」とか「法のこともっと深く知りたいよ」という人のためには、各分野の専門家や専門機関を紹介するコラムを設けましたし、より専門的な学習をしたい方のために巻末に資料としてウェブサイトの紹介も設けましたので、そちらも活用してもらえたらと思います。

　では、モノは試し。身近な世界から一緒に法の世界を読みといていきましょう！

2017年7月

編者を代表して　　榎澤幸広

# 目　　次

はじめに ............................................................................... i
本書の使い方 ........................................................................ viii

## 序　章　法とはなにか ── 1

1. 法はなぜ必要なの？ ..................................................... 1
2. 日本の法令はどんな感じ？ ........................................... 5
3. 法律の構造や読み方をマスターしましょう！ ............. 10

## 第Ⅰ編　大学生活に関する法的問題

### 第1章　ひとり暮らしと法 ── 14

1. 意外と知られていない日常生活のルールと「契約」.......... 14
2. マンションを借りて、初めてのひとり暮らし ................ 17
3. 購入した物が不良品だったら──民事上の責任 ............. 23
4. 民法というフィルターを介して見た世界 ...................... 27

**民法改正**　120年ぶりの民法大変革の時代／28

### 第2章　スマートフォン・インターネットと法 ── 29

1. スマートフォンをもつということ ................................ 29
2. 芸能人の写真のアップロード ....................................... 30
3. 「バイトテロ」、「リベンジポルノ」............................... 33
4. 忘れてください──削除 .............................................. 35
5. みんなに知らせたいことがある！──表現の自由 ......... 38

**Column**　司法書士・行政書士／40

## 第3章　恋愛と法 ────── 41

1．道ならぬ恋は罪に問われるか ………………………… 41
2．恋人からの暴力──DV、ストーカーなど ………………… 44
3．妊娠したかも？──産む選択・産まない選択 ……………… 49

## 第4章　交通事故と法 ────── 52

1．道路はだれのもの？ ……………………………………… 52
2．自転車事故の法的責任 …………………………………… 54

**Column**　法テラス／64

## 第5章　はじめての選挙 ────── 65

1．若者と選挙の実態 ………………………………………… 65
2．選挙ってなんだろう？ …………………………………… 69
3．投票率向上のために考えること ………………………… 73

**Column**　「みんなの政治」・「選挙ドットコム」／77

# 第Ⅱ編　おとなへのステップ

## 第6章　おとなになった証拠？──お酒は20歳から ── 80

## 第7章　子どもの人権とは？ ────── 85

**Column**　児童相談所／91

# 第Ⅲ編　社会人の世界

## 第8章　はじめての就職 ────── 94

1．正社員って、そもそもなに？ …………………………… 94
2．アルバイトや派遣社員は、正社員となにが違う？ ………… 95

目　次

　　3．「ブラック企業かも……」と思ったら？ ……………… 100
　Column　労働基準監督署と総合労働相談コーナー／105

## 第 9 章　理想の結婚と離婚の現実 ── 106
　　1．結婚する自由・結婚しない自由 ……………………… 106
　　2．愛が冷めてしまったら──離婚 ……………………… 112
　　3．子どもにとっての幸せとは？──親権 ……………… 115
　Column　家庭裁判所／119

## 第10章　ライフスタイルの選択──出産と子育て ── 120
　　1．出産・育児ってこんなに大変！働くママの奮闘 …… 120
　　2．少子高齢社会とワークライフバランス ……………… 124
　　3．もしシングルマザー（ファーザー）になったら …… 127
　Column　女性センター／131

## 第11章　お金にまつわる問題 ── 132
　　1．クレジットカード ……………………………………… 132
　　2．借金・ローンや連帯保証人 …………………………… 137
　　3．多重債務の救済 ………………………………………… 140
　Column　消費生活センター／142

## 第12章　人生の落とし穴？ ── 143
　　1．トラブルに巻き込まれたら …………………………… 143
　　2．裁判のしくみと裁判員制度 …………………………… 148
　Column　最高裁判所／154

# 第Ⅳ編　今後の人生のために

## 第13章　もし生活にいきづまったら ─────── 156
　　1．働きたいのに……働けない！ ·················· 156
　　2．もし途中でリストラにあったら ·················· 159
　　3．ワークルールとしての労働法 ·················· 163

## 第14章　老後の生活とリスク ─────── 165
　　1．第二の人生、どうやって暮らしていくの？ ·················· 165
　　2．高齢者の介護は誰がする？ ·················· 168
　　3．もし認知症になったら ·················· 172

## 第15章　財産の行方 ─────── 177
　　1．死んでからじゃ遅い！？──遺言 ·················· 177
　　2．財産はどう分けられる？ ·················· 183

資　　料──法律についてもっと詳しくなりたいなら！ ·················· 190
索　　引 ·················· 191

# 執筆者一覧

50音順、○印は編者

浅田 訓永(あさだ のりひさ)　（中部学院大学スポーツ健康科学部准教授）　第12章

上田 貴彦(うえだ たかひこ)　（中京大学法学部准教授）　第1章

○榎澤 幸広(えのさわ ゆきひろ)　（名古屋学院大学現代社会学部准教授）　序章、第6章、第7章、資料

○小川(杉島) 由美子(おがわ すぎしま ゆみこ)　（中京大学法学部教授）　第11章

鈴木 伸智(すずき しんち)　（愛知学院大学法学部教授）　第9章、第15章

西山 真司(にしやま しんじ)　（関西大学政策創造学部准教授）　第5章

松村 芳明(まつむら よしあき)　（東京工業大学非常勤講師）　第2章

水留 正流(みずとめ まさる)　（南山大学法学部准教授）　第3章、第4章

三輪 まどか(みわ まどか)　（南山大学総合政策学部准教授）　第10章、第14章

柳澤 武(やなぎさわ たけし)　（名城大学法学部教授）　第8章、第13章

# 本書の使い方

◎本書の構成

序章　法とはなにか
——なぜ法は必要？
まずは法の基礎知識を学びましょう！

第Ⅰ編　大学生活に関する法的問題
・ひとり暮らしと法
・スマホ・ネットと法　・恋愛と法
・交通事故と法　・はじめての選挙

第Ⅱ編　おとなへのステップ
・おとなになった証拠？
・子どもの人権とは

第Ⅲ編　社会人の世界
・はじめての就職
・理想の結婚と離婚の現実
・ライフスタイルの選択
・お金にまつわる問題
・人生の落とし穴？

第Ⅳ編　今後の人生のために
・もし生活にいきづまったら
・老後の生活とリスク
・財産の行方

　本書は、大学生に身近なテーマから、これまでの人生もしくは今後の人生に関連するテーマをとりあげ、テーマごとにかかわる法を解説しています。法の体系には沿っておらず複数の法がかかわるテーマもあります。ご自由に興味のあるテーマから読み進めていただけます。

◎本書の特徴

　1つのテーマについて、対話しながら法を学びます。本文中のQやCASEの問いかけについて、読者のみなさんも考えながら読み進めてください。

　Q…………本文の流れに沿って、適宜、問いかけを行っています。読み進める前にご自身で答えを考えてみてください。

　CASE……日常生活で起こりそうな事例をとりあげています。このなかに潜む法律問題を考えてみましょう。

いろいろな生き方がありますが、人生と法のかかわりを学んでいきましょう

◎法を学ぶ前に知っておこう！

・法令略語　正式名称が長いものは、通称（略称）で表記しています。
・判例略語

　　最判→最高裁判所判決　　　最大判→最高裁判所大法廷判決
　　最決→最高裁判所決定　　　最大決→最高裁判所大法廷決定　　高判→高等裁判所判決
　　地判→地方裁判所判決　　　地判○支判→地方裁判所○支部判決　　地決→地方裁判所決定
　　大判→大審院（最高裁判所の前身）判決　　民録→大審院民事判決録　　判時→判例時報
　　民集→最高裁判所民事判例集　　刑集→最高裁判所刑事判例集　　労判→労働判例

＊　たとえば、「最判昭和49年12月24日民集28巻10号2152頁」は、最高裁判所で昭和49年12月24日に出された判決であり、『裁判所民事判例集』の28巻10号の2,152ページに掲載されていることを意味します。

# 序章 法とはなにか

関連するのは
六法

ここでは、法学を理解するための基礎知識を学びます。

## 1 ── 法はなぜ必要なの？

〈キーワード〉
- 人間交際
- 法令
- 憲法

ここでは、そもそも「なぜ法が必要なのか」、みなさんと一緒に考えていこうと思います。

 「法律」についてぶっちゃけどう思いますか？

このような質問を受けた場合、「最近は法律を扱った番組もたくさんあるのでだいぶ身近になったよ！」という意見もあれば、「なんかむずかしそう～」、「見たことない読みづらい言葉や文章がずらずら並んでいる」なんて意見も出てくると思われます。

 （むずかしいとか読みづらいという意見に対し）それでは、法律の知識がなくてもよいのでしょうか？

この質問に対しては、「むずかしいけど、なにかあった時困るしな……」とか「日本人として一般常識である以上知らないわけにはいかないよ！」などの反応が予想されます。そう思いつつも、いざ法学の勉強をしようとすると、二の足を踏んでしまうという意見もわかるような気がします。

ただ、そんな複雑に考える必要はないと思います。だって、大学生であれば長い時間、家族や友人などの他者との交流をしながら生きてきたわけですよね！ その経験や知識にあてはめれば、法の話とも関係する「なぜルールが必要なのか」という問いに対し、それほどむずかしくなく解答を見出すことができるはずです。何を言っているかこれだけだとわかりにくいですか？ それでは、みなさんには今から筆者が作った仮想世界の住人になってもらい、筆者の投げかける質問（CASE）に対し、その世界の住人として回答してほしいと思います。

> **I▶CASE①**
>
> 想像してみてください。
> 　あなたは豪華客船ツアーに参加していましたが、船が岩にぶつかって難破してしまいました。海に落ちたあなたはそのまま意識を失ってしまいました。何日たったかわかりませんが、ふと目を覚ますと見たこともない砂浜に流れ着いていました。しばらく散策してみました。海には魚やおいしそうな貝がいっぱいあって、山にはバナナやブドウなどの果物類や木の実がたくさん実っています。ただ、人っ子一人見当たりません。無人島のようです。
> 　あなたはここでどのように生活しますか？

　この問題は、まるで映画『タイタニック』の一部や小説『ロビンソン・クルーソー』のようだったりして、マンガ、映画や小説でよく使用される設定です（ちなみに、この問いを含む後の2つの質問は、大塚久雄『社会科学における人間』［岩波書店、1977年］からヒントを得ていますのでよかったら読んでみてください）。

　この点、「まずは家を建てたり生活基盤をしっかりする」という人もいれば、「無人島の一番高い所を探し、SOSの狼煙（のろし）を上げる！」とか「筏（いかだ）を作って脱出を試みる」なんて意見も出てくることでしょう！

　それでは、次の質問に移りましょう。

> **I▶CASE②**
>
> 想像してみてください。
> 　2、3か月くらい経ったでしょうか。砂浜に2人の人が流れ着いていました。彼らは幸い同じ言葉を話し同じような文化を持つ人たちでした。
> 　あなたは彼らとどのような生活をしますか？

　さっきとは状況が変わりましたね。ここでは、「お互いに話し合ってこの島で生きていくために協力し合う」、「それぞれの得意分野を活かして役割分業をする」とか「お互いのプライバシーを守るために住む場所や一人になれる時間をそれぞれ作る」などの回答があるかもしれません。

　CASE①と②では、具体的にどういうふうに状況が変わったのでしょうか。①は極端な言い方をすれば、「この島にあるものは何でもみなさんが自分勝手に使用することができたし、時間も自由にできた」わけです。それに対し、3人での生活はそういうわけにはいかなくなりました。他者との関係が発生したからです。要するに、小さいですけれど"社会"が発生したわけです。

　この"社会"という言葉。英語では、"society"です。国際化の波が押し寄せてきた明治期の日本人は、今のように便利な辞書などありませんから、外国語を必死に創意工夫で日本語に直しました。このsocietyもそうです。最終的に、社

会という訳になりましたが、筆者は福澤諭吉（慶應義塾大学の創設者でお札の人）さんが訳した**人間交際**という訳が実はうまく単語の意味をつかんでいるんではないかと今でも思っております。

　何を言っているかというと、②の事例は、他者との関係（人間交際）がスタートした話なのです。そこでは、3人で生活するうえで、役割分担、食料の貯蔵や使用の仕方、それぞれの住処を作る場所、約束を守らなかった場合など、なんらかの取り決めをしなければなりません。人数が少なくお互いに言語は通じますし、文化も同じですから、取り決めた内容は暗黙のルールという形になるかもしれません（慎重な人が集まっていれば文書化するかもしれませんが……）。とにもかくにも、他者とのコミュニケーションがスタートすることによって、重要な部分に関してはルールという取り決めも行われることになるのです。

　それでは次の段階に移ることにしましょう。

> **▶CASE③**
> 想像してみてください。
> 　よくよく島を調べてみると、先住民族の人たちが住んでいることがわかりました。彼らは長い間この島に住んでいてこの島で生活する知恵をたくさん持っているようです。しかし、言葉がまったく通じません。また、我々にとってこの島で獲れる貴重なタンパク源であるイノシシは、先住民の人々にとって神とあがめる存在でした。さらに、成人は刺青をしたりバンジージャンプをする風習もあるようで、文化がかなり違うようです。
> 　あなたは彼らとどのような生活をしますか？

　「ちっちゃな無人島で数か月間も生活していて先住民族の存在に気づかないなんて……」というツッコミはさておき、新たな人間交際がスタートしました。「彼らの言葉を学んで交渉できるようにする！」、「郷に入っては郷に従えなので彼らの文化にあわせる」、「彼らに我々の文化も理解してもらうように努める」、「過去にイノシシを獲ってしまったことは謝罪しつつも、今後も3か月に1頭だけイノシシを獲ることを許してもらう」などの回答が出るかもしれません。

　人間交際をするためにはコミュニケーションが不可欠ですから、なんらかの言語を生成する必要があります。それは口頭であれ体で表現するボディランゲージにしてもです。ちなみに、お互いが理解できる単語をつなぎ合わせて会話することを**ピジン化**といい、その会話言語（ピジン語）が単語量も増え文法的にも精緻化されることを**クレオール化**といいます（後者の過程になるには一世代では難しいかもしれませんが、歴史的には日本各地でも発生しております。たとえば、小笠原諸島が有名[*1]）。

　このような言語過程を経て、文化やルールもピジンからクレオール化していき

> **ここもCHECK**
> *1　現在世界遺産にも認定されている小笠原諸島の先住者は1830年の欧米系の人々でありその後日本人が移住している。

ます。最初のルールは「お互いの文化や生活を尊重しよう」なんて単純なものかもしれませんが、「この無人島では二言語・二文化を大切にする。但し、公式文書の作成や交渉は共通言語（ピジン語・クレオール語）を使用する」なんてより複雑な形に変化したものも登場するかもしれません。

　ここで理解できることは、社会が複雑化すれば、ルールも複雑にならざるをえないということです。特に異なる文化、異なる言語を持つ人々が同じ社会に存在する場合、それぞれの立場を配慮していろいろルールになるわけで、お互いがそれを守るために文章化せざるをえなくなります。たとえば、カナダの1982年憲法法は、英語とフランス語を公用語にしたり、インディアンやイヌイットの権利を認めたりしています。また、南アフリカ共和国の1996年憲法は11公用語体制を規定したり、障害者や性的マイノリティの権利を規定していたりします。これとは逆行した事例として、異なる民族や階級の人々を分離するルールを作り、一方が他方を差別したり最悪の場合には虐殺まで行ってしまった例も存在します。たとえば、それがナチスやアメリカの人種差別であったり、それを究極化したものが1993年以前の南アフリカのアパルトヘイト（人種隔離政策）だったりするわけです。

　この点に関連して、国際連合では、さまざまな差別を禁止する条約（人種差別撤廃条約とか女性差別撤廃条約）や虐殺行為を禁止する条約（ジェノサイド条約）などが作られました。これらは歴史上、他者の存在を承認せず排除を繰り返すことによって、多大な人権侵害を生み出してきたという反省の下に、ルールが生成されたものであるということも知っておくとよいでしょう。

　以上のことから理解できるのは、①ルールとはお互いが仲良くやっていくために必要なものであること、②お互いのことを配慮したうえでルールを作っていったらその内容も複雑にならざるをえないこと、③人数が増えたりいろんな属性を持つ人が増えれば増えるほどより複雑にならざるをえないということです。

　まず①の点について、若干補足したいと思いますが、みなさんのなかには、ルールは「悪いことをした奴を処罰するためだ！」と考えている人もいるでしょう。しかし、あくまでそれは法機能の一側面に過ぎないのであって、お互いの関係を大事にするという点が前提にあることを忘れてはなりません。

　③の点については、少数であれば、皆で話し合ってルールを作ることも可能でしょうが、人数が増えた場合は難しいですよね。だから、一部の人に代表してもらい、その人たちに島でのルールを作ってもらい、運用してもらうなんて方法もでてきます。また、代表者の選び方もできる限りいろいろな価値観を反映するために工夫したり、無論、こういった島の組織のあり方についても文書化しないともめごとが起きやすいので、ルールとして設定されると考えられます。さらに、ルール違反者に対する不利益の与え方（刑罰や損害賠償など）、違反かどうかを判定する方法や組織もルール化することが必要になったり……などなど。

いろいろな人が仲良くするためにルールがあるのですね

以上の無人島に関する質問は、ほんの数年程の島での営みを切り取ったものです。実際は今後も在島民、新たな漂流者や移住者の存在、社会環境の変化、他の島との交流など人間交際の範囲が拡大することを通じて、島同士の友好条約、輸出入品の規制、入島・出島の制限なども含めルールが複雑化すると考えられます。

> **考えてみよう**
>
> 最後に質問です。今みなさんが住んでいる日本はどのような社会ですか？このようなことをふまえて、なぜ日本の法律が複雑なのか考えてみてください。

## 2 ── 日本の法令はどんな感じ？

日本には数えきれないほどのルールが存在します。
ここでは、それらを体系づけるキーワードを紹介することにします。

 日本にはどれくらいの法律が存在すると思いますか？

法令データ提供システム（law.e-gov.go.jp）によると、2017（平成29）年1月1日現在、1966と示されています。当ウェブサイトでは、**法律**とは「一般に、日本国憲法に定める方式に従い、国会の議決を経て、「法律」として制定される法をいう」としております。

この説明で気になるのは「日本国憲法に定める方式」という部分です。この説明から**日本国憲法**が法律でないことが理解できると思いますが、日本にはさまざまな法が存在します。以下、さまざまな法をひとまとめにして**法令**と呼ぶことにしましょう。

 では、法律や日本国憲法以外にどのような法令が存在するのでしょうか？

前述のウェブサイトを読み進めていくと、**政令**（内閣の制定する命令。2,157）や**府令・省令**（前者は総理大臣が内閣府の長として発する命令で、後者は各省大臣が発する命令。3,758）などがあると記されております（括弧内は概要と数）。これらと日本国憲法や法律もあわせた合計数は8,305となるうえ、それ以外にも自治体で作る**条例**、政府が批准した**条約**、会議その他の手続や内部規律を定めた衆議院規則や参議院規則のような**規則**…もう考えるのが嫌になりますね（汗）。どれくらいの分量か目で確かめたい人は、ほんの一部の法令が市や県の図書館の資料

コーナーで閲覧できるので行ってみてください（それでもかなりの量です！）。

こんな話を聞いても、ものすご〜く根気強い人は、一個一個片っ端から勉強していくかもしれませんが、よっぽどの記憶力や理解力がないと内容をすぐ忘れてしまいますよね！そうならないためにも、一つのやり方として、数多くの法令を体系として覚えてもらえたらと思います。その一つのキーワードが**六法**です。読んで字のごとく、「6つの法」を意味するものですが、「日本の法令のなかで最も重要でさまざまな法のベースになる法は6つあるよ！」というものです。

 **6つの具体的な法令名をあげてください。**

一つひとつの説明は後にして、解答だけ示すと、**憲法、民法、刑法、商法、民事訴訟法、刑事訴訟法**の6つとなります。なぜ6つなのかは、いろいろ説があるようですがよく言われるのが、明治政府が近代国家（西欧のように法整備がしっかりされている国家）になるために日本に招待したフランス法学者の一言「フランスでは重要な法が6つあるよ！」が決め手になったらしいということです。

とにもかくにもこの6つを押さえておくと、みなさんがなにかの法律問題にぶち当たったときに「この事例は選挙の話が絡むから憲法の内容に近いな」、「あれはアパートを借りる事例だから民法の契約の話に近いな」と推測可能になるのです。このように、六法というキーワードは"6つのベースとなる法"を示すだけでなく、"さまざまな法令はおおまかにそれら6つの法のどれかにあてはめることができる"という意味も含むのです。ちなみに、"日本の法令全体"を六法という場合もあれば、"本屋さんで売られている、日本の重要な法令数百をまとめた資料集"を六法と呼ぶ場合もあり\*2、いくつかの意味をもつこともこの際知っておいてください。

**POINT**
\*2 条文だけのもの、判例付きのものがあって、国会が閉会した後、毎年秋頃に最新版が発売される。判例とは「裁判所の過去の裁判例」で特に最高裁判所のものは先例として事実上の拘束力を持つ。

 **憲法、民法、刑法、商法、民事訴訟法、刑事訴訟法の内容を説明できる？どれから先に勉強したらよい？**

これらの内容は義務教育時などで習っているかもしれませんが、本書で真っ先に勉強してほしいのは「憲法」です。

理由は、まず我々の住んでいる国や社会のおおまかな仕組みがルールになっていないと我々はどう生活していいのかわからないですよね。この仕組みを示すのが、この国の最高法規である**日本国憲法**です。憲法は全部で103条あるのですが、大きく分けて「人権（3章）」と「統治機構（4章以下）」と2つのパートから成り立っております。まずは前者から考えてみましょう。

3章を眺めてみると、読者のみなさんには、多数派と異なることを考える自由

(19条)、宗教を信仰し布教活動する自由（20条）、絵や歌などで想いを表現する自由（21条）、職業選択の自由（22条）、両想いの相手と結婚する自由（24条）、選挙権（15条）、奴隷として扱われないこと（18条）、生活保護や教育を受ける権利（25・26条）など多種多様な具体的な人権が保障されていることがわかります。

## なぜ人権が保障される必要があるのでしょう？

憲法前文を見てみると、「…政府の行為によって再び戦争の惨禍が起ることのないやうにすることを決意し、ここに主権が国民に存することを宣言し、この憲法を確定する」と現行日本国憲法が制定された根拠が示されています。それでは、「政府が引き起こした戦争の惨禍」とはなんでしょうか。たとえば、南京大虐殺、アメリカに投下された原爆による広島・長崎の被害、度重なる空爆加害・被害などアジア・太平洋戦争時、数えきれないほどの人権侵害が政府の手によって繰り返されてきました。死亡者数だけをみても、国内外において、少なくとも2,000万人以上といわれます。生き残った人々も、戦時中や戦後直後は食糧がないので食うや食わずだったり、家が空襲で焼けたり、生きること自体が大変でした。この時期以前から、大日本帝国政府は、天皇主権を掲げ、臣民の権利を法律で制限できる憲法をもとにさまざまな法律や勅令を作りました。たとえば、言論・報道の自由を制限する新聞紙法や軍機保護法、あらゆる経済活動の自由を制限する国家総動員法や関連勅令（たとえば、国民服令は男性の服装規定でおしゃれの自由が奪われた）、国と考え方が異なる人々を思想犯とし処罰する治安維持法……。

先の日本国憲法の条文は、読んでみると短い文ばかりなのですが、一条一条に政府が引き起こした人権侵害を受けた人々の悲しみや怒りが込められて現在の形になっているということを忘れてはならないでしょう（97条）。

ところで、そのなかでも最も重要な条文が、憲法13条です。この規定は要するに、我々一人ひとりは「おぎゃー」と産まれたときから人としてかけがえのない存在であり（個人の尊厳）、そのかけがえのない一人ひとりは"他人を害さない限りにおいて、自分自身の夢を追い求める権利がある"というものです（幸福追求権）。みなさんには将来パティシエになりたいとか、市役所の公務員になりたいとか夢がありますよね。日本国憲法は、国益を守るためなら個人の生き方を否定する大日本帝国時代の考え方（国家主義や天皇中心主義の考え方）や当時暴走し国内外の人々の個性、人生や命を奪った政府のやり方（軍国主義）を反省したうえで制定されていますから（憲法前文）、一人ひとりの生命や人生が大切にされ、差別を受けることなく自分自身の個性を伸ばしたり発揮することができる社会を作ることをなによりも大事としているのです（14条「法の下の平等」の規定も重要！）。

この人権保障社会を実現するには、国民一人ひとりが言葉を発し国や社会作り

◆憲法97条◆
この憲法が日本国民に保障する基本的人権は、人類の多年にわたる自由獲得の努力の成果であつて、これらの権利は、過去幾多の試錬に堪へ、現在及び将来の国民に対し、侵すことのできない永久の権利として信託されたものである。

◆憲法13条◆
すべて国民は、個人として尊重される。生命、自由及び幸福追求に対する国民の権利については、公共の福祉に反しない限り、立法その他の国政の上で、最大の尊重を必要とする。

◆憲法14条1項◆
すべて国民は、法の下に平等であつて、人種、信条、性別、社会的身分又は門地により、政治的、経済的又は社会的関係において、差別されない。

歴史への反省から憲法で人権が保障されているのです

の主役になれること（**国民主権**）が重要ですし、戦争こそが最大の人権侵害ですから平和な状態でなければなりません（**徹底的な平和主義**。関連して、積極的平和主義ではなく**積極的平和**という言葉も重要*³）。これらを憲法の三大原理といいますが、この２つは人権保障の考え方を中心として相互に結びついているのです。

**用語解説**

*３ 積極的平和
平和学の世界的権威であるヨハン・ガルトゥング博士の提唱した言葉。戦争のない平和な状態（消極的平和）に対し、差別や貧困などの構造的暴力がない状態を積極的平和と位置づけた。安倍首相の発言する「積極的平和主義」は軍事をベースにするもので専守防衛を唱える博士の考え方とはまったく異なる。

それではこのような原理もふまえたうえでより良い人権保障社会を作るにはどうしたらいいでしょう？

ここで統治機構（国家組織）の話がやっと登場します。

我々一人ひとりの努力も無論重要ですが、専門家か何かがサポートしてくれると助かりますよね。この点、日本国憲法４章以下にはそのサポート組織の役割や相互関係が示されているのです。すなわち、立法機関に関する**国会**（４章）、行政機関に関する**内閣**（５章）、司法機関に関する**司法**（６章）、自治体に関する**地方自治**（８章）が規定されています（三権分立、衆議院と参議院の関係、国と自治体の関係などがかかわる**権力分立**の考え方も人権保障の考え方において重要ですので調べてみてください。憲法の至る所に書かれております）。

この組織で働く人々（国会議員、裁判官、内閣総理大臣、公務員など）は、憲法に書いてあることを尊重し守らなければなりません（99条）。なので、たとえば、仮に国会議員に男女差別主義者が多くいたとしても憲法14条１項に従って男女平等を実現する法律を作ったり改正しなければなりません。

◆**憲法99条**◆
天皇又は摂政及び国務大臣、国会議員、裁判官その他の公務員は、この憲法を尊重し擁護する義務を負ふ。

「あれっ、国民の役割は憲法に示されていないの？」と思った人もいるでしょう。繰り返しになりますが、憲法の内容を守り仕事をしなければならないのは、国会議員だったり内閣総理大臣だったり、国の仕事に携わる人たちです。読者のなかには、警察官や消防官を目指す人もいるでしょうが、それらの職も該当します。先に示したように、権力を握った者が暴走し国民を苦しめてきた歴史をふまえたうえで、「憲法に書かれたこと以外は基本的にするなよ！」という権力を制限する**立憲主義**の考え方が示されているのです。

国民はなにもしなくてよいの？

◆**憲法96条**◆
この憲法の改正は、各議院の総議員の３分の２以上の賛成で、国会が、これを発議し、国民に提案してその承認を経なければならない。この承認には、特別の国民投票又は国会の定める選挙の際行はれる投票において、その過半数の賛成を必要とする。（略）

公務員などの人々が憲法の考え方に忠実に仕事してくれればよいのですが、人間は感情や欲望の動物である以上、仕事に手を抜いたり、賄賂をくれる企業に有利な仕事をしてしまうこともあるかもしれません。

そこで、国民主権を徹底化するために、国民は、**請願**（16条）、**選挙**（15条・44条）、**国民投票**（96条）、**国民審査**（79条２‐４項）、**裁判傍聴**（37条１項、82条）などを通じて、統治機構の面々が憲法に与えられた国民のためのサポート組織にすぎないことを

序章　法とはなにか

再認識させる手法が憲法にはさまざま示されていますし、国民がいろいろな方法で政府を監視することの大事さも示しています（国民の不断の努力。12条・97条）。

以上が、日本国憲法の概要ですが、王権を制限しようとしたイギリス憲法の考え方に端を発し、後にその内容が国家権力を制限するという考え方に広がったうえで、世界中に拡散したこのような憲法の型を**近代立憲主義型の憲法**といいます*4。

◆憲法12条◆
この憲法が国民に保障する自由及び権利は、国民の不断の努力によつて、これを保持しなければならない。又、国民は、これを濫用してはならないのであつて、常に公共の福祉のためにこれを利用する責任を負ふ。

POINT
＊4　文書の形で最も古いものは、1215年のマグナカルタが有名。

それでは話は戻って、次に勉強したらよい六法はどれでしょう？

民法だと考えられます。みなさんが日常で経験する市民同士のトラブルを防ぐ手法が盛りだくさんに示されているからです（条文数も1044条あります）。ただ、他の章でもこの法律は示されているので、まだ紹介していない他の六法とあわせて、ごく簡単に紹介したいと思います。

図表1　六法の一覧

| 法 | 法の内容 | 法の細目 |
|---|---|---|
| 憲法 | 国の最高法規 | 人権、統治 |
| 民法 | 財産や家族関係を示すルール | 総則、物権、債権、親族、相続 |
| 刑法 | 犯罪や刑罰について示すルール | 総則、罪 |
| 商法 | 商取引関係のルール | 商法、会社法、手形法、小切手法*5 |
| 民事訴訟法 | 民事事件の訴訟手続に関するルール | |
| 刑事訴訟法 | 刑事事件の訴訟手続に関するルール | |

ここもCHECK
＊5　1899(明治32)年制定時は「第一編総則　第二編会社　第三編商行為　第四編手形　第五編海商」という編立てであったが、「手形法」「小切手法」、「会社法」が改正によって別個に制定され、現在の商法は「第一編総則　第二編商行為　第三編海商」という編立てになっている。ここではこれらの法律をひっくるめ商法とよぶ。

憲法とそれ以外の六法（法律）の関係は上下関係があります。どちらが上？

憲法はこの国の**最高法規**です。繰り返しになってしまいますが、法律を作る国会は憲法に根拠を与えられた国家組織なのです。なので、無論、憲法が上です。そう考えれば、命令も条例も憲法よりランクが下だということがわかりますよね。ちなみに、政府が批准した国際条約は政府の考え方では憲法と法律の間ですので、国会議員が法律を作る時には、憲法だけでなく国際条約もふまえなければならないのです。この点、数年前、「法律に憲法を合わせるべきだ！」と発言した大臣や条約を守るために憲法を変えるべきだと言った評論家がいましたが、それらはこの基本を押さえていないことに

図表2　法の関係表

なるのです。なので、図表2の構造は確実に覚えてください。

その他の法の分類として、「公法と私法」、「強行法と任意法」、「一般法と特別法*6」、「前法と後法」、「実体法と手続法」、「国内法と国際法」なんて分類もありますがこれも知っていると生活に役立つのでぜひ調べてみてください。

*6 第1章の注8 (p.21) を参照。

## 3 ── 法律の構造や読み方をマスターしましょう！

みなさんが法律トラブルに巻き込まれたとき、それに関係する法律を確認することが必要です。そこで、ここでは法律の構造や読みかたを紹介することにします。

 いきなり問題です！これはなんでしょう？そして、どこに書かれているのでしょう？

日章旗の制式

日の丸ということはわかりますよね。実はこれ、**国旗及び国歌に関する法律**（平成11年8月13日法律第127号）という法律に書かれているのです。1条1項には、「国旗は、日章旗とする」、1条2項には「日章旗の制式は、別記第一のとおりとする」と書かれていて、その別記第一が上記の図なのです。さらに、別記第一には、「一 寸法の割合及日章の位置 縦 横の三分の二 日章 直径 縦の五分の三 中心 旗の中心 二 彩色 地 白色 日章 紅色」と細かく寸法やら色まで指定されています（ちなみに、2条は国歌の規定で別表第二には君が代の楽譜も示されております！）。

意外に思った人もいるかもしれませんが、日本は法治国家ですので、上記の図や楽譜だけでなく、国会の運営の仕方（国会法）、警察官が職務質問できる範囲（警察官職務執行法2条）もなにもかもが原則法令に示されているのです。

 道路交通法はどんな法律でしょうか？

この本の何か所かで触れられていますが、道路交通法は「道路における危険を防止し、その他交通の安全と円滑を図り、及び道路の交通に起因する障害の防止に資することを目的」（1条）として作られた法律です*7。1条や前文にはその法が作られた目的（立法目的）が書かれていることが多いので、なにかの法律問題にぶち当たったときには真っ先に確認することが重要です（ちなみに、前文で有名なのは日本国憲法です）。

*7 第4章「交通事故と法」(p.52〜) を参照。

それでは道路交通法の簡単な目次を示したいと思います。

```
第一章  総則
第二章  歩行者の通行方法
第三章  車両及び路面電車の交通方法
第四章  運転者及び使用者の義務
第五章  道路の使用等
第六章  自動車及び原動機付自転車の運転免許
第七章  雑則
…
第八章  罰則
…
附則
```

　実は目次を見ると内容がつかみやすいので、みなさんがなにかの法律を勉強する時には真っ先に行ってほしいと思います。

　ところで、第二章から第六章まで、そして第八章は内容が想像できるのではないでしょうか。たとえば、第二章は「歩行者は歩行者用道路を使用しなさい！」とか第六章は「運転免許を取得するにはどうするか」とか。推測しにくいのは第一章、第七章、附則と思われます。

　まず第一章の**総則**は、本やドラマでいえば「はじめに」や「第一話」にあたる部分です。ドラマを見た場合、どういう時代や場所が舞台で、主要登場人物は誰かとか相関図など、大体1話目にしますよね。視聴者はおおまかな設定をつかんで2話目以降起きるさまざまなトラブルや日常生活を理解することができるのです。それと同じように、法律もなぜこの法律が作られたのか（立法目的。1条とか前文）、繰り返し使用される単語の意味はなんなのか（2条になることが多い）、2章以降の具体的な事例にあてはまる共通の考え方などが示されています。

　次が、その法律の立法目的を達成するための手段がいっぱい書かれている各論（2章以下）になります。**雑則**は総則ほど重要でないルールです。ちなみに、**補足**（つけ加えるべきことがら）がある場合もあります。以上が**本則**（1～8章）の部分です。

　これに対し、**附則**は経過措置などを定めた規定で、そのなかでも「公布」、「施行」という言葉が出てくることが多いのですが、公布が「法律ができたよ！」と国民にお披露目する期間で、**施行**が実際に法律が使われ始める期間を指します。

　もう少しだけ技術的な話をさせてもらいますね！

> CASE ④
以下の旅行業法に書かれているすべての数字(第4条、2、一、二)の部分を指す読み方があります。知っていれば、読み方をノートに書いてみてください。

> 第4条　前条の登録を受けようとする者は、次に掲げる事項を記載した申請書を観光庁長官に提出しなければならない。
> 　一　氏名又は名称及び住所並びに法人にあつては、その代表者の氏名
> 　二　主たる営業所及びその他の営業所の名称及び所在地
> 　…
> 　2　申請書には、事業の計画その他の国土交通省令で定める事項を記載した書類を添付しなければならない。

　これは旅行業法の4条の一部をもってきたのですが、数字がいっぱいでてきますよね。漢数字は「一」と「二」があって順序どおりなのですが、アラビア数字は「2」だけしかありません。これは法律を作るときに「1」を省く傾向にあって、「1」に該当する部分が第4条の後の「前条の登録を受けようとする者」から始まり、「2」の手前までとなっているのです。

　「1」に該当する部分を「4条1項」、「2」に該当する部分を「4条2項」と読みます。また、4条1項のなかの「一」と「二」はそれぞれ号をつけます(たとえば、4条1項1号)。法律の先生は、「○条△項◇号の説明をします！」となんの説明もなしに話を進める人もいるので、覚えておいて損はないですよ！

# 第Ⅰ編　大学生活に関する法的問題

第1章　ひとり暮らしと法
第2章　スマートフォン・インターネットと法
第3章　恋　愛　と　法
第4章　交通事故と法
第5章　はじめての選挙

# 第1章 ひとり暮らしと法

関連するのは
民法

ここでは、売買や賃貸借など契約と暮らしに関する法を学びます。

〈キーワード〉
- 民法
- 契約
- 民事責任

## 1 ── 意外と知られていない日常生活のルールと「契約」

私たちは生まれたときから、普段意識はしていなくても、たくさんの「ルール」に囲まれて日常生活を送っています。しかし、意外にも、そのルールの中身を知らない人が多いのも事実です。法学という学問のフィルターを通して「私たちの日常生活」を眺めてみたとき、そこにはどのような光景が広がっているのでしょうか。ここでは、新生活を始める大学生の日常生活にスポットを当てて、日常生活をめぐるルールの一部をみていきましょう。

**Q1** 早速ですが、私たちの普段の生活に最もかかわりの深いルール（法律）は、なんだと思いますか？

序章でも述べましたが、いわゆる六法のひとつとして民法という法律があります。この民法が、私たちの日常生活全般について定めた最も基本的なルールでしたね。たとえば、物を買ったり売ったり借りたりなどさまざまな契約をする場面、未成年者は法律上どう扱われるのか、何歳で成人になるのか、もし交通事故に遭遇したらなにがいえるのか、結婚や離婚するにはなにが必要か、赤ちゃんが生まれたら法律上はどんなことが起こるのか、家族が死亡したら誰がどれだけの財産を相続するのかなど……私たちの日々の生活のありとあらゆることが、民法によって広範に規定されているのです。

**Q2** 民法が規定するたくさんの事柄のなかでも、とくに私たちが普段の生活で最も数多く行っているのが「契約」です。ちょっと記憶を思い返してみてください。みなさんは最近どんな「契約」をしましたか？

契約という言葉を聞くと、土地や建物を買ったり、車やバイクを買ったり、携帯電話の機種変更をしたり、と大げさなもの（手続きに多少の時間を要するもの）をイメージする人が多いかもしれません。しかし、実際には、契約というのはそんな大げさなものだけではありません。現にみなさんは気づかないうちに毎日た

この民法という法律は、およそ120年ぶりに大改正（債権法改正）をすることがすでに国会で決定され、2020年ごろを目途に予定されている新法の施行とともに、そのルールが大幅に変わります。施行までは改正前の民法が、それ以降は改正後の新民法が適用されることになります。本文でも、改正後の「新民法」の内容について要所で少し触れますが、詳しくは、章末の「民法改正」（p.28）を参照してくださいね。

第1章　ひとり暮らしと法

くさんの契約に囲まれて生活しているのです。朝起きて照明やエアコンをつけるときも、毎日なにげなく食べているパンやご飯も、水道の蛇口をひねれば当然のように出てくる水も、テレビを観るときも、携帯で電話をしたりスマートフォンでインターネットを閲覧したりするときも、常にそれらの前提には「契約」の存在があります。大学に通学するために電車に乗ろうと改札を通るたび鉄道会社との間で運送契約という契約を行っていますし、コンビニでお昼ご飯や飲み物を買うたびに売買契約という契約を締結しています。さらには授業中に隣に座っている友人にちょっと消しゴムを借りるという行為をするだけでも、法律上は使用貸借契約という契約が成立しているのです。そのほかにも、風邪をひいて病院で診察を受ける（診療契約）、アルバイトをする（雇用契約）、映画を観ようとDVDをレンタルする（賃貸借契約）、ATMでお金を引き出す（消費寄託契約にもとづく権利行使）、大学の講義を受ける（在学契約にもとづく権利行使）、友人から誕生日プレゼントをもらう（贈与契約）など……というように、私たちの日々の生活は無数の契約であふれています。大学生になると、それまでよりも活動範囲が格段に広がることで、なおさら触れる機会のある契約の種類も多くなります。

> **▶CASE①**
> たとえば、ケーキ屋さんでケーキを買う場面を想像してください。お店に入り、ショーケースに並ぶケーキから欲しいものを選び、店員さんにこれをくださいと告げて、レジに並び、代金を支払い、レシートをもらいます。そして、店員さんから箱に入れてもらったケーキを受け取り、家に帰って、それを食べました。さて、契約はいつの時点で成立しましたか？

契約が法的に「成立した」といえるためには、それに必要とされる一定の条件をクリアしなければいけません*1。民法上、物を購入する契約（売買契約）が成立するためにはなにが必要とされているのでしょうか。売買契約について定めた民法の条文をみてみましょう。

> **民法555条**　売買は、当事者の一方がある財産権を相手方に移転することを約し、相手方がこれに対してその代金を支払うことを約することによって、その効力を生ずる。

少し難解な表現がされていますが、具体的に考えれば何もむずかしくありません。みなさんが欲しいと思ったイチゴのショートケーキを指差して、店員さんに「この300円のイチゴのショートケーキを1つください」と告げると、店員さんから「こちらを1つですね。かしこまりました」と返事がありますね。必要なのはたったこれだけです。ケーキ屋の店員さんが「イ

図表1-1　売買契約

**POINT**
*1　民法に限ったことではないが、一般的に法律の条文やその解釈によるルールは、○○という条件がすべてみたされた場合には、□□という効果が発生するというように、一定の効果を発生させるにはどんな条件をみたす必要があるかという視点で規定されている。そこで、必要とされる条件（事実）のことを「法律要件」、それがみたされた場合に発生する効果のことを「法律効果」という。たとえば、契約の成立に必要な法律要件は、契約の「成立要件」とよばれる。

チゴのショートケーキ1つの財産権を移転してあげますよ」(=売ってあげますよ)と意思を表明し、みなさんはその対価として「代金300円を支払いますよ」と返事をする。売主と買主の意思表示が合致していますよね。これだけで売買契約は「効力を生ずる」(成立する)のです。つまり、契約の**申込み**の意思表示とそれを受け入れる**承諾**の意思表示があって、その2つの内容が**合致**さえしていれば、それだけで契約は成立するのです(意思表示の合致だけで成立する契約を総称して**諾成契約**といいます)。だから、代金を支払わないと契約が成立しないとか、ケーキを受け取らないと契約が成立しないとかということではなくて、基本的に、契約は口約束で十分ということです。

しかも、このことは売買契約に限ったことではなくて、それ以外の契約もほとんどが、基本的に意思表示の合致だけで(口約束だけで)成立します。もっとも、例外的には、目的物を引き渡さないと成立しない契約(総称して**要物契約**といいます)や、契約書の作成など一定の方式をふまないと成立しない契約(総称して**要式行為**といいます)もなかには存在します*2。

*2 たとえば、改正前の民法では、無償で物の貸し借りをする契約(使用貸借)やお金などの貸し借りを行う契約(消費貸借:第11章を参照)、物を預かってもらう契約(寄託契約)などは、その物やお金を実際に引き渡して初めて契約が成立することになっていた。
これに対して、改正後の新民法では、使用貸借や寄託は(消費貸借の一部も)諾成契約に変更されている。その一方で、諾成契約として消費貸借契約をするためには、「書面」を作成することが必要になった。新民法では要物契約が減るとともに、要式行為が増える傾向にある(=契約の諾成化と要式化)。

でも、家や車を購入するような場面では、おおむね契約書が作成されますよね。なかには実印の押印を求められることもあります。やはりそのような契約では、口約束ではなく、契約書に署名や押印をすることが必要になるのですか?

いいえ、そんなことはありません。前述した要式行為にあたるごく一部の例外を除き、契約の成立要件に「契約書の作成」はありませんから、契約は契約書を作成しなくても締結できてしまいます。これは日用品の購入に限ったことではなく、もっと金額の大きい家や車などを買うときも基本的には同じです。

契約の成立に必要ないのなら、契約書を作るのは一体なんのためですか?

それは、後になって契約内容について当事者間に争いが生じた場合に備えて、どんな内容で契約したのかの**証拠**をとっておくためです。口約束だけで契約は成立しますが、後になって、「こう言ったはずだ!」「いや、そんなことは聞いていない!」なんていうような無用な争いを避けようとしているのです。

たとえば、大学生のAくんがひとり暮らしをするために、賃貸マンションを借りる契約(賃貸借契約といいます)をする場面を想像してみてください。Aくんは大家さんに「このマンションの一室を月額5万円で貸してください」と申込みをして、大家さんが「わかりました」と承諾をしてくれれば、それだけで契約は成

立します。1年ほどしてAくんはペットとして小型犬を飼いたいと思ってマンションで飼い始めます。すると、大家さんがAくんのもとにやって来て「このマンションではペットを飼うことは禁止です。すぐにやめてください」と言います。Aくんは「そんなことは契約の時に聞いていない」と主張しますが、大家さんは「いや、ちゃんと伝えたはずだ」と言い張ります。口約束では、このように「言った言わない」で後になってもめることも多いのです。そんなことにならないように、契約で取り決めた内容をあらかじめ形に残して明確にしておこうという発想から作られるものが契約書なのです。

**Q5** では、代金を支払ったときにもらうレシートや領収書の役割ってなんですか？

　コンビニで100円のあんパン1つを買うだけでもレシートをもらいますよね。ただ、そこには契約書のように細かな契約条項が書かれているわけではありません。これは本来、契約をしたこと（あるいはどういう内容の契約をしたのか）の証明のために発行されるものではなくて、コンビニが「あんパンの代金として確かに100円を受け取りました」という内容の**受取証書**としての意味をもっています。後から売主が「まだ代金をもらっていない」といって争いになった場合に備えて、買主がその商品の代金を支払ったことの証明として、レシートや領収書を売主からもらっておくわけです。ちなみに、民法には契約にしたがって代金を支払ったり物を引き渡したりした者は、受け取った人に対して領収書（物の場合には受取書）やレシートを交付するよう請求することができると明文で定められていて（民法486条）、受領した人は基本的にその交付を拒むことはできないことになっています。たとえば、インターネットで代金引換で注文した商品が宅配便で自宅に配送されてきてその代金を支払ったときなども、通常はなにも言わなくても領収書を渡されることが多いですが、もし配送員から領収書の交付がない場合には、交付するよう請求することができます。

◆**民法486条**◆
弁済をした者は、弁済を受領した者に対して受取証書の交付を請求することができる。

## 2 ── マンションを借りて、初めてのひとり暮らし

　大学生になって春からひとり暮らしを始める人も多いですね。さて、これから始まる新生活、どんなことが待ち受けているでしょうか。
　まずはなんといっても、住むための部屋を探さなくてはいけません。誰か知り合いで部屋を貸してくれる人がいれば、その人と契約をすればよいわけですが、当てがない場合は、多くの人は不動産仲介業者に部屋を紹介してもらいます。最

近ではインターネットで賃貸物件を探すことも容易になりましたが、それでも最終的には不動産仲介業者の立会いのもとで気になった物件を内見して、自分の住む部屋を決めるのが通常です。それが決まれば、その業者の店舗に戻って、早速そのマンションの部屋を借りる契約手続きを進めるわけですが、その契約を**賃貸借契約**（対価を支払って物を借りる契約）といいます。

**マンションの部屋を借りるとき、賃貸借契約を結ぶ相手は誰ですか？**

しばしば誤解されがちですが、借主が賃貸借契約を結ぶ相手は、その不動産仲介業者ではありません。業者はあくまでも賃貸物件の所有者ないし管理者（いわゆる大家さん）を紹介し、その間に立って契約を媒介するだけです。そのため、たとえその契約書にサインして渡した相手が不動産仲介業者だったとしても、賃貸借契約は大家さんとの間に締結していることになります。契約書をよくみると、貸主（賃貸人）の欄にはその大家さんの名前が書かれているはずです。

では、不動産仲介業者との間には、なにも契約はしていないのでしょうか。いいえ、そんなことはありません。借主は不動産仲介業者に「物件を紹介して大家さんとの間を仲介してほしい」と**申込み**をし、業者は「わかりました」とそれを**承諾**して引き受けていますから、そこには**媒介契約**という契約が成立します。その媒介契約にもとづいて、借主はあらかじめ取り決められた額の**仲介手数料**[*3]を業者に支払わなくてはいけません。

＊3　媒介契約は賃貸借契約とは別に不動産会社と借主が個別に締結する契約だから、同じマンションの同じ部屋を借りるとしても、どの不動産会社に仲介してもらうかによって仲介手数料も変わってくることになる。有利な条件の業者を選ぶことも必要となる。

**敷金・礼金ってなんですか？**

**敷金**とか**礼金**という言葉を聞いたことはあるでしょうか。どちらも一般的に賃貸借契約の際に借主が支払うものになります。物件情報をみると、その賃貸物件の間取りや家賃などとともに、たとえば「敷金○○万円」とか「敷金○か月分／礼金△か月分」などといったように書かれていることが多いです。実は、この敷金や礼金は、賃貸借契約とは別の契約だとされています。では、どういった内容の契約なのでしょうか。

たとえば、家賃月額5万円の部屋を借りる際に、敷金として2か月分（つまり10万円）を差し入れる契約をしたとしましょう。借主は入居前に大家さんにあらかじめ10万円の敷金を支払いますが、何事もなければ原則として、この敷金は、賃貸借契約を終えて部屋から引っ越した後（明渡し後）に全額返金されます。返すのなら、なぜいったん支払うのでしょうか。大家さんは、敷金をいったん支払ってもらうことで、なにかあったときの保険にしたいと考えているのです。具体的にいうと、もしかしたら借主が家賃を滞納してしまうかもしれません。あるいは、

借りている部屋のフローリングや壁紙、備品などを誤って壊してしまうかもしれません。それを引っ越しまでに支払ったり弁償してくれれば、大家さんとしては事なきを得ますが、場合によっては借主が夜逃げする（突然姿をくらまして行き先がわからなくなる）こともあるかもしれませんし、そもそも資力がない（払えるお金がない）という事態も想定されます。そこで、そんなリスクを回避するためにあらかじめ2か月分の敷金は差し入れておいてもらって、なにかあったときは足りない家賃や費用を差し引けるようにしておこうという考えのもとに締結されるのが、**敷金契約**という契約なのです。要するに、敷金はなにか問題が起こったときに備えた**保証金**（担保）の性質をもっているわけですね*4。

\ ここも /
**CHECK**
＊4　改正後の新民法には敷金に関する明文規定が置かれた（新民法622条の2）。新しい条文では、ここで説明したような敷金の法律関係とその担保としての性質が明確にされ、「賃貸人は、賃借人が賃貸借に基づいて生じた金銭の給付を目的とする債務を履行しないときは、敷金をその債務の弁済に充てることができる」とされている（＝敷金に関するルールの明文化）。

### Q3　礼金もあとで返ってきますか？

礼金は、歴史的には、戦後の住宅不足の折、部屋を借りたくてもなかなか借りることができなかった時代に、大家さんに「貸してくれてありがとう」という感謝の意を込めた**お礼**として渡していたのがもとになっていて、今でもそれが商慣習として残っているものです。あくまでも貸してくれたことに対する一時的なお礼として支払うわけですから、敷金とは異なり、原則として返金されるものではありません。この礼金は、地域によっては（とくに大阪や兵庫などの近畿地方の一部、九州地方など）、**敷引き特約**という形であらわれることもあります。敷引き特約とは、退去しても敷金のうち一定額は返還しないことをあらかじめ取り決めておく契約です。たとえば、敷金として3か月分の計15万円を差し入れる敷金契約をすると同時に、そのうち2か月分（10万円）については退去時に返還せず大家さんがもらってよいという契約をしておくのです。結局のところ、その2か月分の敷金については返還されないわけですから、礼金として2か月分を支払っているのと結果的には同じになります。こうした礼金契約や敷引き特約も、判例においては、その金額があまりに高額なものでない限りは法的に有効とされています。

### ▶CASE②

ある日、賃貸マンションを借りて住むみなさんのもとに、マンションの新所有者と名乗る人がやってきて言います。「このマンションの建物一棟を大家さんから買い取ったので、私がマンションの新しい所有者になりました。私はあなたに部屋を貸す契約はしていないので、数日中に出て行ってください」と。たしかに、入居時に賃貸借契約をした相手は前の大家さんであって、現在の所有者ではありません。さて、マンションの所有者が変わっても、そのマンションの部屋に住み続けることはできるのでしょうか？

これは入居者にとってはゆゆしき事態です。また引っ越さないといけないとすると、費用も労力も大変です。賃借人と新所有者はどのような関係にあるのでしょ

うか。これを理解しようと思うと、まずは民法の基本概念である「**債権**」と「**物権**」という2つの権利の区別、そして「**賃借権**」という権利の性質を知っておく必要があります。賃貸借契約を締結すると借主には賃借権という権利が与えられて、その権利にもとづいて部屋を使うことができるわけですが、その賃借権という権利は「債権」の一種になります。民法はさまざまな権利を「債権」と「物権」の2つに区別していますが、その最も大きな違いは当事者

図表1-2　債権と物権の違い

以外の第三者にも効力が及ぶか否かです。特定の人に対して特定の行為を請求する権利である債権は、その特定の人にしか効力をもたないのに対して、物を支配する権利である物権は、誰に対しても主張できる権利であるとされています[*5]。

たとえば、物を所有する権利（使用・収益・処分することができる権利）である「**所有権**」というものがあります（民法206条）。簡単にいえば、「これは自分の物だ！」といえる権利ですね。この所有権は物権の一種ですから、書店で買ってきた本について、契約の相手方ではない人（たとえば友人）に対しても「この本は私の本だ」と主張することができますし、誰かにその本を盗まれたら「返せ」と自分の所有権を主張することができます。これに対して、債権は、原則として契約の当事者間でしか効力をもちません。たとえば、欲しかった本の在庫がなかったため、B書店でその売買契約をしたうえで取り寄せてもらったとしましょう。入荷すればみなさんは「その本を引き渡してくれ」と請求することができる権利（売買契約によって発生した引渡請求権）をもっていますが、これは物権ではなく債権の一種です。そのため、契約をしたB書店に対しては行使できますが、まったく関係のないC書店に行って契約もしていないのに「本を引き渡せ」といっても引き渡してもらえません。これは常識で考えれば感覚的にもわかりますよね。

同様のことは、売買だけではなく、賃貸借にもいえます。

> **▶CASE③**
>
> たとえば、Dさんが自動車免許を取って夏休みにドライブをして軽井沢まで1週間の旅行に行こうと思っていたところ、車を持っている友人のEが「2万円払ってくれたら自分の車を1週間貸してあげるよ」というので、その申し出を受け入れて賃貸借契約を行いました。当日の朝になっていざ出発しようとしたら、Fと名乗る人がやって来て「その車はEから私が買い取りました。その車をいますぐ返してください」というのですが……？

Dさんは、「そんなこと知らないよ。私が借りる契約を先にしたんだから、少なくとも1週間は私が使えるんだ！」と思いますよね。ところが、法的には、D

---

☑ **ここも CHECK**

[*5] 債権が特定の人との間（契約によって発生した債権であればその契約の当事者間）でのみ相対的な効力をもつことを「債権には**相対効**しかない」といい、物権が他の誰に対しても主張できる絶対的な効力をもつことを「物権には**絶対効**がある」という。

**◆民法206条◆**
所有者は、法令の制限内において、自由にその所有物の使用、収益及び処分をする権利を有する。

さんはその車を新しい所有者のFさんにすぐさま返さなければならないことになります。なぜなら、賃借権という権利が債権だからです。Dさんは、友人のEさんと賃貸借契約を結んだことにより、Eさんに対して「その車を1週間貸してくれ」と請求できる債権を得ました。しかしながら、その債権は、Eさん以外の人に対しては効力をもちません。Eさんから車を買い取ったことによって所有権を譲り受けた新所有者のFさんに「貸してくれ」とはいえないのです。このことを指して、しばしば「**売買は賃貸借を破る**」と表現されます。このことは、車だけではなく、土地やその他の物でも基本的には同じです*6。

> \*6 ただし、不動産の賃貸借については、賃借権の登記をすることができ、賃借権を登記しておくことで新所有者にも賃借権を主張することができるという法制度もある（民法605条）。

**Q4** ということは、賃貸マンションの所有者が変わったら、賃借人は立ち退かなければならないのですか？

結論からいえば、立ち退く必要はありません。これまでの説明とは矛盾するように聞こえるかもしれませんが、そこには別の理由があるのです。「売買は賃貸借を破る」ため、民法上は立ち退かなければならないという結論になるのですが、実は建物の賃貸借については「借地借家法」という特別な法律が別途定められています*7。それによれば、借主が建物の引渡しを受けていれば（要するに、借りてそこに住み始めていれば）その賃借権の効力を新所有者にも主張することができるとされているのです（借地借家法31条1項）。このように、特殊な場面に限定して民法の規定を例外的に修正したり補ったりする法律も存在しています*8。

> \*7 借地借家法が適用されるのは、①建物所有目的で土地を借りる場合、②建物を借りる場合に限られる。そのため、たとえば、同じ土地を借りる場面でも、駐車場として利用する場合には、借地借家法は適用されない。

> \*8 民法のようにその適用に限定のない基本になる法律を「**一般法**」といい、借地借家法のように特別な場面に限って一般法のルールを修正したり補ったりする法律を「**特別法**」という。

> **CASE④**
> 最後に、マンションから退去する場面に目を向けてみましょう。引越しをして部屋を明け渡すとき、大家さんから入居中に床や壁紙についた小さな傷を理由に、フローリングや壁紙をすべて張り替えるから、その費用を支払うように求められました。みなさんは大家さんのいうとおりに支払いますか？

そもそも、借主はどこまでの修繕費を負担する義務を負っているのでしょうか。民法は、賃貸借が終了すると借主は借用物を「原状に復して」返還すべきことを規定しています。これを一般的には**原状回復義務**といいます。要するに、借りた物を元どおりにして返すということです。そうすると、入居前についていなかった傷がついたときは、借主はそれらをすべて元どおりにしてから出て行かなければならないということになりそうですね。ところが、必ずしもそうとは限りません。賃借物の修繕について、民法には「賃貸人は、賃貸物の使用及び収益に必要な修繕をする義務を負う」とあります（606条）。つまり、原則として修繕義務は貸主である賃貸人にあるということです。もっとも、これは賃借物の使用をしていれば通常生じるような修繕内容についてです。建物の劣化、手あかや水あかに

第Ⅰ編　大学生活に関する法的問題

よる汚れ、壁紙やフローリング・畳などの変色や多少の傷など、人が生活していれば当然生じる損耗（これを**通常損耗**といいます）については、特別な契約をしていない限り、原則として賃貸人がその修繕費用を負担せよというのが民法の定めです。ですから、借主が原状回復義務を負っているとはいっても、そういった通常損耗については原則としてその範囲に入らない（つまり、通常損耗の範囲については原則として借主が修繕費用を支払う必要はない）と考えられています[*9]。反対に、通常の使用だけでは生じないような損耗、たとえば借主がうっかり窓ガラスを割ってしまったとか、入居中に物を落として床に大きな傷をつけてしまった場合には、借主がその修繕費用を負担しなければならないのは当然です[*10]。

　現実にも、賃貸借契約が終了して退去する際に、この修繕費用の負担をめぐってトラブルになることがしばしばあります。それはとくに敷金の返還がからむ形であらわれます。たとえば、借主が家賃2か月分の計10万円の敷金を大家さんに支払っていたとしましょう。何事もなければ本来は退去した後に10万円全額が返金されるのが原則です。でも、なかには大家さんから「あなたが住んでいた数年間で畳や壁紙が変色してしまっているので、それらを張り替えなければいけません。あと、部屋は退去後に清掃業者にクリーニングしてもらうので、張り替え費用5万円と部屋の清掃費用2万円の計7万円は敷金から差し引いて、残りの3万円を返金させてもらいます」といわれるわけです。自分が締結した契約の内容はどうなっているのか、それが本当に通常損耗の範囲外で借主が負担しなければならない修繕費用なのか、本来なら返金されるはずの敷金から知らず知らずのうちに搾取されないためには、そこをしっかりと見極める必要があります。

**POINT**
*9　本来は賃貸人（貸主）が修繕しなければならないような損耗について賃借人（借主）が自分で修繕して必要な費用を支払ったときは、その費用を支払うように賃貸人に請求することも認められている（民法608条）。

**CHECK**
*10　改正後の新民法では、ここで説明した原状回復に関する内容が明文になり、従来よりもいっそう明確になった。「賃借人は、賃借物を受け取った後にこれに生じた損傷（通常の使用及び収益によって生じた賃借物の損耗並びに賃借物の経年変化を除く。）がある場合において、賃貸借が終了したときは、その損傷を原状に復する義務を負う。ただし、その損傷が賃借人の責めに帰することができない事由によるものであるときは、この限りでない。」（新民法621条）。

---

**Mini Column　意外とおトクかも？──原状回復と造作買取請求権**

　退去時に原状回復（元どおりに）しなければならないというと、借主にとっては負担でしかないように聞こえるかもしれませんが、このことは裏を返せば、借主は元どおりにすることができる権利（収去権）をもっているという意味でもあります。たとえば、借りた部屋にはエアコンがついていなかったので、大家さんの許可を得て、借主が自分の費用でエアコンを購入してその部屋に設置したとしましょう。設置工事をすることでエアコンはその部屋の壁に固定されていますが、取り外して分離が可能な状態であれば、あなたは引っ越しの際にそのエアコンをもっていく権利をもっています（※付合していて取外しが著しく困難な物は除きます）。

　では、マンションから退去して引っ越しをする際、新居にはエアコンがついているため、今のエアコンがいらないと思ったらどうしたらよいでしょうか。実は、借地借家法33条は「建物の賃貸人の同意を得て建物に付加した畳、建具その他の造作がある場合には、建物の賃借人は、…（中略）…建物の賃貸人に対し、その造作を時価で買い取るべきことを請求することができる」と規定しており、たとえ大家さんもいらないといっても、法律上は強制的に大家さんに買い取ってもらうことが可能です。これを**造作買取請求権**といいます。ただし、この造作買取請求権は特約によって排除することも認められていますので、それが使えるかどうかはその契約内容にもよることに注意が必要です。

# 3 ── 購入した物が不良品だったら──民事上の責任

ひとり暮らしを始めると、さまざまな生活用品を自分で購入する機会が増えてきます。そこにも法的なトラブルの種がたくさん潜んでいます。

 家電量販店でテレビを購入しましたが、使い始めるとすぐに映像が乱れて映らなくなってしまう不良品でした。みなさんは、誰に対してどんなことがいえますか？

　おそらく真っ先に考えるのは、買ってきた家電量販店に商品の「交換」を求めることでしょう。結論としては民法もそれを認めています。売買契約の目的物に最初から欠陥があった場合、つまり契約で取り決めた内容をきちんと守っていない場合には、買主は売主に対して「きちんと契約を履行すること」を請求できます。契約を守らないことを**債務不履行**といい、「契約を守れ！」と請求する権利のことを**履行請求権**といいます。これによって買主は改めて異常のないテレビを引き渡してもらうことができ、その一方で、不良品はもらっておく法的な理由がないため、店に返還します。買主が履行請求をしたのに店が応じてくれない場合には、最終的には裁判に訴えて強制的にその内容を実現してもらうことも可能です*11。世間では不良品の「交換」という表現が使われることが多いですが、厳密にはそれは契約の履行請求と不良品の返還という2つの行為で構成されたものであることがわかりますね。

　ほかに店に対して、なにか主張できることはあるでしょうか。実は、民法は債務不履行の場合、履行請求権のほかにも買主（債権者）に2つの救済手段を与えています。それは、**契約の解除**と**損害賠償請求権**です。買主が不良品を正常な商品と交換して欲しいと思うなら履行請求をすればよいのですが、場合によっては「不良品を売るようなお店とはもう契約をしたくない。テレビを返品するから払ったお金を返してほしい」と思うかもしれません。そんなときにいえるのが、契約の解除です。解除することで契約をなかった状態に戻すことができます。それに加えて、不良品を渡されたこと（債務不履行）によって損害を被った場合には、売主である店にその損害の賠償を求めることが認められています。たとえば、不良品のテレビを返送するために買主が配送料を負担したのであれば、店に損害賠償請求をして配送料を支払うよう求めることができますし、不良品の欠陥が原因でテレビから発火して部屋が火事になったのであれば、その火事による損害の賠償をしてもらうことも可能です*12。

**POINT**
*11 これを強制履行という。民法414条1項には「債務者が任意に債務の履行をしないときは、債権者は、その強制履行を裁判所に請求することができる」と規定されている。

**ここも CHECK**
*12 改正前の民法には、この債務不履行とは別に、売買の目的物に隠れた瑕疵（欠陥）のあったときの売主の責任について規定した「売主の瑕疵担保責任」（民法570条）というものが存在していたが、改正によって570条の瑕疵担保責任は削除され、新民法施行後はすべて一律に債務不履行として扱われるようになった（＝瑕疵担保責任の廃止と債務不履行への一元化）。

では、売主である店ではなく、テレビの製造業者（メーカー）に対してはなにがいえますか？

前述の不良品テレビの発火の例で考えてみましょう。欠陥のあるテレビが発熱により発火して部屋のカーテンや家具の一部が燃えてしまいました。買主は直接の契約相手ではない商品（テレビ）のメーカーに対して、燃えてしまったカーテンや家具の修繕交換費用を払えと請求できるでしょうか。答えはイエスです。民法は、たとえ契約関係になくても、他人の権利を侵害してしまった人に一定の要件のもとで責任を負わせています（民法709条）。もう少し具体的にいえば、不注意にも誤って欠陥商品を製造してしまったことによって、消費者である買主の財産権を侵害して、損害（修繕交換費用）を生じさせてしまったメーカーは、その損害を金銭で償わなければならないということです。このように、たとえ契約関係になくても、ほかの誰かの権利を侵害し、その結果として損害を与えてしまった場合には、加害者は損害賠償責任を負うとされているのです。これを**不法行為**にもとづく責任（不法行為責任）といいます。

◆民法709条◆
故意又は過失によって、他人の権利又は法律上保護される利益を侵害した者は、これによって生じた損害を賠償する責任を負う。

 製造物責任法（PL法）という法律名を聞いたことはありますか？

メーカーが製造した製品の欠陥等について、責任を負うとされているのは民法上だけではありません。民法の特別法に**製造物責任法**[*13]という法律があります。その3条をみると「製造業者等は、…（中略）…その引き渡したものの欠陥により他人の生命、身体又は財産を侵害したときは、これによって生じた損害を賠償する責めに任ずる」と規定されています。でも、民法で不法行為として損害賠償を求めることができるとされているのなら、「わざわざ製造物責任として別に定める必要なんてあるの？」と思いませんか。実はそれにはわけがあるのです。被害者が民法の不法行為にもとづいて損害賠償をしようと思うと、（少なくとも）製造業者に過失があったということを立証しなければならないことになっています。つまり、欠陥があったことだけではなく、その当時の科学水準等に照らして、製造業者に法的な注意義務違反（結果の予見が可能であり、結果を回避する義務を負っていたのに、その義務に反したこと）があったと証明しなければなりません。しかし、専門的な情報をもたない消費者には、その証明は容易ではありません。そこで、製造物責任法という特別法を置くことで、欠陥の存在さえ証明できれば、その欠陥を生み出したことについて過失があったか否かを問わずに製造業者の損害賠償責任を肯定し、消費者（被害者）をより保護しようとしたわけです（過失の有無を問わない責任という意味で、**無過失責任**とよばれています）。ですから、製

用語解説
*13　製造物責任法（PL法）
製造物の欠陥により人の生命、身体または財産にかかる被害が生じた場合における、製造業者等の損害賠償の責任について定めた民法の特別法。製造物責任を英語にしたときの「product liability」の頭文字をとってPL法ともよばれている。

造物責任法によれば、購入したテレビには製造段階での欠陥があって、その欠陥が原因で自分の部屋のカーテンや家具が燃えたということを主張できれば、損害を賠償してもらうことが可能だということになります。

もっとも、最近の学説においては、欠陥があることを主張できれば、通常は過失を認定できるはずであって、判断基準としての「過失」と「欠陥」にそれほど大きな違いはないのではないかという指摘もされています。しかし、少なくとも製造物責任法（またはその趣旨）の存在が社会意識として消費者（被害者）保護に貢献していることは確かです[*14]。

**Q4** 電化製品を購入すると、多くの場合、「製品保証書」というものがついてきますよね。あれは法的にはどんな意味がありますか？

メーカーや電化製品の種類によっても内容は異なりますが、たいていの場合は、初期不良や部品交換などを6か月から1年程度[*15]保証し、その期間内であればメーカーが無償での修理ないし交換対応等をしてくれる内容になっていることが多いです。この保証書は、法的にはどういう意味をもっているのでしょうか。

同じく先ほどあげたテレビの初期不良が原因で発火延焼した例で考えてみましょう。たとえば、テレビの保証期間が購入から1年、発火延焼したのが購入から2年が経過したときだったとしましょう。保証書の保証期間はすでに経過してしまっています。そうすると、もはやメーカーは責任を負わないのでしょうか。いいえ、そんなことはありません。実は、この保証書に書かれている保証期間は、不法行為責任や製造物責任とはまったく別物なのです。不法行為責任や製造物責任は、メーカーが欠陥のある製品を世に出してしまったことに起因する責任ですから、メーカーが製造した製品に元から欠陥があったことが前提です。しかし、実際には、メーカーが製造した製品には欠陥がなかったけれども、使用しているうちに故障することもあります。製品保証は、そのような場合でも「保証期間内であれば、無償で修理または交換しますよ」というように、メーカー側からその製品の品質や安全性を保証してくれているわけです。ですから、責任として負う不法行為責任や製造物責任とは異なり、製品保証はメーカー側のサービスの一環として（なかには契約によって）提供されているにすぎません。メーカーとしてはこのような製品保証をつけることで消費者に自社製品に対する安心感を与え、ブランドイメージの維持向上をねらっているわけです。

このように、製品保証はその製品自体に対する保証です。それに対して、製造物責任は、その製品の欠陥が原因で人に危害が及んだり他の財産が侵害されたりした場合の損害賠償ですから、欠陥があった製品自体の保証ではありません。そのため、たとえば、単に使っているうちに製品が故障してしまったからその製品

**POINT**
[*14] このように、債務不履行責任や不法行為責任、製造物責任などのような民事上負わなければならない責任を（刑事責任とは区別して）民事責任という。

**CHECK**
[*15] なかには保証期間が2年から3年の物や、製品所有者登録等をすることで契約によって5年程度に延長してくれる場合もある。

の代金や修理費用を払ってほしいということは製造物責任の内容としては主張できないということになります。これも製品保証との大きな違いですね。

**Q5** では、債務不履行や不法行為責任、製造物責任の追及には、製品保証書のような期間の制限はないのですか？

実は、これらにも期間の制限があります。民法は、債務不履行にもとづく損害賠償請求権（債権）については、権利を行使することができる時から原則として10年間（改正後の新民法では、権利を行使することができることを知った時から原則として5年間）という期間制限を設けています。「たとえ権利をもっていても行使せずに放ったらかしにしておくと、その権利自体がなくなってしまうこともあるよ」ということです（しばしば「権利の上に眠る者は保護に値しない」と表現されます）。こういった制度を「時効」（とくに今回のような権利の消滅に関する時効を「消滅時効」）といいます*16。

他方、不法行為責任や製造物責任については、二重の期間制限がされています。不法行為責任については、民法724条が、①「被害者又はその法定代理人*17が損害及び加害者を知った時から3年」、②「不法行為の時から20年」と規定しています。同じく製造物責任についても、不法行為と比べて年数に違いはあるものの、製造物責任法5条には、①「損害及び賠償義務者を知った時から3年」、②「製造物を引き渡した時から10年」と定められています。

**Q6** なぜ二重の期間制限を設ける必要があるのですか？

比較的わかりやすい①のほうは、債務不履行と同じ理由ですね。要するに、被害者は、誰が加害者で自分がどれだけの損害を被ったかを知ったら「権利を行使できる状態になるのだから、定められた期間内（ここではどちらも3年以内）に早く損害賠償請求をして権利を行使しなさい」ということを定めている消滅時効にあたります。一見これがあれば②は必要ないように思えますが、①だけでは不十分な理由があるのです。それは、誰が加害者か（そしてどれだけの損害が発生したのか）を被害者がいまだわかっていない場合には、永遠に時効が完成せず、いつまで経っても権利の行使ができてしまいます。でも、それでは何十年何百年も経ってから請求されるかもしれないことになって、法的な安定性に欠ける（権利行使がされるのかどうかわからない不安定な状態が長期間続くのはよくない）と考えられているのです。たとえば江戸時代や明治時代の不法行為について今になって損害賠償請求が起こることが現実的ではないことを思えば、感覚的にわかりますよね。要するに、仮に誰にいくら請求すればよいのかわからないという状況であったと

*16　改正法前の民法では、債権の消滅時効の期間は、原則10年とされながらも、債権の内容によっては例外的に1年や2年や3年といった短期で消滅する「短期消滅時効」の規定が数多く存在した。新民法ではそれらの規定は削除され、ごく一部の例外を除いて、原則として「権利を行使することができることを知った時から5年間」という基準に統一されることになった（新民法166条1項1号）。あわせて、債権についても不法行為と同じように、二重の期間制限（「権利を行使することができる時から10年」）が設けられている（同2号）。

*17　法定代理人について、詳しくは第2章注1（p.29）を参照。

しても、一定の期間が過ぎれば（不法行為があった時から20年、製造物を引き渡した時から10年）法的な安定性を考えて画一的に権利を消滅させてしまおうというわけです。②のような期間制限は、講学上は除斥期間*18とよばれています（ただし、改正後の新民法では一部変更あり）。法的な除斥期間とは異なりますが、イメージとしては、チケットや割引券、宝くじ等の使用期限や引換期限が過ぎれば、それらが一律に使えなくなる仕組みと似ているかもしれませんね。

> **用語解説**
>
> *18 除斥期間
> 一定の期間内に権利を行使しないと、その期間が過ぎれば画一的に権利を消滅させる期間のこと。もっとも、近年では、除斥期間について例外を認める判例も複数出され、徐々に時効との区別があいまいになっている。こうした被害者救済の流れを受けて、改正後の新民法では、不法行為に基づく損害賠償請求権に関する20年の期間制限について、除斥期間ではなく「消滅時効」と解釈されるような改正がなされている（新民法724条）。

## 4 ── 民法というフィルターを介して見た世界

さて、最後にもうひとつ。みなさんはこんな経験をしたことはないでしょうか。

> **▶CASE⑤**
> 友人のマンションに自転車で遊びに行ったところ、駐輪場の壁に「入居者以外の駐輪禁止。見つけた場合には、すみやかに撤去し、罰金を申し受けます」との張り紙が…。「まあ少しの間なら大丈夫だろう」と自分に言い聞かせ、駐輪場の端に自転車を停めますが、友人と遊びながらも、時折頭をよぎります。「もし見つかったら本当に自転車の撤去を甘受し、罰金を支払わないといけないのだろうか…」。

日常生活のなかで私たちがなんとなく当然だと思っていることも、実際には必ずしもそうでないことが多くあります。あらゆる事象には必ず根拠があるはずですが、日常私たちはそれをあまり意識していません。危険性を「確信」するでもなく、「安心」するでもなく、撤去されるのかと「不安」を覚えるのはなぜか……。それは、その可否を判断する材料と能力を有していないからです。そして、この社会でその材料となりうるものは、まさしくみなさんが今学んでいる法学であり、なかでも民法が日常生活に関するルールの基盤となっているのです。私たちが日頃から見ているこの世界は、民法というフィルターを介して眺めてみると、普段気づかない意外な発見と驚きに満ちあふれています。

さらにおもしろいことに、実はそのすべてに唯一絶対の答えがあるわけではありません。実際に起こる法律問題やそこから展開される法学という学問（とくに民法の解釈学）では、正解が複数成り立ちうることもしばしばです。そして、これまで想定されていなかった問題も次々と出てきます。だからこそ、こうして民法をはじめとするたくさんの法律（無数のルール）が置かれていても、裁判で争う論点が絶えないわけです。民法の知識を知ることは、学問のスタートにすぎません。むしろ、その知識をもとに、いかに未だ解明されていない問題の構造を論理的に解き明かせるか。身近なようで考え始めるとすごく深い、民法学のおもしろさは、まさにそこにあります。

常識を疑うところに、新たな発見の鍵があります

第Ⅰ編　大学生活に関する法的問題

## 民法改正

### 120年ぶりの民法大変革の時代

　みなさんは知っていますか？　私たちの日常生活の最も基本的なルールである民法が、ついにおよそ120年ぶりの大改正を遂げたことを。実は、現在の民法典は、明治29年に制定され、明治31年（1898年）の7月に全面施行されたものなのです。これまでにも部分的な改正や文言の現代語化等は行われてきましたが、約200項目（条文の変更は約300か所）にものぼる抜本的な内容の改正は、現民法典が制定されて以来、初めてのことです。明治31年というと、まだ日清戦争の終結から数年、通りを行き交う人々の多くが和装で、東京の街を馬車鉄道が走っていた頃。交通手段として自動車はまだ普及しておらず、フランスの輸入車が日本に初上陸して披露走行されたのが民法典施行の年。ましてや日本車は製造すら始まっていませんでした。通信手段も、電話が初めて東京と横浜に開通したのが明治23年。電話機といっても、ボタンもダイヤルもない初期の代物。まだ個人で電話機を持つ家庭はほぼありませんでした。それがいまや、自動車ばかりか新幹線や飛行機を日常的に利用し、ポケットサイズの携帯電話やスマートフォンを誰もが持ち歩き、インターネットやSNSの普及により通信伝達手段も様変わりしています。ある意味では、そんな一世紀以上も前のライフスタイルを前提としたルールが大きな変更なく通用し続けてきたことのほうがむしろ驚きかもしれませんね。

　ついにそれが大きく変わります。そもそも今回の民法改正へ向けた取り組みは、①現民法制定以来の社会・経済の変化への対応を図り、②国民一般にわかりやすいものとするという目的から始まりました。法務大臣の諮問機関である法制審議会において5年以上にわたる検討の結果として改正要綱案が示され、閣議決定を経て民法（債権関係）改正法案として国会に提出（2015年3月）。初期に構想された改正案は、改正に積極的な学者の学理的価値観が色濃く出たものであり、従来の民法の基本理念や契約に対する考え方を根底から覆すほどスケールの大きな展望が描かれていましたが、実務家や一部の学者らからは批判が強く、審議が進むなかで賛否両論・多種多様な意見を受けながら、改正案は次第に丸みを帯びていきました。最終的には、一部議論を呼びそうな項目はあるものの、ある意味で斬新な理念や契約観はほぼその姿を消し、良くも悪くも無難なものに落ち着いています。むしろ、残念なことに、なかには判例法理として確立しており条文化が期待されていたにもかかわらず、意見がまとまらず実現に至らなかったものもあります。とはいえ、それでも完成した改正案はこれまでにない大規模なものです。国会では、その案に特段の修正が加えられることもなく、ついに新民法が成立。2017（平成29）年6月2日に正式に公布されました。施行（新しいルールが適用されるようになる日）は、公布から3年以内とされており、2020年ごろの予定です。遅くともそれまでに内容を把握しておく必要があります。

　改正内容は多岐にわたるためここでは到底紹介しきれませんが、中心となるのは契約にまつわるルールを含む「債権法」とよばれる分野です。本章で勉強した内容との関連では、たとえば、債務不履行に基づく損害賠償や解除の要件の変更、敷金に関するルールの明文化、契約成立要件としての要物性の緩和、消滅時効期間の変更、瑕疵担保責任を廃止（債務不履行に一元化）などがあげられます。その他にも、解除要件の変更に伴う危険負担制度の変容、法定利率の制度変更、錯誤の効果の変更など、まだまだたくさんの条文や法制度の改正が盛り込まれています。本書を読んでいる初学者のみなさんは、いますぐにすべてを理解する必要はありません。もっと深く学びたい人は、民法を体系的に勉強しながら、何がどう変わったのかを理由とともに一つひとつ把握していくことが肝要です。

　さらに、驚くべきことに、民法改正の動きはこの債権法改正にとどまりません。民法第5編の相続法（相続に関するルール）の改正案の検討もすでに法制審議会で進められており、高齢化や家族の在り方に対する社会意識の変化にともなって、配偶者の相続分を増やす案や、遺言の制度の見直し案などがあがっています。他方で、民法の成人年齢を20歳から18歳に引き下げる法案の検討も本格化しつつありますし、加えて学界では民法の不法行為法分野の見直しの必要性も声高に叫ばれ始めています。

　このように、まさに今、私たちの日常生活のルール（民法）は全面的に、歴史的にも稀に見る大変革期にあるのです。もっとも、法典によるルールの透明化には本来的に限界があります。いつの時代も新たな法律ができると、またそこに新たな解釈論争が生まれるのです。新法が今後の学説や実務のなかでどのように解釈運用されていくのかも興味深いですね。

# 第2章 スマートフォン・インターネットと法

関連するのは
憲法・刑法

ここでは、インターネットに潜む問題点とその法的知識を学びます。

## 1 ── スマートフォンをもつということ

〈キーワード〉
- プライバシー権
- リベンジポルノ
- 削除請求

**Q1** みなさんは、携帯電話やスマートフォンをもっていますか？

今日、多くの日本人は携帯電話（以下、「携帯」ともいいます）やスマートフォン（以下、「スマホ」といいます）をもっています。年配の世代ではまだまだ携帯電話の利用も多いようですが、若い世代ではスマホが圧倒的のようです。

しかし、未成年者がひとりで自分名義の携帯・スマホを買いに行っても、携帯・スマホの各社は、すんなりとは売ってくれません。未成年者には必ず保護者の同意書などの提出が求められます。これは民法によって、未成年者が**契約**（売買契約）を結ぶ場合は、親権者（親）など**法定代理人**[*1]の同意を得なければならず、そのような同意がない契約は取り消すことができると定められているからです[*2]。携帯・スマホ各社の対応は、この民法の定めにならったものなのです。成長・発達途上にある未成年者の利益を保護することを目指して、国家が法律などによって未成年者の権利を制限することを、**パターナリズム**[*3]にもとづく制限、という場合があります。未成年者が契約を結ぶことへの民法による制限は、まさにパターナリズムによる制限の例です[*4]。

スマホのアプリとしてよく利用されるものにLINEがありますが、たとえば夜9時以降のLINEの使用を禁止する校則を定めるような例があります。また、携帯・スマホの校内への持ち込みや利用に制限を設けている学校もあります。これらは、児童・生徒が携帯・スマホにのめりこみすぎて本来やるべきことを怠り、自身の利益を損ねることがないように、学校が児童・生徒の保護を目指して設けている制限で、パターナリズムの考え方によるものです。

大学でこのような制限をする例は多くないでしょう。大学生にもなれば自分のことは自分で規律したいものです。でも、スマホは簡単にインターネットにつなげられることもあり、その利用は実は思わぬ危険と隣り合わせで、気をつけないと大変な目に合うこともあります。自分で自分を規律できるようにするためにも、スマホとインターネットの問題について学びましょう。

 **用語解説**

*1 法定代理人
本人の代理ができる人（代理人）になるためには本人の意思による場合と、法律によって定められる場合がある。後者が法定代理人。民法は、親権者はその子の法定代理人であると定める（民法818条・824条）。法定代理人には親権者のほか、成年後見人などがある（親権について、詳しくは第9章3 [p.115]を参照）。

*2 未成年者の契約のルールについては、第11章（p.133）を参照。

 **用語解説**

*3 パターナリズム
「温情的庇護主義」や「父権的温情主義」と訳されるが、未成年者の利益を保護するために、国家などが成長過程に介入し、権利の制限などをすることをいう。

*4 他の例として、未成年者の飲酒の禁止（第6章を参照）や選挙権制限などがある。

## 2 ── 芸能人の写真のアップロード

> **▶CASE①**
>
> 大学生になったBさんは、おしゃれなカフェでアルバイトを始めました。1か月くらい経ったころ、有名芸能人Aが、恋人らしい女性を連れて来店しました。すかさずBさんは隠れてスマホで写真を撮り、バイト店員の仲間で共有しているLINEに投稿しました。ところがあろうことか、仲間の店員のCさんがその写真を、「バイトしている店にAさんが来ました！しかも彼女らしき人とお忍びで！」というコメントつきでツイッターに投稿してしまったのです。するとインターネット上で大騒ぎになり、ツイッターに投稿したCさんへの批判で「炎上」してしまい、その批判がBさんにも及びそうな勢いになってしまいました。

**用語解説**

＊5 SNS
「ソーシャル・ネットワーク・サービス」のことで、とくにフェイスブックやツイッター、LINEなどがある。

今日、スマホを使ったSNS＊5の利用が盛んです。その日のことを自宅に帰ってからパソコンを使ってブログにつづるという方法に比べて、SNS（とくにツイッターやLINEなど）は、感じ考えたことをその場ですぐにインターネット上に発信することができます。よって友人と会話のキャッチボールを楽しみたいときや重大事項を速く・広く知らせたいときなどには便利な反面、喜怒哀楽をそのまま発信したり、過激な言葉を使ってしまったりして、あとで後悔するようなことも少なくありません。

SNSは公開範囲を設定できますが、ツイッターは同じ趣味をもつ見知らぬ人とのワンフレーズの対話を気軽に楽しめるおもしろさがあり、全公開モードの設定で広く"つぶやき"を公開する利用も多いようです。普段は実際上狭い範囲のなかでのやり取りしかしていなくても、いったん問題発言がなされるとそれを発見した人によるリツイート（他の人の"つぶやき"を引用して発信すること）によって拡散し、「炎上」に発展するリスクが高いメディアです。CASE①では、公開を友人に限定して利用していたLINEに投稿した写真が、全公開モードのツイッターに流出したことが炎上の原因となっています。

> **Mini Column 「炎上」**
>
> 「炎上」とは、ある人の行為やインターネットへの投稿に対してインターネット上で非難が殺到する現象のことをいいます。SNS（とくにツイッター）経由での典型的な炎上は、①ある人が問題のある発言や写真をSNSに投稿する→②SNS仲間や第三者がおもしろ半分にそれをリツイートする→③リツイートした者の友人やその友人に転送され拡散していく、という段階を経て起こります。炎上は年々そのサイクルを加速させており、炎上している時間は短くなっている模様です。ただ、重大なのは、炎上情報がインターネット上に残り、炎上にリアルタイムに参加しなかった者の目にも触れ、それどころか有効に削除されない限り残り続け、実名などがさらされた者にとっていつまでもダメージの種であり続けることです[1]。

Bさんが法学部の友人に相談したら、「訴えられるかもしれないから弁護士に相談したほうがいい」といわれました。Bさんやツイッターに投稿したCさんは本当に裁判に訴えられるのですか？

CASE①の場合、プライバシー権や肖像権、パブリシティ権を侵害されたとして、民事裁判に訴えられる可能性があります。

まず、裁判について確認しましょう。犯罪者が有罪か無罪か、そして有罪の場合はどのような刑罰を下すべきかを判断する裁判を刑事裁判といい、被害者の損害を償う・救済するための裁判を民事裁判といいます*6。CASE①では、写真を撮ってLINEに投稿したBさんの行為やツイッターで投稿したCさんの行為によって芸能人とその恋人が損害を負ったならば、加害者であるBさんやCさんは、被害者である芸能人AやCさんの恋人によって、損害を金銭で償えと訴えられる可能性があるのです。

この裁判で損害賠償を支払うことになる（つまり裁判で負ける）のは、BさんやCさんが芸能人Aとその恋人の権利を侵害し、それによって損害を発生させていることが要件になります（民法709条）*7。ここで侵害していると考えられる権利が、プライバシー権や肖像権、パブリシティ権なのです。これらは比較的最近になって登場した権利で、憲法や法律に明確には定められていない権利であり、「新しい権利」や「新しい人権」などとよばれるものです。

プライバシー権は、19世紀末にアメリカで「一人で放っておいてもらう権利」（right to be let alone）として生まれ、日本では1964年の『宴のあと』事件東京地裁判決*8によって承認されたものです。判決は、日本国憲法の「個人の尊厳」の理念を根拠にして、プライバシー権が法的権利であるとしました。そして、プライバシー権が侵害されたといえるためには、公表された事柄が、①私生活上の事実に関する事柄であり（私事性）、②一般人の感受性を基準に考えると公開されたくないだろうと判断される事柄であり（秘匿性）、③一般の人々にいまだ知られていない事柄であること（非公知性）の3つをすべて満たす場合だとしました*9。

でも、芸能人はある程度プライベートをさらされても仕方がないと思うのですが……？ 2)

芸能人などの著名人は公衆に自己をさらす職業をみずから選択したのだから、プライバシー権の侵害を主張できる場面は限られる、という考え方もありますが、だからといってまったくプライバシーがないわけではありません。著名人が自宅

*6 裁判について、第12章（p.144～145）を参照。

**ここも CHECK**
*7 本文では損害賠償の成立の要件として、権利の侵害と損害の発生があると述べたが、その他にも、故意（わざとやろうとする意図のこと）または過失（簡単にいうと、不注意のこと）があることなども要件になる。第1章（p.24）を参照。

**ここも CHECK**
*8 『宴のあと』事件とは、ある政治家の夫婦関係などを題材として三島由紀夫が執筆した小説（『宴のあと』）がプライバシーを侵害するとされた事件（東京地判昭和39年9月28日）。判決は、日本国憲法の根本的な理念である「個人の尊厳」を確かなものにするためには、今日では他人の私事を無断で公開することは許されないと述べて、プライバシー権が法的な権利であることを日本で初めて明らかにした。

**ここも CHECK**
*9 プライバシー権をどう考えるべきかは新しいとらえ方も出てきている。たとえば「自己情報コントロール権」としてのプライバシー権がある。これは、情報が行政や企業等によって収集され管理される情報化の時代においては、個人に関する情報については、最終的には本人が流通をコントロールできることこそがプライバシー権だというものである。

の部屋でガウン姿になってくつろいでいるところを写真に撮られ週刊誌に掲載された事件で、プライバシー権の侵害として損害賠償が認められた裁判例があります[*10]。

また、**肖像権**も、憲法や法律の明確な条文はなく、裁判によって認められた権利です。1969年に最高裁は、「何人も、その承諾なしに、みだりにその容ぼう・姿態……を撮影されない自由を有する」と述べ[*11]、さらに別の事件で、「もっとも、人の容ぼう等の撮影が正当な取材行為等として許されるべき場合がある」としました。そして、肖像権侵害により損害賠償の責任があるとされるか否かは、「被撮影者の社会的地位、撮影された被撮影者の活動内容、撮影の場所、撮影の目的、撮影の態様、撮影の必要性等を**総合考慮して**」判断すべきだという基準を示しました[*12]。要するに、撮影する者とされる者の双方の利益や事情を総合的に考慮して決める、ということです。

芸能人は、基本的には広く姿をさらすことを承知していると考えらえるので、肖像権の侵害だと主張できる場面は、一般人に比べれば確かに限られます。でも、だからといってまったく主張できないわけではありません。また、一緒にいた恋人が芸能人ではなく一般人であれば、より強く主張できるでしょう。

芸能人の場合、容ぼうなどは肖像権の対象となるだけではありません。氏名や肖像によって生じる経済的利益を独占的に受ける権利を**パブリシティ権**といいます。芸能人の容ぼうを勝手に写真にとることは、プライバシー権や肖像権の侵害となり得るだけでなく、パブリシティ権の侵害ともなり得ます。

*10 東京地判平成17年10月27日。

*11 京都府学連事件（最大判昭和44年12月24日 刑集23巻12号1625頁）。

*12 最判平成17年11月10日民集59巻9号2428頁。

> **Mini Column　日常における肖像権**
>
> 　肖像権の問題は、私たちにとっても日常的に気をつけるべき問題です。スマホやデジカメで写真を撮り、それをインターネット上にアップロードする際は、写る人の承諾を得なければなりません。そもそも、人物を特定できる写真を（写りこんでしまっただけのものを含めて）インターネット上にアップロードするのは、CASE①のようにLINEからツイッターという経路によって全面的に公開される危険があるので、極力避けるべきでしょう。

# 3 ──「バイトテロ」、「リベンジポルノ」

> **▶CASE ②**
> 調理担当のバイト仲間のKくんが、悪ふざけで冷蔵庫に入った自分の写真をツイッターに投稿し書類送検されたと聞きました。その後、インターネット上で「炎上」したことで店に「不衛生だ」という批判が殺到し、閉店に追い込まれてしまいました。Kくんはどうなってしまうのでしょうか。

　CASE②のように、アルバイト店員や客が悪ふざけ・悪ノリ画像をSNSに投稿することを、「バイトテロ」とか「バカッター」と呼ぶことがあります。Kくんは**書類送検**されたということですが、これは、警察がKくんを逮捕しないまま取り調べ、その結果を書類にまとめて検察官に送ったことを意味します。検察官が起訴すればKくんは刑事裁判にかけられ、有罪判決が下れば刑罰が科せられることになります。このように、罪を犯したことで刑罰が科せられることを**刑事責任**に問われる、といいます。また、前述のように、被害者の損害を賠償しなければならないことなどを**民事責任**といいます\*13。

　ではCASE②でKくんの犯した罪はなんでしょうか。それは、威力業務妨害罪です。これは、直接的、有形的な方法によって人の業務を妨害した罪で、刑法234条に定められています\*14。バイトテロが犯罪となるほかの例としては、ハンバーガー店のアルバイト店員が大量のパンの上に寝そべって、器物損壊罪に問われるなどがあります（刑法261条）。器物損壊とは、他人の物を損壊する、つまり壊したり傷つけたりする行為を意味しますが、本来の効用を失わせることも「損壊」にあたるとされます\*15。

　また、「炎上」が原因で店が閉店した場合、閉店に追い込まれたことの民事責任を店から問われる可能性もあります。さらに、もし「炎上」によって実名や大学名がつきとめられ大学に事件が知れたとしたら、懲戒処分（退学、停学、訓告）\*16を受けるようなことも考えられるでしょう。

> **▶CASE ③**
> 友人Jさんから次のような相談を受けました。「ある男性とつき合ってすぐ別れたのですが、つき合っていたときに撮られた裸の写真をツイッター上に公開されてしまいました…」。Jさんは、どうすればいいのでしょうか。

　別れた元恋人や元配偶者が、かつてプライベートで撮影した写真や動画を腹いせに無断でインターネット上にばらまくことを**リベンジポルノ**といい、いま世界中で問題になっています。「バラまくぞ」と脅して復縁を迫るような例もあります。

---

\*13　刑事責任や民事責任については、第4章(p.56)を参照。

◆刑法233条◆
虚偽の風説を流布し、又は偽計を用いて、人の信用を毀損し、又はその業務を妨害した者は、3年以下の懲役又は50万円以下の罰金に処する。

◆刑法234条◆
威力を用いて人の業務を妨害した者も、前条の例による。

☑ここも／CHECK
\*14　威力業務妨害罪と似たものに、信用毀損罪と偽計業務妨害罪がある。あの店で買ったパンの賞味期限が切れていたなどとウソの情報を流して信用を失わせると信用毀損罪になる（刑法233条前段）。その結果売上が下がったり問い合わせの電話がかかってきて業務に支障が出たら偽計業務妨害罪になる（233条後段）。

◆刑法261条◆
……他人の物を損壊し、又は傷害した者は、3年以下の懲役又は30万円以下の罰金若しくは科料に処する。

\*15　たとえば食堂の食器におしっこをかける行為なども「損壊」になる。

　用語解説
\*16　懲戒
　一般に、懲らしめ、戒めることだが、学校教育法施行規則26条2項は、校長（学部長）が行える懲戒処分として退学・停学・訓告を定める。

◆刑法175条◆
わいせつな文書、図画、電磁的記録に係る記録媒体その他の物を頒布し、又は公然と陳列した者は、2年以下の懲役若しくは250万円以下の罰金若しくは科料に処し、又は懲役及び罰金を併科する。（後略）

**用語解説**

*17　児童ポルノ
18歳未満を対象とする写真などであって、①性交・性交類似行為や②他人の性器等を触る行為を写したもの、あるいは③衣服の一部をつけず臀部や胸部を露出した様を写したもの（児童ポルノ禁止法2条3項）。この児童ポルノの所持、提供、公然陳列などは犯罪である（同7条）。

**POINT**

*18　リベンジポルノの定義は、注17であげた児童ポルノの定義に類似する（ただし18歳未満という限定はない）。提供や公然陳列が処罰される。

このような問題に対して、どのような対応があり得るでしょうか。

まず刑事責任については、従来からの規制として、わいせつ物頒布・公然陳列罪（刑法175条）、名誉毀損罪（刑法230条）、脅迫罪（刑法222条）があります。被害者が18歳未満であれば、児童ポルノ禁止法*17上の提供・公然陳列罪などとなります。なお「頒布」（バラまくこと）や「公然陳列」には、インターネット上に写真や画像をアップロードすることも含まれます。また、2014（平成26）年には、リベンジポルノの処罰に焦点を当てた法律である**リベンジポルノ防止法**が制定され、画像のアップロードや提供などが犯罪となりました*18。

したがって、Jさんができることとしては、警察に届け出ることがひとつの方法です。名誉毀損罪、リベンジポルノ提供・公然陳列罪は、**親告罪**です。親告罪とは、加害者を刑事裁判にかけるために告訴を必要とする犯罪です。つまり被害者が処罰を望む旨を訴えてはじめて、犯罪者が刑事責任に問われるのです。

つぎに、リベンジポルノなどは重大なプライバシー権の侵害であるため、Jさんは男性を民事責任に問うこともできます。写真がとくに性的なものではなかったり、脅迫まではされなかったりするときは、上であげたような犯罪には問えませんので、もっぱら民事責任を問うしかありません。「プライバシー侵害罪」は現在の日本には存在しないので、典型的なプライバシー侵害は犯罪にはならないのです。ただし、典型的ではないプライバシー侵害行為が刑事責任の対象となることもあります（図表2-1）。

しかし、犯罪者が刑事責任に問われても、民事裁判で損害賠償を勝ち取っても、インターネット上の写真を完全に消し去ることにはなりません。アップロード先から迅速に削除されたとしても、すでにダウンロードした人がおもしろ半分に複製・拡散することがあります。当然、ダウンロードした先の個々人のパソコンやスマホの中までは削除しようがなく、被害者が泣き寝入りせざるを得ない場合もあるのが現状です。つまり、リベンジポルノなどの拡散の完全な阻止は不可能な場合も多いため、法的な対応とは別に、流出して困るような写真はそもそも撮らせないことが肝要でしょう[3]。

第 2 章　スマートフォン・インターネットと法

図表 2-1　プライバシー侵害行為が犯罪となる例

| 問われる罪名 | 関連法 | 例 |
| --- | --- | --- |
| 窃盗罪 | 刑法235条 | USBメモリスティックなどを盗むなど |
| 信書開封罪 | 刑法133条 | 手紙を勝手に開くなど |
| 秘密漏示罪 | 刑法134条、国家公務員法100条1項・109条12号、地方公務員法34条1項・60条2号 | 医師や看護師、弁護士などや公務員が業務上知りえた秘密を正当な理由なく漏らした場合など |
| 電磁的記録不正作出及び供用罪 | 刑法161条の2 | 他人のコンピュータを不正に操作して個人情報を入手したりするなど |
| 不正アクセスの罪 | 不正アクセス禁止法11条以下 | 他人のID・パスワードなどを無断で使用したり、セキュリティ・ホールを攻撃するなどの不正アクセス行為をするなど |
| 営業秘密等の不正取得罪 | 不正競争防止法[*19]21条 | 顧客情報を盗んだりするなど |
| 個人情報データベース等提供罪 | 個人情報保護法73条 | 検索可能な個人情報の集合体を利益を得る目的で第三者に提供するなど |
| リベンジポルノ提供・公然陳列罪 | リベンジポルノ防止法3条 | リベンジポルノの画像をアップロードするなど |
| 軽犯罪法違反 | 軽犯罪法1条23号 | 住居、更衣室など、人が通常衣服をつけないでいるような場所をひそかにのぞき見る行為 |
| 住居・建造物侵入罪 | 刑法130条 | のぞき見をするために他人の家の敷地に入るなど |
| 盗撮罪 | 各都道府県の迷惑防止条例 | 電車内や公衆トイレなどで盗撮をするなど |

## 4 ── 忘れてください──削除

▶ CASE ④

　CASE②のKくんは停学処分を受けましたが、無事大学を卒業できそうです。そろそろ就職活動の準備に入ろうとしているのですが、インターネットで自分の名前を検索すると、過去の記録が出てきてしまいます。このままでは就職活動に悪影響なのではないかと不安に思っています。
　またJさんは、元恋人が流した画像をなんとかインターネット上から消したいと思っています。どうすればよいでしょうか。

**用語解説**

*19　不正競争防止法
　公正な競争を維持するために、模倣品の製造や産業スパイなどの不正な行為からの保護をはかるための法律。営業秘密やノウハウの盗用も禁じていて、顧客情報も営業秘密に当たり、それを不正に取得する行為は犯罪になる（21条1項3号）。

　今日、多くの企業は、新入社員を採用する際、候補者の名前をインターネットで検索したり、SNSのアカウントなどを調べたりすることがあるようです。したがってKくんの不安はまさに現実のものです。また、Jさんの気持ちも当然でしょう。では、そのような記録をインターネット上から少しでも消し去ることはできるのでしょうか。
　プライバシー権や肖像権が侵害されたとき損害賠償を請求する裁判を起こせることはすでに述べました。でも、本当に望んでいるのは金銭による償いではない場合もあります。なによりインターネット上に自分の個人情報が残り続けること

が、将来を通じての苦しみになる場合もあるでしょう。そこで、(100パーセント可能かどうかは別にして)インターネットからそのような記録の削除を請求するという方法があります。

プライバシー権や肖像権などは、それが侵害されたときに損害賠償を求めることができるだけでなく、「私の権利への妨害をしないでください(または今やっている場合はやめてください)」という求めができます。これを、民法では妨害排除請求(差止め請求)といいます。事後的な損害賠償請求とは異なり、事前に表現をさせないことや、あるいは表現を消し去ることを求めるものですから、より強力な措置となります。この妨害排除請求のことを、インターネット上では「削除」(または「送信防止措置」)とよびます。

削除請求はどのように行うのでしょうか。また、すぐに削除してもらえるのでしょうか?

削除請求は、インターネットに書き込みをした本人に対してではなく、一般に、ウェブサイトの管理者に対して行います[20]。削除請求の方法としては、裁判外のものと裁判によるものとがあります。

裁判外の方法はウェブサイト管理者によって異なり、申し込みフォームやメール、郵便などによるものがあります。また、その対応もウェブサイト管理者によって異なります。一般人の住所を公表している場合や、明らかに公益性のない誹謗中傷など、権利侵害があることが明らかな場合は、数日から十数日程度で削除請求に応じることが多いようです。ただし、ウェブサイト管理者には裁判外の削除請求にすんなり応じる義務まではありませんし、書き込みをした人が削除を拒否する場合もあるため、裁判外の手続きでは、ウェブサイト管理者が削除に応じないこともあります。この場合は裁判上の請求を行う途があります。

なお、書き込みの被害者から書き込みをした人への民事責任の追及の方法も残されなければなりません。そこで、権利侵害が明らかである場合、書き込みを行っ

### POINT

[20] インターネットでは、情報はサーバーというコンピュータにいったん記録され、発信者も受信者もそのサーバーを通じて情報を送受信する。書き込みの削除を請求する場合、書き込みをした人ではなく、サーバーの管理者(ウェブサイトの管理者)に請求する。

---

**Mini Column　プロバイダ責任制限法**

まだインターネットが今のように普及する前、インターネット掲示板というものが立ち上がったばかりのころ、書き込みによって名誉を毀損されたとして、書き込んだ人と管理者を民事裁判に訴える事件が相次ぎました[21]。それらにおいて、書き込み行為の民事責任とともに問題となったのは、ウェブサイト管理者が書き込みを削除せずにいたことは民事責任を問われるか否かでした。裁判によって判断がまちまちだったため、国会がプロバイダ責任制限法という法律を制定して、ウェブサイト管理者が書き込みを削除してもよい場合やその手続き、被害者が書き込み人の個人情報の開示を管理者に求める手続きなどが定められたのです。

[21] たとえば、都立大学事件(東京地判平成11年9月24日判時1707号139頁)、「2ちゃんねる」動物病院事件(東京高判平成14年12月25日判時1816号52頁)など。

第2章　スマートフォン・インターネットと法

た発信者に対して被害者が損害賠償請求訴訟を起こすために、発信者の住所や氏名、メールアドレスなどの開示をウェブサイト管理者に請求することもできます（発信者情報開示請求。プロバイダ責任制限法4条1項）[4]。

 ただ、写真や実名が載っているのはツイッターだけでなく一般のウェブサイトにも及び、一つひとつに対して削除請求をするのでは間に合わない場合はどうすればよいのですか？

　リベンジポルノに関しては、自分の名前で検索すると元恋人が流した性的な画像や動画が掲載されたウェブサイトが200以上出てきて、最終的には名前を変えたアメリカ人女性の例や、たった一度だけ撮影したヌード映像が30万を超えるウェブサイトにコピーされてしまったフランス人女性の例があります[5]。

　また、前述したように、削除への対応はウェブサイトごとに差があり、裁判に訴えなければならない場合もあります。以上から、一つひとつのウェブサイトに削除請求する（または裁判を起こす）のではとうてい間に合わない事態にもなりえる、という現実があります。

　そこで注目されているのが、「忘れられる権利」です。これは、検索サイトで自分の名前を検索しても、自分に関する記載があるページが検索結果として表示されないこと（検索結果の削除）を求める権利です[*22]。EUなどでは保護される傾向にあり、日本でも認められるかどうかが注目されていたところ、2017（平成29）年1月31日に最高裁判決が下されました。

　これは、児童ポルノ禁止法違反で逮捕されたという5年以上前の事実に関して、ある検索サイトの検索によって実名が特定されてしまうことが問題となった裁判です。最高裁判所は、検索結果の提供という行為には検索事業者の表現行為の側面があり、また、検索事業は現代においては「情報流通の基盤」として大きな役割があると述べました。そして、検索結果の提供による利益に比べ、公表されない個人の利益（つまり「忘れられる権利」を主張する側の利益）が「明らかに」上回る場合でなければ検索結果の削除は認められないという枠組みを示しました。そして結論としては、児童ポルノ法違反で逮捕されたという事実が今なお公共の利害に関する事実であることなどを考慮して、「忘れられる権利」については認めず、検索サイトのほうに軍配をあげる判断を示したのです。

　以上のように、インターネット上の個人情報は、必ずしもいつも削除できるわけではないのです。削除を困難にしている事情はいくつかありますが、上の判決で「公共の利害」や「情報流通の基盤」という言葉であらわされたものの存在が大きいと思われます。それは、一言でいえば「表現の自由」です。次にこれについてみてみましょう。

ここも CHECK
*22 「忘れられる権利」という場合、日本では、インターネット上の個人情報の削除請求権一般について意味する場合もあるが、本章では本文のような意味として用いる。

第Ⅰ編　大学生活に関する法的問題

## 5 ── みんなに知らせたいことがある！──表現の自由

> **▶CASE⑤**
> Mさんの通う大学生のグループが、高速バスのスキーツアーに参加したのですが、不幸にもバスが横転してグループの全員が亡くなってしまいました。大学には報道陣がおしかけ、数日の間、ちょっとした騒ぎになったのですが、亡くなった学生は名前や顔写真が新聞に出て、人によっては葬儀にまでカメラが入りました。これらはプライバシー権や肖像権の侵害ではないのでしょうか？

◆**憲法21条**◆
集会、結社及び言論、出版その他一切の表現の自由は、これを保障する。
2　検閲は、これをしてはならない。通信の秘密は、これを侵してはならない。

　日本国憲法は、21条で**表現の自由**という人権を保障しています。これは、言いたいことを言ったり文章を書いたり写真展を開いたりするのは、他人の人権を踏みにじったりしない限り、自由に行ってよいということです。そしてそれは、インターネット上でも同じです。従来、公に意見を表明しようとすると、街に出てデモを行ったり新聞の投書欄に投書したりするしかなかった私たち一般市民も、今やインターネットを使えば低コストで世界中の人に意見を表明することができます。

　表現の自由は、**自己統治の価値、自己実現の価値**という２つの価値をもっているといわれます。自己統治とは、われわれ自身がわれわれを統治することであって、**民主主義**と言い換えられます。民主主義が成立するには誰もが自由に意見を発表できなければなりません。よって、表現の自由は民主主義を支える人権です。また、意見を言ったり文章を書いたりするのは、個人的な満足のためでもありますし、自分を高めることにもつながります。おもしろかった動画の感想を書き込んだり、関心のあるニュースへコメントを書いたりすることも一種の「自己実現」でしょう。

　また、表現の自由には、真理への到達を可能にするという機能があります。いろいろな人がさまざまなことを言うことが許されてはじめて、私たちはそのなかから最も正しい、あるいは説得力のある意見を見出すことができます。

　したがって、いろいろな意見が自由に発せられることが許される、ということは、民主主義にとっても個人の人格の発展にとっても真理への到達にとっても必要不可欠なことであり、できるだけ表現活動は制限してはならないのです。もし国家がそれを制限すると、発言を控える**萎縮効果**が働いて、世の中に出回る言論はどんどん画一的でつまらないものになっていってしまいます。そこで、悪い言論に対しては国の規制を及ぼすべきではなく、良い言論による対抗（**対抗言論**）に任せるべきだという考えも出てきます[*23]。

　さらに、情報が発信されても伝わらなければ意味がありません。私たちがもし情報にアクセスできないとすれば、自分の意見を洗練させたり人格を発展させる

**POINT**
[*23] インターネット空間は誰でも対等な立場で参加できるため、真理の追及や対抗言論が有効に機能する世界だと楽観的に考える向きもあるが、インターネット空間ではむしろ有効な反論は困難で、反論しても炎上するだけだとも考えられる。

第2章　スマートフォン・インターネットと法

ことができません。よって、表現の自由には、情報を発信する自由だけでなく受信する自由（「知る権利（知る自由）」）も含まれると考えられています。いろいろな表現が自由に表明されることだけでなく、受け取りも制限されず自由であることを表現の自由は意味しているのです。インターネットやSNSを上手に利用することは、情報を「送る」ことと「知る」ことのより有意義な結びつきを可能にするものともいえるでしょう*24。

　本章はこれまで、最高裁が、人の容ぼうなどの撮影が正当な取材行為等として許されるべき場合があることや、児童ポルノ法違反の逮捕という事実については「公共」性があるとしたことを述べましたが、そのような判断の中心には、表現の自由（なかでも知る権利）という人権があるのです*25。ウェブサイト管理者が削除請求に対していつも応じられるわけではないのは、削除したい書き込みにも書き込んだ人の表現の自由が認められるという前提がある場合が考えられるからなのです。そして、前述のとおり、プライバシー権や肖像権と、表現の自由との調整は、双方の事情や利益を総合的に考慮したり比較したりして判断する、ということになるのです。

　したがって、CASE⑤においても、事故の犠牲者の情報をどこまで報道するかについては、プライバシー権や肖像権と、表現の自由（知る権利を含む）との調整がなされるべきです。日本では、たんに実名がインターネットに載るだけでは、「一般人の感受性を基準に考えると公開されたくないだろうと判断される事柄」（『宴のあと』判決の「秘匿性」要件）とまでは言えないというのが一般的な傾向です。また、犯罪者の実名は公共性が優先されるとされてきました。でも、事故の犠牲者の場合はどうでしょうか。顔写真の新聞への掲載は遺族の承諾を要するかもしれませんが、亡くなる前に本人が自ら公開設定のSNSに載せていた写真を報道目的で新聞に流用する場合、法的には遺族の承認を得る必要はないと思われます。なお日本では総じて、犯罪者や犯罪被害者、犠牲者のプライバシー権や肖像権よりも表現の自由・知る権利を重視してきたように思われますが、世界的にはそれが一般ともいえません（EUでは実名を出さない傾向にあります）。日本でも今後その意識が変わっていく可能性が考えられます[6]。

**【引用・参考文献】**
1) 小林直樹『わが子のスマホ・LINEデビュー安心安全ガイド』日経BPマーケティング、2014年、p.118以下
2) 鳥飼重和監修『その「つぶやき」は犯罪です』新潮社、2014年、p.82-101
3) 前掲小林、p.68以下
4) 前掲鳥飼、p.151以下
5) 神田知宏『ネット検索が怖い「忘れられる権利」の現状と活用』ポプラ社、2015年、p.34以下
6) 飯島滋明編著『憲法から考える実名犯罪報道』現代人文社、2013年

**ここもCHECK**
*24　2010（平成22）年から2011（平成23）年にかけての中東の民主化運動の先駆けとなったチュニジア革命では、国家による取り締まりがむずかしいフェイスブックが大きな役割を果たしたといわれている。また2016（平成28）年の日本の熊本地震においては、ツイッターが支援者と要支援者とをつなぐ有効な手段としても機能した。

**POINT**
*25　とくにマスメディアの取材や報道は国民の知る権利と強く関係する。最高裁判所も、「報道機関の報道は、民主主義社会において、国民が国政に関与するにつき、重要な判断の資料を提供し、国民の『知る権利』に奉仕するものである」と述べたことがある（博多駅テレビフィルム事件［最大決昭和44年11月26日刑集23巻11号1490頁］）。

**法の専門家ガイド**

## 司法書士・行政書士

　司法書士は、不動産登記や商業登記といった登記にかかわる仕事をメインに、法律にかかわるさまざまな仕事を行っています。

　家や土地を買うとき（または相続したとき）、自分だけの土地や家を他人に勝手に使われたりしないことを確かにするためには、法務局にある登記簿に登録をして所有者を公（おおやけ）にする必要があります。また、会社をつくるときも必ず登記（商業登記）が必要です。司法書士はこの登記という手続きを所有者などに代わって行うことができます。なお、登記にとどまらず、広く会社の法務全般へのサポートを得意とする司法書士もいます（株主総会の支援、合併や後継者問題などへのアドバイス、定款の作成など）。将来ベンチャー企業を起こした場合、短期間で事業を拡大したときや、法務担当の社員を置く余裕がないときなどは、司法書士にお世話になることが多くなるでしょう。

　登記以外の業務としては、裁判業務があります。2003（平成15）年の法改正によって、簡易裁判所で争われる事件（請求金額140万円以下の事件）では、司法書士も弁護士と同じように法廷に立てるようになりました。実際には債務整理・過払金請求事件、つまり、クレジットカードや消費者金融の利息として払いすぎていたお金（「みなし弁済」）を取り返すものが多いようです（第11章を参照）。140万円を超える訴訟でも、裁判書類の作成や本人訴訟（弁護士を立てず本人が起こす訴訟）への支援は司法書士でもできます。また近年、成年後見業務（第14章を参照）やADR（第12章を参照）などにも力を入れています。家庭裁判所によって選ばれる専門職後見人は司法書士が最多のようです。

　一方、行政書士は、官公署に提出する「許認可」にかかわる書類の作成とその代理などを中心とした仕事を行っています。

　なにかの営業を行ったりするためには監督官庁の「許可」や「認可」などを受けなければならない場合があります。これら「許認可」に必要な書類を作成し、代理する業務が行政書士の中心業務です。建設業、飲食店、薬局、古物営業（古着屋など）、産業廃棄物処理業など、許認可は1万種以上あると言われています。外国人の在留資格関係の許可申請もこの中に入ります。在留期間更新（ビザ更新）や在留資格変更（ビザ変更）などにかかわる申請書類を作成し、入国管理局に提出します。そのほかにも、遺言書や遺産分割協議書、契約書、内容証明、定款、請願書、陳情書、各種議事録など、市民や会社の権利・義務にかかわる書類の作成も行っていますし、企業のコンサルタントのような業務を行う行政書士もいます。

　司法書士・行政書士の両者に共通する特徴は、①弁護士に比べて比較的全国に事務所があり地域に密着した存在であること、②弁護士に比べ報酬が安いこと（司法書士、行政書士とも報酬は自由に設定できますが、日本司法書士連合会、日本行政書士連合会がまとめた、「報酬アンケート結果」、「報酬額統計調査」がウェブ上に公開されています）、③個人事務所が多いこと、④他の士業とのネットワークを持っているので紹介してもらえること（たとえば会社を作るときは、登記は司法書士が、許認可関係書類は行政書士が担当ですが、税務署への届出は税理士が、人を雇えば保険・年金などに関する届出では社会保険労務士が担当）、などがあります。

# 第3章 恋愛と法

関連するのは
刑法・民法

ここでは、恋する学生を素材に、親密な関係に潜む法律問題を考えます。

## 1 ── 道ならぬ恋は罪に問われるか

〈キーワード〉
- 恋愛の自由
- カップル間の暴力
- 胎児の生命

たとえば、このような話、どこかで聞いたことはありませんか。

> 大学に入学したてのX男は、A女に対してほのかな恋心を持っている。そうしたところ、実は友人のKもA女に好意をもっていることを知った。Xは、その恋の成就を応援する旨をKに告げておきながら、KがAに対して告白をする前にKを出し抜いてAに告白し、Aが応じたため、交際を開始した。
> さて、月日は過ぎ、Xも若くはなくなった。ひょんなことで知りあった若者が、Xのことを「先生」といって慕ってくる。そんな彼に、ある日、Xは言うのである。
> ──「恋は罪悪ですよ。解っていますか」。

夏目漱石の不朽の名作『こころ』で「先生」はこんなことを言うのですが[*1]、恋愛が「罪悪」だというのなら、クラスのあの人たちも「罪人」だということになるというのか……!?

[*1] 夏目漱石『こころ』(新潮文庫)。2017年現在、ほぼすべての教科書会社が高校現代文の教科書に収録している文学作品。

**Q1** みなさんは、やっぱり好きな人と恋愛して、好きな人と結婚したいですか?

「そんなの当たり前のことだ」とみなさんは思うかもしれません。しかし、夏目漱石が『こころ』を発表した1914(大正3)年のころには、それはけっして「常識」ではありませんでした。

結婚をめぐるデータを見ると、1935(昭和10)年には、恋愛結婚をした人は13.4%にすぎませんでした。69%は見合い結婚だったのです。この割合は1960年代に逆転し、2015(平成27)年には見合い結婚はわずか5.5%で、87.7%は恋愛結婚であるとされています[1]。

いずれにしても、かつては**恋愛**と**結婚**は別物だったわけですが、現代は、結婚するにはまずは恋愛から、というのが社会的前提であるといえそうです。

**Q2** 恋愛が、法律的にみて「罪悪」になることがありますか?

たとえば『こころ』の恋愛模様は、下宿先の「お嬢さん」に寄せる「K」と「先

第Ⅰ編　大学生活に関する法的問題

「生」のほのかな一方的な恋心であって、男女交際のことを恋愛ととらえていないようです。

しかし、みなさんの周りの「恋愛事情」はそのようなプラトニックなものにとどまるのでしょうか。現在となっては学生年代の未婚の男女の恋愛に性交渉が含まれうることは、当然の前提となっているのではないでしょうか*2。しかし、世界を見てみると、このような認識は現在でも必ずしも普遍的なものではないのです。

たとえば、現在でも厳格なイスラム法を施行している一部の国では、婚姻外の性交渉を**姦通罪**（かんつう）という「犯罪」として処罰する法律が残っています。なかには、性被害を受けた女性が、被害の立証を果たせなかったために姦通罪に問われて過酷な刑罰が科された例もあり、それが国際的に非難されたこともあります*3。

現在の日本には姦通罪はありませんが、それでも合意にもとづくすべての性交渉が許されるわけではありません。たとえば、刑法177条は、13歳未満（つまり、満13歳の誕生日を迎えるまで）の子どもとの性交渉を**強制性交等罪**として処罰対象としています*4。18歳未満の者を「現に監護する者」（たとえば、一緒に住む親）が、「その影響力があることに乗じて」性交渉を行うと、強制性交等罪と同様の処罰がありえます（刑法179条2項）。さらに、現在では47都道府県すべてに、**青少年保護育成条例**などというような名称の条例が定められていて、18歳未満の「青少年」との間で、婚姻外で性交渉それ自体だけを目的とするような行為は処罰の対象とされています*5。

また、大人同士であっても、性交渉を商売にすることは禁じられています。具体的には**売春防止法**という法律があり、売春した女性自体は処罰されないにしても、売春婦を勧誘したり、斡旋したり、売春の場所を提供したりすると、それらは「犯罪」として処罰されるのです。

今日の日本では、これら以外には、愛し合っている2人の自由な同意にもとづく性交渉を処罰するルールはないので、学生カップルの恋愛で刑務所に行くようなことは、基本的にないというわけです。

そうはいっても、それ以外にも一線を越えてはいけない恋愛というのがありそうな気もしますよね……。

> ▶CASE①
> 
> 女子学生が、妻子あるゼミの先生と交際し、肉体関係もある場合、その恋愛は法的に許されると思いますか？

結論からいえば、その答えは「ノー」です。

「婚姻」（法律上の結婚）という制度は、**民法**という法律で強く保護されています。もし、このゼミの先生の奥さんが先生に離婚を求めてきた場合、不倫した先生の

---

*2　たとえば、1980年代後半に、歌手・尾崎豊が往年の名曲「I love you」のなかで赤裸々な男女交際事情を歌っており、これが当時の若者たちにかなりの共感を得るとともに、大人たちにセンセーションを巻き起こした。それから約30年を経た2015年の「出生動向基本調査」によれば、87.5%の人が「結婚前の男女でも愛情があるなら性交渉をもってかまわない」と考えている。

*3　たとえばパキスタンでの事例について、朝日新聞2006年7月1日朝刊の記事参照。

◆刑法177条◆
13歳以上の者に対し暴行又は脅迫を用いて性交…をした者は、強制性交等の罪とし、5年以上の有期懲役に処する。13歳未満の者に対し、性交等をした者も、同様とする。

◉POINT
*4　強制性交等罪の処罰対象となるのは、被害者が13歳以上であれば「暴行又は脅迫」による性行為に限られるが、13歳未満の場合は性行為全般である。この構造は、刑法176条の強制わいせつ罪でも同じである。なお、2017（平成29）年の刑法改正により177条の規定が改正され、名称も「強姦罪」から改められた。

第3章　恋愛と法

側に「慰謝料」を要求する、などということはみなさんも想像できると思います。それは、先生がその奥さんとの関係で、民法上「許されないこと」をしたからなのです＊6。

**Q3** CASE①の女子学生と先生の不倫の交際が法的に許されないなら、やはり法律的に見て「罪」になると思いますか？

　一般的にいえば、不倫はやはり「罪」なことです。もっとも、法律学的に「**犯罪**」となれば、それは国家による「**刑罰**」の対象になります。そのように考えると、たとえ民法上、当事者間の関係で「法的に許されない」としても、**刑法**の意味で「罪」になるとまで考えるべきかは、もう少し違った考慮が必要になります。

　前述のように、現在の日本では、不倫の性交渉を処罰する法律はないのですが、実は、日本にも戦前には「姦通罪」の規定が存在し、「有夫の婦姦通したるとき」、女性の夫が告訴すれば、「その相姦したる者」もろとも2年以下の懲役ということがあり得ました（刑法旧183条）。もっとも、この条文と反対に、妻のいる夫が愛人の独身女性と性交渉に及んでも犯罪にはなりませんでした。昔の小説には、妻子ある男性が奥さん以外の愛人の女性を「妾（めかけ）」として堂々と囲っている、などという場面も出てきます＊7。CASE①の先生も女子学生も、戦前の刑法の規定でも処罰されないということになります。

　しかし、戦前はこれで通じたとしても、現在の日本国憲法24条では**両性の本質的平等**がうたわれているのですから、このような女性差別の法律は生き残れません。そこで、1949（昭和24）年に刑法を改正する必要が生じました。この際に、不倫した夫とその愛人も処罰して、男女平等な形で姦通罪を維持しようとする議論も存在しましたが、結局、姦通罪の規定は削除されました。

　なにぶんにも、刑務所に有無を言わせず人を収容しようとするルールを作ろうというのですから、国家による処罰の根拠は、たんなる「道徳」ではなく、なにか具体的な「生活利益」を守るためのものでなければなりません。この点、「婚姻」という制度は法律上明確に保護されているのだから＊8、そのような法制度を守るために姦通罪を設けるのだと考えれば、それは許される議論です。もっとも、結婚という社会の制度を守るために、国家の方策としてそのような誰かを「犯罪者」よばわりし、場合によっては刑務所送りにまでするような必要が本当にあるのでしょうか。また、不倫の恋にともなう性交渉であっても、市民の格別に私的な関係に、国家が刑罰という形でむやみに介入するのは過剰ではないでしょうか。このように考えると、やはり姦通罪廃止は妥当だったのでしょう。現に、この規定を復活させようという主張も、その後みられないところです＊9 2）3）。

　つまり、現在の日本では、CASE①のような場合、当事者間での問題解決にあ

＊5　年少者を一概に子ども扱いして彼らとの自由な性交渉を禁じるルールが正当といえるのか、このテキストの第Ⅱ編を読む際に、ちょっと考えてみよう。なお、刑法179条の規定（監護者わいせつ罪、監護者性交等罪）は、2017年の刑法改正で新設されたものである。

＊6　第9章（p.106〜）を参照。

＊7　文学作品で例をもうひとつあげるなら、森鷗外の『雁』（1911〜1915年）は、「妾」の女性の心の機微を描き出した小説として有名。

＊8　婚姻については、第9章（p.106）の注1を参照。

＊9　なお、婚姻制度それ自体を保護法益とする「重婚罪」の規定は現在も残っているが（刑法184条）、実際の適用場面はほぼ想像できない規定になっている（重婚については第9章[p.108]を参照）。

43

たっては夫婦関係を壊したことによる負担を不倫した側に負わせるけれども（つまり、「民法上は違法」）、それは国家が刑罰を課すほどの社会的不当性はない（つまり、「刑法上は違法でない」）と考えられているのです。

## 2 ── 恋人からの暴力──DV、ストーカーなど

それにしても、手をつないで仲良く歩くカップルをみると、つい冷やかしの言葉を投げかけたくなることもあります。『こころ』の「先生」は、「恋の満足を味わっている人はもっと温かい声を出すものです」[4]というのですが……。

> **▶CASE②**
> 「恋人がそこまで愛してくれていると思うとうれしいけれども、スマートフォンをチェックされたり、デートの予定が合わないというと不機嫌になって物に当たったりして、どうしたらいいか困る」──友人の話は、たんなる「のろけ」だと思いますか？

せっかく友人が打ち明けてくれたのです。ひょっとしたら、とても勇気のいることだったかもしれません。相手の話を「のろけ」だと茶化したり冷やかしたりしたら、もうその友人は、「誰にも相談できない、自分さえ我慢すれば……」って思ってしまうかもしれません。

たとえば、内閣府が成人女性を対象に行ったアンケート調査では、「異性から無理やりに性交させられた経験」があるという女性は、回答者の6.5％でした。しかし、その6.5％の女性のうち、誰かに相談したと答えたのは31.6％で、67.5％は「誰にも相談しなかった」と答えたのです[5]。「異性から無理やりに性交させられる」のかなりの部分は、刑法177条の強制性交等罪に当たりそうなものですが、犯罪統計の上では、2015（平成27）年の1年間に強姦被害にあったのは、女性全体の0.0018％とされています[6]。性犯罪の被害者のうちかなり多くの人が「泣き寝入り」している現実がわかると思います。

ですから、友人がこのような相談をしてきたときには、まずは相手の話をただただ聴いて（傾聴）、相手の気持ちを受け容れてくださいね。そして、もし本当に困っているなら、大学の保健相談もあります。行政のやっている**相談窓口**もあります。犯罪被害についていえば、「**法テラス**」なども相談対応をしています。だから、一人で悩まなくていいんだよというメッセージを伝えてください。

さて、CASE②の友達の話をよく聴いてみると、ひょっとしたらそこに「デートDV」とよばれる問題が隠れていることがあるかもしれません。

つらいと感じたら、あきらめないで、だれかに相談しよう

第3章 恋愛と法

 「DV」ってなんのことだか知っていますか？

　DVは、英語のdomestic violenceの略語で、夫婦などのカップル間の**暴力**のことを指します[*10]。日本では、DV防止法（正式名称は「配偶者からの暴力の防止及び被害者の保護等に関する法律」）が、2001（平成13）年に成立し、DVの被害者を保護するための法制度が設けられています。

　DVの意味での「暴力」は、殴ったり蹴ったりというような「身体的暴力」に限られるものではありません。一般的には、心理的暴力や性的暴力も、DVの意味での「暴力」とされています。心理的暴力とは、言動による暴力のほか、相手の面前で物を壊すなどして威嚇するというもの、さらに、加害者による被害者の財産の支配（いわゆる経済的暴力）を含みます。性的暴力は意思に反する性的行為を強要したりすることです[*11 7)]。

**用語解説**
[*10] DV（ドメスティック・バイオレンス）
直訳すれば「家庭内暴力」となりそうだが、日本では、1980年代以降、「家庭内暴力」というと、子どもから親への暴力が連想されるようになっている。そこで、DVという英語の略称がそのまま使われている。

**POINT**
[*11] ここでいう「暴力」は、英語でabuseともいい、「虐待」と同じ意味である。よって、たとえば児童虐待防止法や高齢者虐待防止法、障害者虐待防止法における「虐待」の定義とかなり共通するものがある（第7章を参照）。

 もしDV被害にあってしまったら、どうすればいいですか？

　こうした意味でのDV被害にあった人は、各都道府県に設置されている**配偶者暴力相談支援センター**[*12]（DV防止法3条）などに相談することができます。そのうえで、必要に応じてさまざまな支援を受けることができます。

　さらに、被害者の生命や身体に危険が迫るような場合にセンターや警察に援助を求めると、センターと協力している民間のシェルターなどでの一時保護を受けることもできます。危機対応が行われた後、被害者がさらに被害を受けるおそれがある場合には、センターや警察の援助を得て、「保護命令」の申し立てをすることができます（DV防止法10条）。具体的には、自身や子どもに対する加害者の接近禁止命令や、現住地からの加害者の退去命令を地方裁判所に申し立てると、地方裁判所は、加害者の弁明も聴いたうえで、暴力の事実があって命令の必要があると考えた場合には、加害者にこれらの命令を言い渡すことになります。

　もし、加害者が、たとえば接近禁止命令を受けているのに、それでも接近を禁じられた相手（被害者や子ども）に会いに行ったりした場合には、接近禁止命令違反の罪にあたります。つまり、場合によっては逮捕され、刑事裁判を受けて有罪判決を得て刑務所に送られることもあるわけです（DV防止法29条）。

　このようにDV防止法はカップル間の暴力に対応しているのですが、「保護命令」の対象となるのは、前述の「暴力」のうち、身体的暴力と、心理的暴力のうち「生命又は身体に対し害を加える旨を告知してする脅迫」に該当するものだけです。さらに、後述するように、加害者と被害者の関係が法の定めるようなものである必要があります（DV防止法10条1項・1条1項）。

[*12] 実際の施設名は地域によってさまざまだが、この言葉と地域名で、地元のセンターがどこにあるか、インターネットですぐ検索できる。「女性センター」（第10章コラム[p.131]参照）がこれに該当する場合もある。

45

**Q3** 愛し合っている夫婦の間でそんな暴力が起こるなんて、本当にあるのですか？　相手がそんなにいやなら逃げればいいのに……。

　前述のアンケート調査などをみると、どうやらカップル間の暴力はけっして少なくないようなのです。夫婦間でいえば、配偶者からの暴力を経験したことのある女性は23.7％という調査結果が出ています。

　ほとんどの場合、被害者が逃げ出すことは物理的に可能といえば可能でしょう。それでも、被害者が暴力から逃げられなくなってしまう心理的・社会的背景として、以下のようなことが指摘されています。

　すなわち、DVの人間関係とは、暴力による心理的支配の関係だということです。暴力は、被害者を無力化するといわれています。また、暴力の加害者といっても、被害者にやさしくしたりもします。そうすると、暴力で無力化された被害者は「私が悪いことをしなければ殴らないのに…」という感覚を抱くこともあるようです。

　DVの被害者は、精神的・社会的・経済的に孤立していることもあります。たとえば、加害者が、被害者の仕事をやめさせたり、友人づきあいを否定したりすることもあります。たとえ意を決して誰かに相談しても理解されず、どうしようもないとあきらめの気持ちを抱いてしまうこともありがちといいます。暴力のサイクルに閉じ込められて、被害者は結局逃げられないという状況に陥ってしまいがちです[*13]。

　もちろん、どんな事情があろうとも、カップルだからという理由で暴力を受けるいわれはありません。場合によっては、DVがエスカレートして、被害者を殺傷するような結果に発展することもあります。ですから、このような状況に置かれている被害者に適切な援助をしていく必要があるのです。

\*13　本文の記述は、主として、森田ゆり『ドメスティック・バイオレンス 愛が暴力に変わるとき』（小学館文庫、2007年）を参考にした。このほか、DVを含めて、トラウマという視点から犯罪被害者のメンタルヘルスについてわかりやすく紹介するものとして、小西聖子『犯罪被害者の心の傷［増補新版］』（白水社、2006年）。

 **Q4**　デートDVも「DV」ですか？

　2000（平成12）年にDV防止法ができた当初は、法律的に結婚している男女間の暴力だけに適用範囲が限られていました。しかし、現実には、そのような法律関係とは無関係に、カップル間に同じような暴力被害が発生することがあります。そこで、現在の法律では事実婚のカップルの間の暴力やそうしたカップルが解消したあとの元配偶者等による暴力にも、DV防止法が適用されるようになってきています（DV防止法1条1項・3項）。

　もっとも、生活をともにしない恋愛関係にも、カップル間の暴力が存在することもあります。これがいわゆる**デートDV**ですが、これはDV防止法の定める「配

第3章 恋愛と法

偶者からの暴力」の定義（DV防止法1条）にはあてはまりません。デートDVの被害者は、法律上は、DV防止法の定める保護の対象者ではないことになります。

とはいえ、デートDVの被害者が、そのことを相談する窓口がないということではありません。都道府県や市町村の「女性センター」の多くやNPOなどで相談を受けつけています[*14]。あるいは、学生のみなさんについては、大学の保健相談やハラスメント相談で支援を受けることもできるでしょう（Q7を参照）。とにかく一人で悩まないで、まずは相談窓口を利用してみてください。

ときには、デートDVの加害者や、さらには交際を断った相手が、さらに「ストーカー行為」に及ぶ例もあります。

*14 自治体による情報提供の一例として、イーブルなごや（名古屋市）のウェブサイト「恋するふたりのためのデートDV入門」（https://e-able-nagoya.jp/ladies/date_dv/）。

### Q5 ストーカー行為をすると、どういうことになるのですか？

まず、なにが**ストーカー**行為にあたるのかを確認してみましょう。

わが国では、2000（平成12）年に成立した「ストーカー行為等の規制等に関する法律」（ストーカー規制法）がストーカー行為を定義しています。たとえば、気になる相手やあきらめきれない元の交際相手などに、「特定の者に対する恋愛感情その他の好意の感情又はそれが満たされなかったことに対する怨恨の感情を充足する目的で」、相手にしつこく会おうとしたり、相手の生活を監視しているかのようなことをSNSでつぶやいたりという「つきまとい等」を反復すれば法律の規定する「ストーカー行為」に該当することになります（同法2条参照）[*15]。

ストーカー行為の被害にあった場合、**警察**に被害を申し出て、警察が事実を確認すると、ストーカー行為者に「警告」を出すことができます。この「警告」を受けたのになお相手にストーカー行為を続けた場合、今度は警察が「禁止命令」を出します。それでもストーカー行為が続く場合には、禁止命令違反の罪が成立します。つまり、そうしたストーカー行為者は、場合によっては警察に逮捕され、刑事裁判で有罪判決を受けて刑務所に送られることもありうるのです[*16]。

このような仕組みですので、ストーカー行為の被害者は、まず警察に相談することが重要ということになります。

**POINT**
*15 DVにも同じことがいえるのだが、法律をみても、どのような行為が「つきまとい」にあたり、被害者が支援を受ける対象になるのか、いまいちわかりにくい。そういうときは、信頼できる機関の情報をぜひとも活用したい。一例として、警察庁のストーカー対策ポータルサイト「Café Mizen」（https://www.npa.go.jp/cafe-mizen/）。

**POINT**
*16 ストーカー規制法19条（2年以下の懲役または200万円以下の罰金）。以上は一般的な事案の流れだが、「警告」や「禁止命令」を待つことなく、ストーカー行為をしただけで犯罪として処罰される可能性もある（同法18条。1年以下の懲役または100万円以下の罰金）。

### Q6 DV加害者やストーカーを、なぜさっさと捕まえて刑務所に送らないんですか？

たしかに、同意もないのに他人を殴れば暴行罪（刑法208条）に、さらにケガをさせれば傷害罪（刑法204条）になるわけですから、DVだって、いちいち「接近禁止命令」なんて待たなくてもよさそうな感じもします。もっとも、夫婦げんかをして、妻が夫を思わずビンタするのも、形の上では暴行罪にあたりそうです。し

かし、現実問題として、たまたま窓越しにその風景を目撃した警官がその妻を現行犯逮捕するなどというのは、どう考えてもいき過ぎでしょう。

「人権蹂躙(じゅうりん)」とも評されていた戦前のいき過ぎた警察活動への反省から、戦後長い間、警察には「民事不介入」の原則が存在してきました。つまり、市民と市民との私的な関係に警察が介入するのは避けられてきた経緯があります。

これに加えて、DVやストーカーの被害が長らく社会的に認知されていなかったことがあります。犯罪被害者を特別に支援したり保護したりする必要性が認識されだしたのは、1980年代以降のことなのです。その流れのなかで、ストーカーやDV、さらには児童虐待といった、市民生活に根差して法が介入しにくいところに**潜在化しやすい被害**が存在することがだんだんわかってきました。そこで、2000（平成12）年から2001（平成13）年にかけて相次いで、これらの対策のための法律がつくられたのです。

もっとも、断られても断られても、思いを寄せた人に恋文を送り続けることは、やはり犯罪なのでしょうか。たとえば「ストーカー行為」といっても、規制されるべき行為とそうでない行為との境界線がみえにくいことは否めません。そこで、いったん「警告」や「命令」という形で対象者に対して禁止の内容を明確化させて、それでもなお行為を続ける場合に処罰する、というルールになっているのです。

> **▶CASE③**
> 大学の必修科目のゼミの先生から、「君にちゃんと指導したいから、今度の日曜日にふたりっきりでバーに行こう」と誘われた場合、学生はどうやって断ればいいですか？

*17 セクシュアル・ハラスメントについては、第13章(p.158)を参照。

先生が学生に好意をもつこともあるかもしれませんが、学生も同様に思っているとは限らないですよね。とはいえこのゼミは必修です。学生にとっては、「もしこの先生の機嫌を損ねたら単位を取れなくて卒業できなくなるかもしれない」と危惧を抱くのも当然でしょう。

このように、密接な人間関係のなかで、犯罪とはいわないまでも不適切な性的関係が発生してしまうことがあります。「不適切」というのは、実際には相手が拒みにくい状況を利用して性的な関係が設定されようとしていて、なおかつ、当事者間の人間関係にとって、性的関係は不要なものでもあるからです。

このことに社会が最初に気づいたのは、職場内の関係のあり方においてでした。この**セクシュアル・ハラスメント**（セクハラ）への対応は、いまではどこの職場も法律で義務づけられています*17（男女雇用機会均等法11条）。

関係性にもとづく不適切な性的関係設定の企てという事態は、教員と学生の間でも、あるいは学生どうしでもありうることです。このようなセクシュアル・ハ

DVやセクハラといった事態は想像以上に身近なものかもしれませんよ

第3章　恋愛と法

ラスメントの要素をもつものを含めた**アカデミック・ハラスメント**への対応の必要性は、現在ではどの大学でも認識されていて、ほとんどの大学に相談窓口があります。困ったら一人で悩まず、あきらめずに、まずは相談してください。

## 3 ── 妊娠したかも？──産む選択・産まない選択

学生カップルも性交渉を行うことがあるという現実を直視するなら、学生のうちに妊娠という事態が発生しうることも当然です。もちろん、カップルの一方が妊娠を望まないのであれば、他方の相手は避妊に協力しなければなりません。避妊の協力を拒否するのも、DVの意味での「性的暴力」とされています[*18]。

*18　改めて内閣府のウェブサイトなどで確認してみよう。

つきあっている彼女が、結婚しないまま彼氏との子どもを産んだ、という場合、彼氏は子どもの父親になれますか。彼女は嫌がる彼氏を無理やり父親と認めさせることができますか？

結婚という制度のメリットのひとつに、こんなことをいちいち考えなくても父親になれる、ということがあります（嫡出推定。民法772条）。彼女の古風な親に彼氏が会いに行ったら、「結婚して責任をとれ」といわれるかもしれませんね。

もっとも、今は結婚はできないけれども子どもの父親としては認められたいという彼氏は、市役所の戸籍の係に届け出をして、子どもを**認知**することができます（民法779条）。認知は、子どもの出生前に、母親のおなかの中にいるうちでもすることができます（民法783条1項）。また、彼氏が「おれの子どもじゃない！」などと言い張るときには、母親となった彼女は、家庭裁判所[*19]に「認知の訴え」を起こして、場合によっては親子鑑定などをも行って、無理やりにでもその彼氏を父親と認めさせることもできます（民法787条）。

*19　家庭裁判所については、第9章コラム（p.119）を参照。

父親として認められたからといって、だからなんだということになると思いますか？

この場合、彼氏は「親権者」にはなりませんから、子どものおむつを換えるなどという義務は生じません。他方で、民法877条1項によれば、直系血族間（たとえば、親と子の間）には**扶養義務**があります[*20]。認知した父親もここに含まれますから、いま問題の彼氏も、当然扶養義務を負うことになります。逆に言えば、母親となった彼女が彼氏に無理やりにでも認知を求める実際上の意味の第一は、子どものために経済的負担を分担してもらうことにあるといえるわけです。

*20　親権者および扶養義務について、詳しくは、第9章（p.115〜）を参照。

◆民法877条◆
直系血族及び兄弟姉妹は、互いに扶養をする義務がある。

49

第Ⅰ編　大学生活に関する法的問題

**Q3** 妊娠中に子どもの父親が死んでしまった場合でも、認知を求めることができますか？

ここからの話は学生カップルだと調子が出ないので、CASE①の不倫の話を思い出してください。教授（67歳）と不倫関係にあった女子学生が妊娠し、その間に教授が脳梗塞で死んでしまいました。もちろん、妊娠中に教授が子どもを認知することもできるのですが、それをしないまま死んでしまったとします。

民法上、父親の死後にも、母親が家庭裁判所に「認知の訴え」を起こして、認めてもらうことができます。それは、父親であった教授の家族が反対していても可能です（民法787条。ただし父の死後3年まで）。

このような場合、認知によって父親の子どもであると認めてもらう実際上の意味のもうひとつとして、子どもに**相続権**が発生するということがあります（民法887条1項）*21。この女子学生が、未婚の母として一人で子育てをすることになるのだろうと考えるとき、これはとても重要なことなのです。

**Q4** 妊娠したら、子どもを産まなければならないのですか？

ここまで、妊娠した学生が子供を産んだ場合の話をしてきましたが、現実問題としては、学生カップル間で、あるいは教授と女子学生との間で子どもができたというときには、まず「産むか、堕ろすか」が問題になりそうです。

行政の統計をみても、2015（平成27）年度の1年間に生まれた子どもが約101万人だったのに対して、約18万件の**人工妊娠中絶**が行われています。学生のみなさんに近い年代でみるなら、20歳以上25歳未満の女性1,000人のうち、2015（平成27）年度中に子どもを出生した人が29.4人であるのに対して、人工妊娠中絶を受けた人は13.5人になるのです*22 8) 9)。女性が妊娠した場合、まず「産むか、産まないか」という選択に迫られるというのが、現在の日本の社会的現実であるわけです。

実は、法律の文章の上では、**堕胎**は犯罪とされています。刑法212条では、母親自身が自分の子どもを堕ろしても犯罪だと規定しています。

他方で「母体保護法」という法律の14条は、一定の場合に「人工妊娠中絶」を認めています。このうち、同法14条1号の「経済的理由」は、実際上はほとんど無限定に認められています。実際問題としては、「胎児が、母体外において、生命を保続できない時期」（厚生労働省の通知によって、現在は妊娠満22週未満として運用されています）のうちであれば（同法2条2項参照）、「母体保護法指定医」の看板を掲げた産婦人科医のところでほぼ自由に人工妊娠中絶が可能です（健康保険

---

**ここもCHECK**

*21 相続について、詳しくは、第15章で勉強することになるが、それまでの間に、①父親である教授の死亡時（相続開始時）に未出生の胎児にも相続権が発生するか、②教授と奥さんの子、教授と女子学生との子とで、相続の点で差があるのか、考えておきたい。

*22 人工妊娠中絶は、若い学生年代の未婚者に限られた話でないことに注意。同じ統計で、最も「産む選択」をする30～34歳でみても、女性1,000人中出生が年間103.3人、中絶が年間10人となっている。

◆**刑法212条**◆
妊娠中の女子が薬物を用い、又はその他の方法により、堕胎したときは、1年以下の懲役に処する。

◆**母体保護法14条**◆
…指定する医師…は、次の各号の一に該当する者に対して、本人及び配偶者の同意を得て、人工妊娠中絶を行うことができる。
一　妊娠の継続又は分娩が身体的又は経済的理由により母体の健康を著しく害するおそれのあるもの
二　暴行若しくは脅迫によつて又は抵抗若しくは拒絶することができない間に姦淫されて妊娠したもの

は使えないですから、かなり高額になります）。この枠組みでなら、堕胎しても犯罪にならないというのが実態であるわけです。

 **Q5** おなかの赤ちゃんを殺してもかまわないというのは、本当に法的に正当化できることだと思いますか？

つまりは、お母さんが産んでくれたから、みなさんは今ここにいられるのです。ひとたび生まれたみなさんの**生命**を奪えば、犯人は殺人罪（刑法199条）に問われます。他方で、胎児だって「人の生命」に違いはありません。胎児の生命が尊重に値するからこそ、母親による「自己堕胎」が犯罪だ、つまり、胎児の生命は母親の自由にはならない、というのです。それが現実には自己堕胎罪の規定はほぼ死文化していて、日本では妊娠満22週未満の人工妊娠中絶が事実上自由に認められているわけです。

◆刑法199条◆
人を殺した者は、死刑又は無期若しくは5年以上の懲役に処する。

「赤ちゃんを堕ろしてかまわない」という現実がどこでも「正しい」とは限りません。たとえば、アメリカでは、現在のところ、一定の妊娠期間までは中絶の自由が認められていますが、大統領選のたびに、やはり規制すべきだとする議論が出てきています。

他方で、妊娠した女子学生が未婚のまま子どもを産めば、女性の自己実現の道が極めて狭まるばかりか、社会的・経済的なハンデを負って生きていかなければならないというのが、わが国の現実でもあります[23]。そのような負担を、社会が女性に強要してもよいのでしょうか。みなさんは、この点、どう考えますか。

*23 具体的にどのくらいのハンデになるかについては、第10章を参照。

いずれにしても、中絶が要するに赤ちゃんを殺すことであるという事実は残ります。その精神的な苦痛や後悔の念は大きなものになりうるでしょう。そう考えれば、軽率で無責任な恋愛は、やはり「罪悪」なのかもしれませんね。

【引用・参考文献】
1）国立社会保障・人口問題研究所「出生動向基本調査」
2）団藤重光『刑法の近代的展開［増訂版］』弘文堂、1954年、p.89以下（初出1947年）
3）平野龍一『刑法の基礎』東京大学出版会、1966年、pp.189-191（初出1965年）
4）夏目漱石『こころ』新潮文庫、2003年
5）内閣府「男女間における暴力に関する調査（平成26年度調査）」（http://www.gender.go.jp/policy/no_violence/e-vaw/chousa/h26_boryoku_cyousa.html）
6）法務省法務総合研究所編「平成28年版犯罪白書」（http://www.moj.go.jp/housouken/houso_hakusho2.html）
7）内閣府男女共同参画局「配偶者からの暴力被害者支援情報」（http://www.gender.go.jp/policy/no_violence/e-vaw/dv/02.html）
8）厚生労働省「人口動態調査」（http://www.mhlw.go.jp/toukei/list/81-1.html）
9）厚生労働省「衛生行政報告例」（http://www.mhlw.go.jp/toukei/list/36-19.html）

# 第4章 交通事故と法

関連するのは
刑法・民法

ここでは、道路交通を素材に、「法的責任」について考えます。

〈キーワード〉
■ デモ行進
■ 事故の刑事責任
■ 事故の民事責任

## 1 ── 道路はだれのもの？

お天気のよい日に図書館にこもってレポートばっかり書いていると、なんだかとてももったいない気分になってきますよね。さっさと書き上げて散歩に出ましょう。ところで、大学への行き帰りにこんなことを考える人はまずいないと思うのですが……。

**Q1** 今日、家から大学まで誰の土地を通ってきましたか？

みなさんのほとんどは、今いるところまで、途中、鉄道などを使ったりしつつ、最終的には道路を通ってきたんだと思います。

ちょっとそこのあなた、大学の隣の私有地に勝手に自動車を駐車して、そこからフェンスを乗り越えて大学に来たんですって！？　おやめなさい！

**Q2** 空き地の所有者が自分の土地に自動車を駐車するなといえるのは、どうしてですか？

◆民法206条
所有者は、法令の制限内において、自由にその所有物の使用、収益及び処分をする権利を有する。

✓ここも／
CHECK
＊１　厳密にいえば、たとえばどうしても他人の土地を通らないと自分の土地に入れないような場合には、その人には「地役通行権」が発生する（民法210条）、といったような話もあるが、さしあたりは本文のように理解されたい。

第1章でみたように土地の所有者には、「所有権」という権利があります（民法206条）。第1章で、読者のみなさんはマンションの部屋を借りたのですが、大家さんがいろいろ契約の条件をつけたり、そもそも部屋を貸さないなどといえるのも、大家さんがその部屋の「所有者」だからです。同じことは、空き地の所有者にもいえることになります。

ところで、すべての土地がそういう具合だと、土地の敷地の境界ごとに「通行料」をとられても文句がいえないことになってしまいます。これでは困りますよね＊１。そこで、国や県や市町村は、だれでも通れるように「道路」というものを作っているのだと考えられるわけです。こうした「公道」の権利関係や管理の問題について、「道路法」という法律がいろいろなことを定めています。

第4章　交通事故と法

道路はみんなのもの、だとすると、なんでみんな好き好きに通ってはいけないのですか？

　道路を通るのにも、いろいろルールがありますよね。たとえば、お酒を飲んで自転車を運転するなとか（読者には法律上飲酒してはいけない人も多いとは思いますが…）（道路交通法65条）、赤信号を自転車で渡るなとか（同7条）、自転車で並んで走るなとか（同19条）です*2。みんなが自由に通行できるようにするために道路を作ったのに、なんだってこんなにルールがうるさいのでしょうか。

　昔話の世界では、道路でみんなが多少好き勝手な歩き方をしても、それほど問題はありませんでした。馬車くらいに注意を払っておけば、まあよかったのです。

　とはいえ、道路に落とし穴を掘られては、どんなに足の遅い人でも危険なことになります。そこで、道路を通行するみんなの安全を守るため、1907（明治40）年に作られた「刑法」という法律で、そのような行為は往来妨害罪（刑法124条）として処罰されうることになっているのです。

　明治時代はこれでよかったのでしょうが、いまの世の中ではこれだけで足りるとは思えません。もちろん、それは、自動車がたくさん走っているからです。後述するように、事故を起こした人にはいろいろな形で「責任」が問われることになります。しかし、そもそも事故が起こらないようにしなければ、みなさんも、おちおち安心して大学に出てくることもできないでしょう。

　そこでだんだんと法制化が進められていき、現在では**道路交通法**に代表されるさまざまな交通ルールが設けられたわけです。

> ✓ここも CHECK
> \*2　それぞれ、違反は「犯罪」となり、「刑罰」が課される可能性がある（次節Q3〜Q5参照）。飲酒運転のうち正常運転ができないおそれがある「酒酔い運転」につき5年以下の懲役または100万円以下の罰金（道路交通法117条の2第1号）、信号無視につき3月以下の懲役または5万円以下の罰金（同119条1項1号の2）、並列運転につき2万円以下の罰金または科料（同121条1項5号）。これらはいずれも、自転車運転にも適用されうるし、実際の適用例も散見される。

「自転車は車道の左側を走れ」（道路交通法17条4項参照）というけれども、右側じゃいけないのはなぜですか？

　たしかに、アメリカに行くと、自動車も自転車も、道の右側を走ることになっていますよね。戦後、1978（昭和53）年までの沖縄もそうでした。たしかに、左にするか、右にするか、それ自体は大した問題ではないでしょう。

　しかし、ここでは、みんなが安全に道路を通行できるようにルールを設定した、そのこと自体が重要なのです。みんなが「車は左側」ということであれば、「ひょっとしたら目の前の車が突然こっち側に来るかもしれない」なんて、いちいちおびえて歩かないですみますものね。

> **Q5** ルールを守ることが重要なんだとすると、たとえば、国会の周りで「デモ行進」をするのを総理大臣が「やっちゃだめだ」といえば、それはやっちゃいけないことになりますか？

たしかに、道路交通では、ともかくルールを守ることが大事なんだといいました。でも、それはあくまで、道路を使うみんなの安全を守るためのルールです。

ルールにはそれぞれ目的があります。道路交通のルールも、人の**行動の自由**をしばろうというのですから、それなりの理由がなければ許されないことになります。

たとえば、「〇〇法改悪絶対反対！」という主張を国会議員や市民のみんなに伝えたいと思ってデモ行進をしても、あくまで行儀よく広い歩道を一列になって信号を守りながら進んでいるとすれば、そのような行為を、「交通にまつわる人々の安全を守るため」ということで禁止することはできないでしょう。そのようなときに道路交通法をはじめとするルールを持ち出すことは、それこそ「ルール違反」になってしまいます[*3]。

特にデモ行進に関していえば、憲法21条1項では、集会及び結社を含む「一切の**表現の自由**」が基本的人権として保障されています[*4]。でも、もし、公共の場所で声を上げられないなら、そんなことは絵に描いたモチになってしまいます。

だからといって、「デモ行進だから何でも許される」というわけにもいかないでしょう。たとえば、デモ行進だから、自動車の往来する道路だろうと予告なしに赤信号で渡ってもいい、などということになったら、おちおち自動車も運転できない世の中になってしまいます。

このようなことから、実際には、多くの地方自治体で「条例」を制定して（この種の条例は、一般に「公安条例」とよばれています）、警察等に許可申請を出せば、原則としてそれが認められて、道路でデモ行進をすることができるが、たとえば交通秩序を維持するために必要な場合には、その許可に条件をつけることができる、という具合になっています[*5]。

とはいっても、デモ行進という表現の自由を重視すべきか、それと関係ない**道路利用者の利益**を重視すべきかは、いつでも悩ましい問題でもあります。みなさんがこの判断をする立場だったら、どう考えますか。

---

☑ CHECK ここも

[*3] Q5については、それ以前の問題として、総理大臣の一存でそんなことを決めてしまっていいのか、という問題がある。規制するのであれば、法令で総理大臣に与えられた権限の範囲内で行わなければならない。しかし、どうして「法律」が必要なのだろう？ 気になったら、ぜひもう一度、序章を読み直してみよう。

[*4] デモ行進を含めた表現の自由の重要性については、第2章5 (p.38～) を参照。

[*5] たとえば、東京都では「集会、集団行進及び集団示威運動に関する条例」が定められている。

## 2 ── 自転車事故の法的責任

デモ行進をするとかというのは、多くの読者の道路の使い方としてはたぶん変わっています。ふつうの場合、「道路は道路交通のためのもの」でよさそうですし、

みなさんが大学まで道路を使ってきたのも、そういう目的でしょう。

ところで、地域にもよるとは思いますが、大学まで、あるいは自宅の最寄り駅まで自転車で通学しているという人も多いと思います。

**Q1　自転車は、道路交通の上で危険な存在だと思いますか？**

自転車で交通事故と聞いてもピンとこない人も多いかもしれません。でも、自身や友達で、ちょっとボーっと運転していて、人にぶつかりそうになったということはありませんか。

統計的にみても、自転車が加害者となる人身事故が決してまれではないことがわかります。警察統計によれば、自転車が当事者になった交通人身事故のうち、自転車と歩行者および自転車相互間の事故が、平成28（2016）年には、合計4,869件、うち5件は死亡事故でした＊6 1)2)。

また、別のデータを見てみると、全国の大学生協の共済組合が自転車事故に起因して「学生賠償責任保険」を支払った件数は、1年間で1,532件だとされています。この保険を扱っている大学生協は211あるそうなので、単純計算すると、みなさんの大学に年間7人くらい、自転車事故を起こして損害賠償の問題になった人がいても不思議ではなさそうです3)4)。

なかには、重大死傷事故が発生してしまうこともあります。たとえば、次のような事案も、実際に裁判になったケースです（この章では、以下、「CASE」といいます）。加害者は子どもでしたが、大人でもありそうな話だと思いませんか。

> **▶CASE**
> 11歳の男子Xが時速20～30キロメートルで自転車を、夜、ライトをつけて走行していましたが、道の端を歩いていた62歳の主婦Yに気づくのが遅れ、衝突しました。Yは転倒して頭を打ち、結局、植物状態に陥ってしまいました＊7。

＊6　交通事故全般が近年大幅な減少傾向であるが（図表4-1 [p.62]）、そのなかで自転車対歩行者の事故の減少率が極めて低いことが問題視されている。

＊7　神戸地判平成25年7月4日判時2197号84頁。

このような「人生の落とし穴」については第12章で改めて勉強することになりますが、まず本章では、自転車による人身事故を素材に、「責任」という問題について考えてみたいと思います。

**Q2　事故を起こしてしまった人の「責任」とは、なんですか？**

ここで「責任」という言葉が出てきました。毎日テレビのワイドショーなどを見ていると、「責任」という言葉がかなり日常的に使われているようです。

法律学の世界では、まず、2つの「責任」を理解してもらいたいと思います（実はもう一つあるのですが、それはQ12まで待っていてください）。

第一に、犯罪行為を行った人が、「刑罰」を受けなければならないという意味での「責任」です。これを**刑事責任**といいます。刑罰を課すのは国家だけですから（国家の刑罰権）、加害者に刑事責任を追及するのは国、具体的にはその代理人である検察官の仕事です*8。

＊8　国家の刑罰権については、第12章(p.145)を参照。

第二に、市民と市民との関係のなかで、一方が他方にお金を払ったり、なんらかの仕事をしなければならない、という意味での「責任」です。これを**民事責任**といいます。あくまで**市民相互間**の関係の解決の話ですから、交通事故の場合、加害者に民事責任を追及するのは被害者だということになります。

**Q3** 自転車事故を起こして、刑務所に行くようなことはありうるのですか？

◆憲法31条◆
何人も、法律の定める手続によらなければ、その生命若しくは自由を奪はれ、又はその他の刑罰を科せられない。

CASEの加害者の「責任」として、こういうことを考えた人もいると思います。この場合「刑務所に行く」というのは、「懲役」や「禁錮」という形で加害者が刑罰を受けなければならないという意味での責任を問題にしていることになります。つまり、**刑事責任**の問題です。

**刑罰**とは、犯罪行為への法的非難としての害悪の賦課のことをいいます。現在の日本では、刑罰には、財産という利益を剥奪される刑罰（財産刑。たとえば「罰金」）、自由という利益を剥奪される刑罰（自由刑。たとえば前述した「懲役」や「禁錮」）、生命という利益を剥奪される刑罰（つまり死刑）と、大別して3つのタイプのものがあります。刑罰を課された人には「前科」がつくことになります。

◆刑法211条◆
業務上必要な注意を怠り、よって人を死傷させた者は、5年以下の懲役若しくは禁錮又は100万円以下の罰金に処する。重大な過失により人を死傷させた者も、同様とする。

このように、刑罰となると、下手すると命が奪われたり、そうでなくても「犯罪者」というレッテルがつきまとうことになります。「なんでもいいから悪いやつは刑務所送りにしろ」というあいまいなルールしかない国では、みなさんの毎日の生活も相当不安なものになってしまいそうです。そこで、近代以降の世界では、具体的にどのような行為が犯罪になって、どのような刑罰を受けるのか、予めちゃんと法律で規定されていなければ人の処罰は許されないというルールが認められています。これを**罪刑法定主義**といい、もちろん日本でも社会の大前提とされています（一般には、憲法31条がこの内容を含むものと理解されています）。

＊9　刑法211条の前段では「業務上過失致死傷罪」が規定されているが、自転車の運転は一般にこの条文にいう「業務」に該当しないとされているので、本文のように、後段の「重過失致死傷罪」の成否を検討することになる。

**Q4** すると、自転車事故を起こした場合、どのような「犯罪」がどの「法律」で定められているのですか？

なにが「犯罪」にあたり、それにどのような刑罰を課すことができるかを定める最も基本的な法律として、**刑法**があります。Q4の答えとしては、多くの場合、おそらく、刑法211条に規定された「重過失致死傷罪」の成否が問題になるでしょう*9。

つまり、「重大な過失」によって人にケガをさせたり死なせたりすれば、この条文が適用され得ます。「重大な過失」（重過失）とは、自転車の運転に一般に必要とされる注意義務を守らず、しかも、ちょっと注意していれば被害者にケガをさせたり死なせたりする結果が十分予想できたといえる場合に認められます。「死傷させた」とは、加害者の自転車運転行為と被害者の死傷結果発生との間に因果関係があること、裏を返せば、加害者がそういう運転をしなければ被害者がケガをしたり死んだりしなかったといえる事態が発生した場合のことをいいます。

これらの条件にあてはまる場合には、加害者の行為は重過失致死罪という犯罪を成立させることになるわけです。

もっとも、CASEの11歳といえばあまりに子どもなので、「犯罪」として「刑罰」の対象とするのは不相当です（刑務所の中で11歳が働く様子を想像してみてください）。このように、刑法では、形式的にみれば「犯罪」の類型にあたる行為でも犯罪が成立しないという例外的な場合（犯罪阻却事由）も定めています。CASEの場合は、刑法41条により犯罪が成立しないことになりますが、その後、少年法や児童福祉法の規定により、別の形でこの子どもの問題に対応することになります*10。

◆刑法41条◆
14歳に満たない者の行為は、罰しない。

*10 非行少年を含めた子どもの問題について詳しくは、第6章、第7章、第12章、コラム「家庭裁判所」（p.119）を参照。

**Q5** 犯罪にあたりそうだとされた場合、自転車事故の加害者はどうなってしまうのですか？

前述のように、「犯罪」ということは、とりもなおさず「刑罰」を課す前提があるということです。刑事責任を追及するという場合、強大な国家権力が一個人を調べ上げることになります。ちゃんと手続きにのっとってきちんと証拠を集めてやってくれなければ、恐怖政治の暗い世の中になってしまうかもしれません。そこで、憲法（特に31条）の要請を受けて、**刑事訴訟法**という法律で犯罪を捜査してその成立を立証し、裁判を経て刑罰を科すための手続きが定められています。

人身事故、すなわち重過失致死傷という犯罪の発生を疑った警察官は、ただちに犯罪**捜査**の手続きを開始します。人を死亡させたような事故を起こして、なおかつ加害者が逃げたり証拠を隠してしまいそうだとなれば、加害者を逮捕することもありえます（刑事訴訟法199条など。犯罪の嫌疑がある人全員が逮捕されるわけではありません）。さらに**検察官**に事件を送って捜査を続けたうえで、この人は、前述したような意味で「犯罪」にあたり、なおかつ刑事裁判にかけるべきだと検察官が判断した場合には、検察官が**起訴**して**刑事裁判**が開始されるわけです*11（犯罪の嫌疑のある人全員が裁判にいくわけでもありません。刑事訴訟法248条参照）。裁判の結果、裁判官は、加害者を「有罪」だと判断すれば、刑法211条やその他の刑法の規定にしたがって、一定の範囲で「刑罰」を選択することになります。もし

*11 刑事裁判について、詳しくは、第12章（p.145）を参照。

◆刑事訴訟法248条◆
犯人の性格、年齢及び境遇、犯罪の軽重及び情状並びに犯罪後の情況により訴追を必要としないときは、公訴を提起しないことができる。

裁判官が加害者をたとえば懲役3年で、しかも執行猶予をしないと判断すれば、加害者は刑務所に行くことになります。

もちろん、仮に加害者の行為が211条の「犯罪」といえるだけのものだったとしても、すべての自転車事故の加害者が刑務所に行くわけではありません。むしろ、刑務所まで行く犯罪行為者はごく少数です。しかし、悪質な事案で重大な結果が発生すれば、現実にそのようなこともありうるのです*12。

\ここも/
CHECK
＊12　自動車による過失運転致死傷罪（Q10参照）のみの統計だが、『平成28年版犯罪白書』の2015年のデータでは、検察官は、同罪成立と考えた約50万人のうち、45万人弱はあえて起訴しない。5万人弱は「略式命令」という簡易な手続きで罰金刑。4,000人強が正式な裁判で懲役や禁錮の有罪判決、うち執行猶予のつかない実刑判決は170人程度。

Q6　被害者は自転車事故の加害者にどのような責任を追及することができますか？

加害者が刑務所に行けば被害者の溜飲は下がるかもしれませんが、事故によって、被害者もいろいろな損害が発生しています。国が加害者に刑事責任を追及することだけでは損害の問題が解消されることはありません。他方で、こうした損害の負担がただ道を歩いていただけの被害者に全部のしかかってくるというのも、どう考えても正義にかないません。そこで、犯罪の成否という問題とは無関係に、被害者としては加害者に**民事責任**を追及することになるわけです。

事故を起こした加害者は、**不法行為**という形で被害者と関係をもったことになります。この不法行為による発生した損害を、関係者間でどう調整するかについて、「民法」という法律の709条がルールを定めています*13。

＊13　民法709条については、第1章（p.24）を参照。

これによれば、加害者の自転車運転によって、たとえば被害者の治療費用であったり、休業による損害だったり、身体的・精神的苦痛という損害であったりが発生したといえる場合、それが加害者の「過失」によるものといえれば、被害者は**損害賠償**してもらえるというわけです。

もっとも、CASEのような、自転車で人身事故を起こした場合に、子ども本人に損害賠償を迫っても仕方ないですよね（民法712条参照）。そのようなとき、多くの場合で、親が賠償責任を負うことになります（民法714条）。CASEでも実際、そうなりました。ただ、18歳の大学1年生ともなれば、みなさん自身が損害賠償の責任を負わなければなりません*14。

POINT
＊14　民法712条は、「未成年者は、…賠償の責任を負わない」と規定している。ここでいう「未成年者」は20歳未満という意味ではなく、「自己の行為の責任を弁識するに足りる知能を備えて」いるかどうかで判断される。だから、加害者が学生ともなれば、当然損害賠償責任を負いうることになる。

また、たとえば学生が宅配便の会社のアルバイトとして自転車で荷物を配達している途中に、自転車で人身事故を起こしたようなときには、加害者の配達業務を監督し、それによって儲けを出していた宅配業者も損害を賠償する責任を分担させてしかるべきだということになります。このような責任を**使用者責任**といいます（民法715条）。

## Mini Column　過失

　プロが整備しても気づかないような欠陥があって自転車のブレーキがいきなりかからなくなってしまい、よけきれずぶつかってしまった場合にまで、その自転車の運転者が「損害を賠償しろ」となったり、さらには刑務所送りになったりするのでしょうか。過失があるといえない**無過失**の行為にまで法的な責任が追及される社会では、国民の行動がどんどん萎縮してしまいかねません。そこで、無過失の行為に法的責任は追及されないのが原則です（民法の過失責任主義、刑法の責任主義）。

　もっとも、民法と刑法とでは法の目的が異なる以上、両者の間で、「過失」の理解も微妙に異なってきます。民法の場合、責任追及の目的は負担の公平な分担です。だから、加害者本人でなくて親や雇い主が損害賠償という民事責任を追及されることがむしろ公平な場合がありえます。また、被害者も事故発生の一因を担っている場合には、やはり被害者も一部は損害を負担するのが妥当だということで、**過失相殺**の規定をおいて損害賠償額の調整を図っています（民法722条2項）。

　これに対して、刑事責任は、犯罪という社会的に特に不当な事態を発生させた個人を国家が非難するために刑罰を科すのが目的です。だから、加害者本人の個人責任というルールが徹底されることになります。また、被害者の落ち度と加害者の犯罪性が一致するわけでもないので、過失相殺の発想もあり得ないことになるのです。

**Q7** みなさんが自転車事故の被害にあったときに、加害者の民事責任を追及するにはどうすればいいですか？

　これについては、たぶん、読者のみなさんのなかで、「ひとりでできるもんっ！」と自信を持っていえる人はごく少数だと思います。それなのに弁護士の知人などいないという人が、読者の大半ではないかと思います。そうはいっても、民事責任は主張しないことには放置されてしまいがちです。なんとかして法律の世界にアクセスする方法を探らないといけません。このためにたとえば**法テラス**[*15]があって、法律で困ったときには、とりあえずどこに相談すればいいか教えてくれる電話窓口があります。

*15　法テラスについては、章末のコラムを参照（p.64）。

　もちろん、軽微な事故で損害額も大したことがなく、加害者も反省して真摯(しんし)に対応してくれるのであれば、法律家を雇わなくても構いません。そもそも、民事責任は市民と市民との間の関係の解決の話ですから、お互いで解決がつけばそれでいいわけで、なんでもかんでも裁判しなければならないわけではないのです。

　他方で、最後の手段として、被害者が加害者を**民事裁判**として裁判所に訴える、という選択肢も残されています[*16]。裁判官は「判決」を言い渡すという形で法的に問題を解決することもありますが、裁判の途中で裁判官が促したり、あるいは当事者間で自主的に話し合ったりして、和解が成立することもありえます。

*16　民事裁判について、詳しくは、第12章（p.144）を参照。

　なお、刑事責任の場面で刑法と別に刑事訴訟法があったように、民事責任の局面でも、市民の間の権利義務関係を定義する民法という法律とは別に、その権利を具体的に実現するための手続きを定めた**民事訴訟法**という法律があります。序章にもあるように、これらはいずれもいわゆる「六法」に含まれています。

## Q8 自転車事故で人をひき殺してしまったら、賠償されるべき損害はどのくらいになると思いますか?

　この場合、「損害」は、被害者が病院で受けた治療費用だけではありません。死にゆく被害者が受けた心の傷が損害になり、金銭に評価されて賠償されることになります(慰謝料)。さらに、事故がなければ本来得られたであろう利益のことを**逸失利益**といい、Q8でいえば、被害者が今後の人生で得るはずだったお金が失われたことも損害になります。これらの損害は、死んだ人の遺族に相続されます。さらに、遺族自身も多大な苦痛をこうむったので、その慰謝料も賠償されるべき損害となります。

　被害者が子どもか一家の大黒柱なのか、などといった具合に状況によるので一概にいえないのですが、死亡事故や重大死傷事故ともなると、損害も一般にとても大きなものになります。たとえば、前述のCASEの場合、裁判所は加害者に約9,500万円の損害賠償を命じています。

　みなさんが加害者になったとして、このお金を払うことができるでしょうか。たとえ加害者が**真摯**に反省して、何年もかけて被害者に一生懸命賠償しようとしても、賠償金を払っている途中に失業してしまったりして収入がなくなってしまったら、「ない袖は振れない」ということになります。たとえ民事裁判で被害者が損害賠償の権利を確定させたとしても、実際にそれを支払ってもらうことが不可能という場合も十分起こりうるのです。

## Q9 つまり、被害者は泣き寝入りしかねないということですか? なんとかいい手立てはないでしょうか?

　被害者の救済という観点からすれば、泣き寝入りというのが避けたい事態であることは明らかです。加害者にしたって、たとえ自業自得といっても、突然このような事態に立ち至って自己破産を余儀なくされるのは好ましくありません。

　そもそも、自転車の走行という行為自体に、他人に損害を与えてしまうという**リスク**が、低いながらも存在することは否定できません。最初からそうだとわかっているのであれば、リスクに備えることもできそうなものです。

　そのような方策のひとつとして、**保険**という仕組みがあります。つまり、同じような理由で突然の出費のリスクを負っている人たちから少しずつお金(「保険料」)をあらかじめ保険事業者が集めておきます。そして、いざそのリスクが現実のものとなってお金が必要になったという場合に「保険金」を支払うのです。

　自転車事故に対応した保険は、たくさんの保険会社がいろいろな保険商品とし

自転車事故の「リスク」、意識してますか?

第4章　交通事故と法

て提供しています。自転車事故に限らず広く損害賠償責任を負うリスクをカバーした**個人賠償責任保険**と呼ばれるタイプの保険商品も一般的です。その一種に学生賠償責任保険とよばれるタイプのものもあって、大学入学時には保護者が加入を勧められたりします。みなさんも加入者になっているかもしれませんよ*17。

*17　自転車事故の損害賠償に対応できる保険は、実際にはさまざまな形のものがありえる[5]。

自動車で人身事故を起こした場合、加害者にはどのような責任が発生しますか？

みなさんのなかには、大学まで自動車で通学している人もいるでしょう。いずれにしても卒業までにクルマの免許がほしいという人も多いと思われます。他方で、自動車ともなると、事故も大きなものになりがちです。

自動車の人身事故でも、刑事責任と民事責任という2つの法的責任が追及されることになります。

刑事責任との関係では「自動車の運転により人を死傷させる行為等の処罰に関する法律」で過失運転致死傷罪が規定されています。さらに、そもそも運転行為自体が法律の定める一定の類型に当てはまるきわめて悪質なものであり、そこから人身事故が発生したような場合には、危険運転致死傷罪が成立し、これからの一生の大半を刑務所で過ごすことになるほど重く処罰されることもあり得ます。

これに対して、民事責任の追及の根拠となる法律は、自動車事故の場合と同じ民法の規定です。そして、こういう事故のリスクを担保するために、賠償責任保険の仕組みが社会に存在することも、自転車事故と同じです。ただ、自動車の場合には、もう少し違うことがあります。いわゆる「自賠責保険」のことです。

◆自動車の運転により人を死傷させる行為等の処罰に関する法律5条◆
自動車の運転上必要な注意を怠り、よって人を死傷させた者は、7年以下の懲役若しくは禁錮又は100万円以下の罰金に処する。ただし、その傷害が軽いときは、情状により、その刑を免除することができる。

◆自動車の運転により人を死傷させる行為等の処罰に関する法律2条◆
次に掲げる行為を行い、よって、人を負傷させた者は15年以下の懲役に処し、人を死亡させた者は1年以上の有期懲役に処する（以下、各号略。具体的にどのような行為が［危険運転］に該当するのかは、この法律の条文を各自で調べてみてください）。

「自賠責」（じばいせき）って言葉、聞いたことがありますか？

自転車と違い、自動車を手に入れたら、**自動車損害賠償保障法**にもとづく保険、いわゆる「自賠責保険」に加入しなければならないこととされています（同法5条）。自動車事故の被害者は、たいていの場合、損害賠償がこの保険で担保されることになり、「泣き寝入り」という事態に陥ることは少なくなっています。

なぜ、このような「強制保険」のシステムがとられているのでしょうか。

この節の最初のほうで、明治時代に法律を作る際には自動車は念頭になかったといいました。それが、1960年代には、クーラー、カラーテレビと並ぶ「新・三種の神器」として自動車が爆発的に普及し、他方で道路整備が追いつかず、昭和40年代には「交通戦争」ともよばれるような状態になりました。

図表4-1では、警察統計をもとに、昭和46（1971）年以降の交通事故と死亡事故の件数の推移を示しています[6]。漫画に初めて登場した1969（昭和44）年当

61

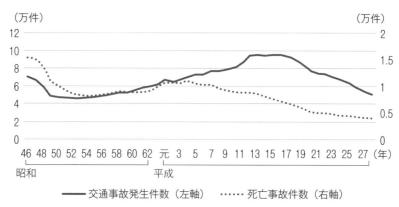

**図表4-1　交通事故件数と死亡事故件数**

出典：警察庁交通局「平成28年における交通事故の発生状況」より沖縄県を統計に計上するようになった昭和46年以降を抜粋

時ののび太くんが、いかに危ない道路を歩いていたか想像できると思います[18]。

このような社会では、加害者が損害賠償責任を負う事態も、加害者の事情で損害賠償を受けられず泣き寝入りする被害者も、当然増加することになります。そこで、1955（昭和30）年に、自動車損害賠償保障法が制定されたわけなのです。

それなら、自転車にも強制保険制度があってもよさそうな感じがしますよね。実際に、近年、条例で自転車利用者に保険加入を義務づける地方自治体も出てきています[19]。

ところで、自動車で事故を起こした場合、民事責任、刑事責任と並んで、もうひとつの問題があります。自動車を普段から運転している人は、もう気づいているかもしれませんね。

*18 とくに、死亡事故件数のデータに注目。なお、図表4-1の範囲外だが、昭和44年の交通事故死者数は16,257人（沖縄を除く）で、平成28年（3,904人）の約4倍にもなる。

*19 たとえば、大阪府自転車の安全で適正な利用の促進に関する条例12条。なお、同条例でも自転車の無保険運行に関する罰則はない。

 **Q12** そういえば、自動車を運転するには免許が必要なはずですが、事故を起こしたとき、免許はどうなるのですか？

民事責任も刑事責任も、基本的には事故が発生してからの話です。しかし、自動車は「走る凶器」だから、ちゃんと技術をもっていて、交通ルールも熟知した人が走らせなければ、恐ろしくてみんな道を歩けませんよね。そこで、**行政**（具体的には、都道府県の公安委員会）が試験を行って、合格した人だけに自動車の**運転免許**を与えるわけです[20]。そして、行政がいったん免許を与えた後も、たとえばルール違反を繰り返すような人は免許を停止して講習を受けさせたり、さらには免許を取り消したりするようにして、道路交通の安全を担保しているわけです。

このように、自動車運転に関しては、行政との関係で、資格が与えられたり剥奪されたりということがあります。行政の公権力との関係で生じる法律分野を、広く「**行政法**」といいます。過失で人を死傷させるような事故を起こすような人

*20 都道府県公安委員会の指定する自動車教習所（一般に「自動車学校」などともよばれる）を卒業すれば運転免許試験のうちの技能試験（いわゆる実地試験）免除となることから、免許がほしい人のほとんどは、まずそうした教習所に入ることになる。

はその運転技術やルールの知識にかなりの疑問が生じてくることになり、その人に免許を与え続けていいのかという話になるでしょう。このような場合には、一定のルールにしたがって、免許停止や免許取消といった、「**行政処分**」がなされうるのです。つまり、自動車で人身事故を起こした加害者には、民事責任、刑事責任のほかに、このような**行政法上の責任**がかかわってくるわけです。

免許制度のほかにも、「道路運送車両法」という法律によって、自動車を手に入れたら一定期間ごとに**自動車検査**（いわゆる車検）を受けなければなりません。

これらのルールは、みんなが守ってはじめて安全な道路交通が担保されるわけですが、なかにはズルをしようとする人もどうしても出てきます。ルール遵守を徹底させるために、自動車の無免許運転や無車検運行、さらには無保険運行などは「犯罪」として規定されていて、その違反には刑事責任が課されうることにして、そういう人が出てくるのを防ごうとしているわけです[*21]。

それでは、自転車にも免許制度や車検制度、強制保険制度を罰則つきで導入する法律をつくることで、ろくでもない運転者を道路から排除したほうがいいと思いますか？

確かにこういった制度を導入することで、道路交通は格段に安全なものになるかもしれません。他方で、自転車は子どもも乗るものですから、みんなに免許を取れというのもちょっと非現実的かもしれません。あるいは、自動車のように教習所通いを制度化するとなると、それに伴う社会的な**コスト**もべらぼうなものになるかもしれません。他方で、人の命は地球より重いとすれば、そのようなコストをみんなで負担するのが当然かもしれません。

2013（平成25）年の道路交通法改正で、危険行為を繰り返す者には、都道府県公安委員会が自転車運転者講習の受講を命令することができるようになりました[*22]。それでも、これでは足りないとみるべきでしょうか。それとも、これで十分だと考えるべきでしょうか。

有権者になったみなさんは、どう思いますか。

*21　無免許運転（免停中の運転を含む）につき3年以下の懲役または50万円以下の罰金（道路交通法117条の2の2第1号、なお64条1項）、無車検運行につき6月以下の懲役または30万円以下の罰金（道路運送車両法108条1号、58条1項）、無保険運行につき1年以下の懲役または50万円以下の罰金（自動車損害賠償保障法86条の3第1号、5条）。

*22　道路交通法108条の3の4。受講命令違反は犯罪とされ、5万円以下の罰金が科されうる（同120条1項17号）。

【引用・参考文献】
1）警察庁交通局「平成28年における交通事故の発生状況」(http://www.npa.go.jp/news/release/2017/20170322022.html)
2）警察庁交通局「平成28年中の交通死亡事故の発生状況及び道路交通法違反取り締まり状況等について」(http://www.e-stat.go.jp/SG 1 /estat/List.do?lid=000001174329)
3）全国大学生協共済生活協同組合連合会『学生総合共済ANNUAL REPORT 2016』(http://kyosai.univcoop.or.jp/index.html)
4）竹井直樹「自転車事故をめぐる保険の現状」『法律のひろば』65巻6号、2012年、p.21
5）高木宏行・岸郁子『自転車事故の法律相談』学陽書房、2014年、p.157以下
6）3）4）に同じ

専門機関ガイド

# 法テラス

　本書で勉強していると、みなさんも、ずいぶんといろいろなトラブルに見舞われることになっています。でも、そんな「人生の落とし穴」（第12章）が、本当にあなたの人生に待っているものなのでしょうか。

　ある調査によれば、一般市民のうち、おおよそ4人に1人が、過去5年間に法律問題を経験しているそうです（日本司法支援センター『法律扶助のニーズ及び法テラス利用状況に関する調査』2010年、この資料は、法テラスウェブサイト（http://www.houterasu.or.jp/houterasu_gaiyou/kankoubutsu/index.html）から入手できる）。「落とし穴」の深さや大きさはいろいろでしょうが、みなさんが法律問題にかかわる可能性は案外大きいものなのです。

　そうしたとき、市民の相談にのってくれる専門機関はたくさんあるのですが、たとえば第12章に出てくる多数のADR認証機関の数を見て、「じゃあどこに相談すればいいんだ！」って、感じたりしませんか。しかも、そこで紹介されているのはADR認証機関のごく一部なのであって、社会にはもっとずっとたくさんの専門機関が存在しているのです。

　法律上のトラブルがあるのに、専門家にアクセスできなくて解決できない。だから、人々の権利もちゃんと実現されない。それって、ろくでもない世の中ですよね。そこで、「司法制度改革」の一環で、「総合法律支援法」のもと、2006（平成18）に日本司法支援センター、愛称「法テラス」がつくられました。従来からのサービスも加えて、いわばリーガルエイドの「ポータル窓口」ができたのです。

　「法テラス」の仕事で特に覚えておきたいのが、**コールセンター**による情報提供業務です。☎0570-078374（おなやみなし）に電話すれば、訓練を受けたオペレーターが相談窓口を教えてくれたり、場合によってはその窓口に電話をつないでくれたりします。

　また、弁護士さんに相談しよう！となっても頼める人が誰もいない、なんてことがないように、「司法過疎地域」には法テラス自体が法律事務所を設けています。

　お金がなくて弁護士費用がちょっと……という場合でも、一定の収入要件がありますが、無料で法律相談を受けられたり、その後の弁護士費用を立て替えてくれるサービス（民事法律扶助）が、全国の地方事務所で実施されています。立て替えてもらったお金は時間をかけて返していくのが原則ですが、生活保護を受けている場合など、返済が猶予されたり免除されたりする可能性もあります。

　このほか、刑事裁判を受けるという、本当の「落とし穴」にはまったときには、弁護士が必ずつくのですが（国選弁護人制度。憲法37条3項参照）、その弁護士さんを手配するのも「法テラス」です。逆に、犯罪被害に遭った場合には、「法テラス」に専門の電話番号☎0570-0795714（なくことないよ）があって、この分野にくわしい弁護士が対応します。

　ですので、生活のうえで、あるいは福祉などの仕事についたときにはその仕事の関係でも、法律問題で困ったら電話してみましょう。情報提供サービスだけなら、全国一律3分8.5円（税別）の通話料だけで相談にのってくれます。

# 第5章 はじめての選挙

関連するのは
憲法
公職選挙法

選挙制度について、アイドルの選挙や買い物での選択と比較して学びます。

## 1 ── 若者と選挙の実態

〈キーワード〉
- 選挙権
- 投票率
- 民主主義

　読者であるみなさんのなかにも、18歳になって選挙で投票ができるようになるのを心待ちにしていた、という人もいれば、別にどっちでもいいんだけど……という人もいるでしょう。そんなみなさんに質問です。

 **18歳になれば選挙で投票できるというのは早い？ 遅い？**

　毎年成人の日になると、テレビや新聞が「大人は何歳からだと思いますか」という質問を新成人にしているのを目にしたことがあるのではないでしょうか。地方によってはちょっと違う風習があるところもありますが、一般的に成人式に出席しているのはその年度に20歳を迎える人たちです。でも、ハタチの"新成人"でも、20歳で成人というのはまだ早い気がすると回答する人がたくさんいます。理由は、たとえば「まだ大学に通っていて、親の世話になっているから」「最近のハタチは子どもっぽいから」「社会での経験が足りないから」とかみたいです。みなさんの意見はどうでしょうか。

　さて、みなさんもご存知だと思いますが、2016（平成28）年より日本の国政選挙においても18歳から選挙で投票できるようになりました。これまでは、「ハタチ＝新成人＝投票ができる」だったのに、成人式を迎える前に投票できるようになったわけですね。「20歳で大人っていうのは早い気がする」という意見の人にしたら、「18歳で選挙に行くのはまだまだ早すぎるんじゃない？」と思うことでしょう。でも、18歳で投票できるようになるというのは、世界的に見るとけっして早くはないのです。意外に思われるかもしれませんが、世界の90％以上の国では18歳までに選挙で投票する権利をすでに認めていました。もちろん、他の国がそうしているから日本も18歳で投票できるようにするべき、という話はちょっと単純ですけれど、少子高齢化が進む現在の日本では、未来を担う若い世代がどんどん政治に参加して自分たちの意見を表明することが大事になるでしょう。

**Q2　ところで、法律はどう変わったのですか？**

　選挙権（選挙で投票する権利のこと）が20歳から18歳に引き下げられたということは、そのことについて定めている法律が変わったということでもあります。選挙に関するあれこれを定めている基本となる法律は、**公職選挙法**[*1]というものです。この法律の名前は聞いたことがあるかもしれませんね。せっかくなので、少し関係する条文を見てみましょう。

> **用語解説**
> 
> ＊1　公職選挙法
> 　この法律には、国会議員と地方公共団体の議会議員および首長に関する選挙方法や定数が定められている。

> 9条　日本国民で年齢満18年以上の者は、衆議院議員及び参議院議員の選挙権を有する。
> 2　日本国民たる年齢満18年以上の者で引き続き3箇月以上市町村の区域内に住所を有する者は、その属する地方公共団体の議会の議員及び長の選挙権を有する。

　ここに書かれているように、18歳になれば、国会議員や地方議会議員および首長（都道府県知事や市町村長など）を選ぶ選挙で投票ができるわけです。

　けれども、1950（昭和25）年施行の公職選挙法やその前身となる各種の選挙法が改正されたのは、今回が初めてではありません。選挙権は日本に議会が設置された明治以降、徐々に拡大されていったのでした。もともと、1890（明治23）年に初めて実施された衆議院議員総選挙では、選挙権は25歳以上の男子で直接国税を15円以上収めている人にしか与えられていませんでした。当時、この条件を満たしていたのは人口の1.13％だけの人でした。その後だんだんと納税要件が緩和され、1925（大正14）年には選挙資格は25歳以上の男子であれば投票できる男子普通選挙に、そして第二次世界大戦直後の1945（昭和20）年に、選挙資格は20歳以上のすべての男女に認められることになりました。

　その後成立した公職選挙法自体は何度も改正されましたが、今回のように選挙権が拡大されるのは、じつに70年ぶりの出来事でした。そう思うと少し、18歳で投票できるということが意義深く感じられませんか。ちなみに、選挙権年齢が18歳に引き下げられたことで増えた有権者数はおよそ人口の2％で、これによって日本の総人口に占める有権者の割合は83％前後になります。

**Q3　実際に18歳や19歳はどのくらい投票したのですか？**

　さて、公職選挙法の改正による選挙権年齢の引き下げがあって最初の国政選挙になったのが、2016（平成28）年夏の第24回参議院選挙でした。このとき新たに有権者となった10代はおよそ239万人。このなかで実際に投票した割合はどのぐ

らいだったと思いますか。

「学校とかでも結構18歳選挙の話とかあったし、みんな行ったでしょ」と思う人も、「別に政治とか興味ないし、忙しいから行かないって人も多かったんじゃない」と思う人もいるでしょう。総務省の調査によれば、18歳および19歳の投票率はあわせて46.78％でした（18歳は51.28％、19歳は42.30％）[1]。半数にちょっと届かなかったわけですね。なんとも微妙な数字に思えるかもしれません。ですので視点を替えて、若者は他の世代に比べて多く投票したのかどうかという点から見てみましょう。下のグラフは直近10回、年数にしておよそ30年にわたる参議院通常選挙の投票率の推移です（今回は省略しますが、衆議院選挙のほうが参議院選挙よりも通例ちょっとだけ投票率が高いです。けれど傾向はおおよそ似ています）。

このグラフを見て最初に目につくのが、一番下の折れ線で表されている20歳代の投票率の低さです。大体平均すると30％台半ばくらいでしょうか。これに比べると、2016（平成28）年に18歳・19歳の人たちが投票した46.78％というのは、な

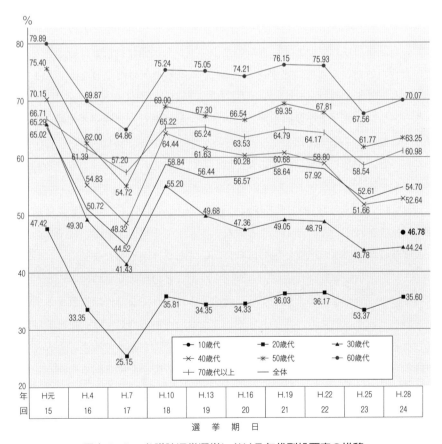

図表5-1　参議院通常選挙における年代別投票率の推移

出典：総務省ホームページ
（http://www.soumu.go.jp/senkyo/senkyo_s/news/sonota/nendaibetu/）

かなかの数字なのかもしれません。ですが、40代以上の有権者に比べてみると、まだまだ若者の投票率は低いことがわかります。

ただ、このグラフを見て「なんだ、若者って前からずっと投票してないじゃん」と思ったみなさん、注意しておきましょう！　このグラフのなかで、およそ30年弱の時間が経過しています。ということは、戦後の参議院選挙のなかで最低の投票率をマークした1995（平成7）年に20代だった若者も、2016（平成28）年には40代から50代に手が届くところまで歳をとっています。ですから、20代の頃に25.15%しか投票しなかった世代は、21年後には52.64%投票しているわけですね。

 では、今の若者も歳をとれば自然と投票するといえますか？

これはむずかしい問題です。選挙における投票率に影響を与えるものはいろいろあって、そのときの選挙の性質にもよりますし（投票率が最低だった平成7年の参議院選挙は、自民党と社会党というもともとの政敵同士が手を結んだ連立政権ができた後で、有権者にとって選挙の争点がわかりにくかったと言われています）、また、身近な（？）ところでは、投票日に天気がよいかどうかということも投票率に影響していると推測されています。近所の小中学校や公民館に投票しに行こうと思ったら大雨だった、なんてことがあると、「やっぱりやーめた」となってしまうかもしれないですものね。

そういったさまざまな要因を差し引いても、統計を見れば確かに年齢が上がるほど人は投票する傾向にあるとは言えそうです。だから、今の若者世代も10年後、20年後、と歳をとるほど投票する人が増えるのかもしれません。でも、それなら別に心配することはない、ということになるかというと、そうではないですよね。"時間による解決"以外の方法を考えないと、いつの時代も若者の意見はあまり政治に反映されていないということになってしまいます。すると、政治家の目はやっぱり投票率の高い中高年層のほうに向いてしまうかもしれません。

ここに、選挙権年齢が18歳に引き下げられたことの意味を見つけることができるのではないでしょうか。そもそも、歳をとるにつれてなぜ人は投票するようになるのかという理由にも、きっとさまざまなものがあるでしょう。たとえば、就職したり結婚したり子どもを育てたり……そんな経験があって初めて大人としての自覚を持ち、自分たちの生活に結びつく政治への関心が生まれるのかもしれません。また、将来の年金や医療のことが気にかかるのも、ある程度の年齢を超えてからの人が多いでしょう。でも同時に、有権者として政治に接する経験の長さも大事なのかもしれません。たった2年ですが、されど2年。早くから有権者として政治を考える機会が増えれば、それだけ投票率も上がる可能性があります。

まずは一度、若者だからこそ投票に行ってみよう！

## 2 ── 選挙ってなんだろう？

　これまでは若者と選挙の実態について見てきました。でも「選挙で政治家を選ぶってどういうこと？」とか「選挙が大事だとよく言われるけど、なんで？」と思った人も多いかもしれませんね。この節ではそんな疑問点を一緒に考えていきましょう。まずはちょっと変な質問からです。

　買い物に行って好きな商品を選ぶのと、選挙で候補者を選ぶのとでは、なにがどう違うのですか？

　「え、そんなの全然違うじゃん」というのが最初の反応だと思います。確かに全然違うのですが、でもちょっと考えてみてください。買い物では、店に行って、並んでいる商品のなかから品定めして、そして気に入ったものを買う、というプロセスがありますよね。けれど選挙だって、投票所に行って、立候補している候補者（ないし政党）を品定めして、そして気に入った候補者または政党に投票する、っていうプロセスではないでしょうか。このプロセスだけで考えてみると、選挙も買い物も似たようなものに思えてきます。

　ではなにが違うのでしょうか。それは、買い物なら気に入った商品がなければその日は買わなければいいし、別の店に行くこともできるけれど、選挙ではそうはできないという点です。たとえば、2014（平成26）年の第47回衆議院総選挙に対して、公益社団法人「明るい選挙推進協会」が行った意識調査を見てみると、投票に行かなかった人の棄権理由として、「政党の政策や候補者の人物像など、違いがよくわからなかったから（11.4％）」「適当な候補者も政党もなかったから（17.5％）」「支持する政党の候補者がいなかったから（5.9％）」というものがあります（複数回答可）。たしかに買い物だったら、気に入った商品がないのに無理に買ったりはしないですよね。その感覚でいえば、「気に入った候補者がいない」とか、それ以前に「候補者同士の違いがよくわからない」なら、投票しようとは思わないかもしれません。でも、選挙では「投票しない」というのもひとつの選択になります。買い物でいえば、選ばないのなら無条件で多くの人が選んだ商品を買わなきゃいけなくなるシステム、ということになるでしょうか。ちょっと怖いですよね。

　有権者である以上、選挙の際になんの選択もしないままではいられません。選挙では、買い物のように気に入らなかったら先延ばし、ということはできないということだけは頭に入れておきましょう。

## Q2 さて、私たちが選挙で選んでいるものはなんですか？

買い物の際に消費者が選んでいるのは商品ですが、選挙の際に有権者が選んでいるのはなんでしょうか。もちろん候補者ですよね。国政選挙の場合ですと、これから国会議員になるべき人を選んでいるということになります。

せっかくなので、憲法の条文を確認してみましょう。まずは国会とそれを構成する国会議員がどのように規定されているかについてです。それぞれ憲法の41条と43条1項に書かれています。

> 41条　国会は、国権の最高機関であつて、国の唯一の立法機関である。
> 43条1項　両議院は、全国民を代表する選挙された議員でこれを組織する。

先に43条1項のほうから見ておくと、国会議員（衆議院議員と参議院議員）は「全国民を代表する」と書かれています。ここが、買い物で選ぶ商品と大きく異なる点です（モノか人かという論点はちょっと置いておきましょう）。買い物で商品を選ぶときは、それにお金を払うのもそれを使うのも、全部自分です。だから、選択の基準も自分の気に入ったものでよいということになります。そして商品を売る側も、消費者のニーズが多様化するのにあわせて、さまざまな商品を出したりします。

しかし、国会議員は「全国民を代表」します（憲法の15条2項では「すべて公務員は、全体の奉仕者であつて、一部の奉仕者ではない」とされています。当然、国会議員は公務に従事する公務員です）。私たちはそれぞれの選挙区で一定の範囲の候補者のなかから選択をしますが、それはその地域の代表でも、まして自分にしか関係しないものでもなく、まだ選挙権をもたない子どもを含めた全国民の代表です。ですから、店にたくさん並んだ商品のように、個人個人が好きなものを選べば、それでみんなが満足できるというものではありません。

さらに国会議員の場合、憲法41条に書かれている「国の唯一の立法機関」である国会を組織する代表になります*2。法治国家においては、人間になにかを強制したり制約したりできる正統な根拠は法律しかありません。その法律を作ることのできる唯一の機関を構成するメンバーを選ぶわけですから、有権者は自分たちや次の世代の未来を託すことのできる候補者を慎重に選ぶ必要があります。

＊2　もちろん地方公共団体もそれぞれ独自に条例を制定することができるが、それはあくまでも国会で制定された「法律の範囲内」でのことである（憲法94条）。

## Q3 なんで"私たち"が選ばないといけないのですか？

以上の話を聞くと、こんな疑問をもつ人もいると思います。「全体の利益に奉仕する全国民の代表を選ぶのなら、誰か頭のいい人が代わりに選んでくれればい

いんじゃないの？　別にわざわざ私が投票に行く必要はないと思う」というように……。この疑問はもっともだと思います。どんなに自分が考え抜いて投票したとしても、その候補者は当選しないかもしれないし、それ以前に自分が投票に行っても行かなくても結果はほぼ変わらないでしょうから。そうすると「投票なんてしょせんは自己満足じゃん」という意見の人も出てくるでしょう。みなさんはこうした意見に対して、どのように答えますか。

　もちろん、そこに決まった正解があるわけではないのですが、選挙をその結果という観点からではなく、どのような目的のために行われるのかという観点に結びつけて、この問題をもう一度考え直してみましょう。

　先ほども出てきた公職選挙法の1条には、この法律の目的について、次のように書かれています。「この法律は、日本国憲法の精神に則り、衆議院議員、参議院議員並びに地方公共団体の議会の議員及び長を公選する選挙制度を確立し、その選挙が選挙人の自由に表明せる意思によつて公明且つ適正に行われることを確保し、もつて民主政治の健全な発達を期することを目的とする」。つまり、選挙のルールを法律で決めるのは、政治がちゃんと民主主義的に行われるようにするためですよ、ということです。

　民主主義と聞くと、「それってつまり多数決のことでしょ」と思われるかもしれません。けれど、民主主義的であるということは、どうやって決めるのかという問題とイコールではありません（少なくとも、それがすべてだというわけではありません）。民主主義は選挙という制度によって確保され、そして選挙は基本的に多数決で行うものですが、民主主義とは多数決と同じものではないからです[*3]。でも、こんなことを言われると、ちょっと頭が混乱してしまうかもしれませんね。ですので、質問を変えたいと思います。

*3　多数決についてより深く考えたい人には、坂井豊貴『多数決を疑う——社会的選択理論とは何か』（岩波書店、2015年）をお薦めする。

 **Q4　アイドルの選挙は民主主義的ですか？**

　昨今メディアで話題になったアイドルの選挙がありますね。ファンがアイドルグループのメンバーのなかから自分のお気に入りに投票して、得票数の多かったメンバーがグループで中心的な役割を果たすことができる、というものです。自分も投票したことがある、という人もいるかもしれません。ところで、アイドルの選挙は「選挙」と言われますが、ではアイドルを選ぶ選挙と政治家を選ぶ選挙はどこがどう違うのかを考えてみましょう。

　アイドルの選挙の場合も、得票数に応じて順位づけされ、それが結果に結びつくという点で多数決原理をとっています。ですから、多数決という選び方の点では政治家を選ぶ選挙と変わりません。もし、民主主義＝多数決ならば、アイドルの選挙は民主主義的だということになります。

第Ⅰ編　大学生活に関する法的問題

けれども、やっぱり違和感はありますよね。だって、アイドルの選挙で投票できる人は、投票券つきのCDを買った人に限られますし、しかもCDを買う枚数に制限があるわけでもない。だから、お金のある熱心なファンはたくさんCDを買って、それだけたくさん自分の意見を結果に反映させることができます（この仕組みは、株式を多く所有する人の発言権が大きくなる株主総会に似ています）。ともあれ、一人の意見がもつ価値が、他の人と平等でないならば、民主主義とはよべないでしょう。

でも、アイドルの選挙が民主主義になじまない一番の理由がなにかというと、それは選ぶ人と選ばれる人が分断されてしまっているという点です。アイドルの選挙に投票しているファンはそのグループのメンバーではないですし、アイドルも別にファンの代表としてステージに立っているわけではありません。民主主義は、その語源からいっても「人びとが自分たち自身を統治する」という意味ですから、原則的に選ぶ人と選ばれる人が入れ替え可能でなければなりません。たしかに日本においては選挙権年齢（選挙で投票できる年齢）と被選挙権年齢（選挙に立候補できる年齢）がずれていますが[*4]、被選挙権年齢に達した有権者は自ら立候補することもできます。その意味で、アイドルを選ぶ選挙は民主主義的でなくてもいいのですが、政治家を選ぶ選挙は民主主義的でなければなりません。

投票による多数決で候補者を選別する、という決め方の点では、アイドルを選ぶ選挙と政治家を選ぶ選挙は一見似ています。けれど、政治家を選ぶ選挙の目的は、複数いる候補者のなかで票を集めた人を選び出すことだけではなく、それによって民主主義を実現するというところに置かれています。

さて、少し遠回りをしましたが、ここでもう一度質問します。

### Q5　どうして"私たち"が選挙に行かなければならないのですか？

この質問に対しては、「あなたの一票が政治を変えるかもしれないから」と答えることもできるでしょう。ただ、それでは納得できない人も多いと思います。ですので、選挙結果に与える影響からではなく、選挙の目的を重視しましょう。私たちが選挙に行くのは、私たちがみな平等にこの国の主権者であり、選挙によって私たち全員にとっての代表を選ぶからです。自分たち自身のことを決めるのであれば、その決める権利を誰かに預けてしまうことはできないはずです。それが民主主義社会に生きるということでもあります。

このことは、最高裁が2005（平成17）年9月14日に出したいわゆる「在外邦人選挙権事件」[*5]の判決文においても述べられています。「憲法は、国民主権の原理に基づき、両議院の議員の選挙において投票をすることによって国の政治に参加することができる権利を国民に対して固有の権利として保障しており、その趣

**POINT**
*4　被選挙権年齢は、衆議院議員、都道府県および市町村議会議員、市区町村長については25歳以上、参議院議員および都道府県知事については30歳以上（公職選挙法10条）。

**POINT**
*5　この事件は、外国に長期滞在している日本人が国政選挙において、その選挙権の行使が制限されていることを違憲であるとして起された訴訟である。

旨を確たるものとするため、国民に対して投票をする機会を平等に保障している」。選挙権は、私たちが民主主義社会における主権者であることから当然に認められるべき権利であり、選挙を通じてその権利が実際に行使されなければ、日本の民主主義は名前ばかりのものになってしまうかもしれません。

## 3 ── 投票率向上のために考えること

今まで、若者の投票率が低いということや、選挙は大事ですよということをお話してきました。そこでみなさんに質問です。

 **若者が投票に行くためには、どうしたらよいと思いますか？**

各種世論調査を見てみると、若者が選挙に行かない理由で最大のものは、だいたい「選挙にあまり関心がなかったから」というものです。だから若者が政治にもっと関心をもつようになればいい、ということなのですけれど、じゃあどうすれば関心をもてるのかという次の難問が待ち構えています。総務省などの選挙啓発ポスターでは、アニメキャラや人気の若手俳優・女優が起用されたりしていますが、それだけで若者の気を引くのに十分とはいえませんよね。

すると、こんなふうに考える人もいると思います。「若者の投票率を上げたいのなら、投票を義務にすればいいじゃない」。たしかに投票が義務で、投票しなければなにかペナルティを課されるのであれば、もう出かけるのが面倒くさいとか、政治に関心がないとかいっている場合ではありません。これ、ちょっと過激に思える発想ですが、実は多くの国で実際に行われているものでもあります。たとえば、投票を義務として定めている国をいくつかピックアップして表にしてみ

**図表5-2 義務投票制を採用している国と罰則規定**

| 国名 | 投票しなかった場合の罰則 |
|---|---|
| オーストラリア | 罰金など |
| ベルギー | 罰金、選挙権の制限など |
| ブラジル | 罰金など |
| ルクセンブルク | 罰金など |
| シンガポール | 選挙人名簿からの（一時的）削除 |
| タイ | なし |

出典：International IDEAの公式サイトのCompulsory Votingの項目より抜粋・編集したもの（http://www.oldsite.idea.int/vt/compulsory_voting.cfm）。

罰則規定がある国は意外と多いですね

第Ⅰ編　大学生活に関する法的問題

ると、こんな感じになっています。

　投票を義務にしている国は表にあげた以外にも多くありますし、また投票を義務として定めている国でも、タイのように罰則を定めていないところもあります。また、罰則を定めていても、それが実際にどの程度厳格に適用されるかについてもまちまちです。ただ、なじみのある多くの国が義務投票制をとっていることに驚いた人もいるのではないでしょうか。

 義務投票制の良いところと悪いところ、何が思い浮かびますか？

　まず良い点としては、やっぱり投票が義務だと投票率は上がるということがあるでしょう。実際にオーストラリアでは、投票率は常に90%を上回っています。こうして投票率が上がれば、選挙で選ばれた政治家は国民みんなが選んだ代表だという正統性を獲得できるようにも思われます。また、たとえ義務だから選挙に行くという理由であっても、実際に選挙に行く経験が国民の政治に対する関心を高めるかもしれません。

　しかし、次のような悪い点も思いつきます。たとえば、罰則が嫌だから選挙に行く人は、ただのアリバイ作りのために投票に行って、候補者やその政策のことなんか考えずに適当に投票するかもしれません。その結果、本当は特に誰も支持していないよう候補者が当選してしまう危険性もあります。これは投票率が低いことよりも大きな害悪かもしれないですよね。さらに、そもそも投票を義務づけるということ自体が、民主主義の精神に反しているのではないかと考えることもできます。投票を含め政治参加をするかしないかは、国民が自由に決めなければならないことであって、それが強制されてしまうとただの「動員」に転化する恐れがあるからです。

　第2節で見てきたように、日本において投票は義務ではなく、明確に権利として位置づけられています。けれども、権利であるがゆえに投票率や政治への関心があまり高まらず、日本の民主主義は危機に瀕していると考えることができるかもしれません。しかし他方で、投票が義務になってしまえば、それはそれで民主主義に反していると考えることもできます。そのことをふまえたうえで、日本の若者の投票率をどうすれば上げることができると思うか、みなさん自身でぜひ考えてみてください。ちなみに、北欧諸国（スウェーデン、デンマーク、ノルウェーなど）では、義務投票制ではないにもかかわらず、投票率が8割近くあるということも知っておいてよいでしょう。

　ところで、若者が投票に行かない理由はなにも政治や選挙に関心がないからとは限らないですよね。行きたくても用事があって行けないとか、住民票のある地元から離れてひとり暮らしをしているといった事情があるかもしれません。

第5章　はじめての選挙

　選挙当日に投票所で投票できない人は、どうすればよいのですか？

　これは聞いたことがあるかもしれません。たとえば、投票日にたまたま用事（遊びの用事でもOKです）があって投票所に行けない人には、**期日前投票**という制度があります。これは、選挙期日の公示日または告示日の翌日から選挙期日の前日まで、各市町村に1か所以上ある指定の投票所で投票するものです。投票のやり方自体は、普通の投票と変わりません。実際に、直近の衆議院総選挙（2014［平成26］年）や参議院通常選挙（2016［平成28］年）においては、だいたい投票者のなかの30％弱、全有権者のなかの15％前後が期日前投票を利用しています。当日に選挙に行けそうにないな、という人はぜひこの制度を活用してみてください。

　また、大学に入学してから一人暮らしをはじめた大学生に多いのが、実家から下宿先に住民票を移していないために、今住んでいる自治体で投票できないというケースです。投票ができるためには選挙人名簿に名前が載っていなければならないのですが、選挙人名簿はその人の住民票がある市区町村で自動的に作られるため、こうしたことが起こります。そうなると、投票のためにわざわざ実家に帰るのも面倒ですし、別に投票しなくてもいいかなと思う人もいるでしょう。**不在者投票**は、そうした人でも投票できるための制度です。ただ、これは事前に電話や郵便で選挙人名簿登録地に連絡して投票用紙を送ってもらったりなど、期日前投票に比べて手続きがちょっと面倒な部分があり、制度の利用は必ずしも多くありません。ここは制度の改善すべき点であると考えられます。

　これらのほかにも、視覚障害や病気・けがなどによって投票用紙への記載ができない人に係員が代筆してくれる代理投票や、点字機などを使った点字投票、海外に住んでいる日本人でも外国にいながら投票できる在外投票といったものがあります。さらには、長期間海で仕事をする人に向けた洋上投票や、南極で仕事をしている人向けの南極投票といったものまであります（公職選挙法49条）。

　なぜここまでさまざまな制度が用意されているのですか？

　正直、洋上投票や南極投票を利用する人は本当にごくわずかしかいませんし、公職選挙法にそこまで定めておく必要があるのか疑問に思う人もいるでしょう。しかし、たとえ該当人数がごくわずかであったとしても、さまざまな状況を想定したさまざまな投票制度が用意されているのは、それだけ国民が投票する権利が大切なものだからだと考えるべきです。たとえごくわずかであっても、この権利の行使を不当に奪うことは許されません。私たちの一票は、それだけ貴重なものなのです。

貴重な一票を大切にしましょう

選挙で私たち全員の代表を選ぶことは、主権者である私たち固有の権利です。この権利が今後とも実際に行使されていくことが、日本が民主主義社会であり続けるための必要条件です。けれども、実際に選挙で投票しようと思っていても、自分が選ぶことのできる候補者・政党やその政策のいずれもが魅力に欠けるということもあるでしょう。これは有権者が棄権理由にあげる最大のものです。しかし、この点においても、私たち有権者は店頭に並べられた商品のなかからしか選ぶことのできない買い物客ではありません。デモや請願や言論活動なども含め、私たちが日常的に政治参加する可能性はいくつも開かれています。また投票に限っても、国政選挙だけでなく地方選挙や住民投票もあります。選挙を意義あるものにするためには、選挙での投票率を向上させるとともに、選挙以外の道筋でも民主主義を活性化させなければなりません。

---

**考えてみよう**

「適当な候補者も政党もない」という理由での棄権を減らすために、私たちにできることはなんですか？

---

**【引用文献】**
1）　総務省選挙部「目で見る投票率」平成29年1月
　　（http://www.soumu.go.jp/main_content/00365958.pdf）

役立つWebガイド

## 「みんなの政治」・「選挙ドットコム」

　投票日が近づいてくると、テレビや新聞などでも選挙の話題が盛り上がってきます。しかし、有権者になったみなさんは、こんなふうに思っているかもしれません。「選挙のことなんてよくわからないし、誰に投票すればいいのかもわからない」。

　けれども、投票の仕方については、実際に投票所に足を運んで案内にしたがっていれば、むずかしいことはなにもありません。自分がどの投票所に何時から何時までの間に行けばいいのかについては、投票日前に自宅に送られてくる投票所入場（整理）券に書いてあります。また、この入場（整理）券を当日投票所に持っていくのを忘れたとしても、本人確認ができれば投票はできます。

　ですから問題は、誰に投票するかをどうやって判断するか、というところだと思います。憲法15条4項では、「すべて選挙における投票の秘密は、これを侵してはならない。選挙人は、その選択に関し公的にも私的にも責任を問はれない」と書かれています。つまり、みなさんがどの候補者にどういう理由で投票しようとも、誰もそれを監視していないし、とがめもしないということです。この原則は民主主義的な選挙にとって非常に重要なものではあるのですが、しかし、好きに投票してくれていいですよと言われても、それはそれで困惑してしまうことも多いのではないでしょうか。どうせ一票を投じるなら、自分なりに考えたうえで投票先を決めたいと誰もが思うはずです。

　みなさんが有権者として投票先を決定する際には、自分の選挙区にどんな政治家がいて、その政治家がどの政党に所属して、どんな政策を掲げているのかについての情報が不可欠です。もちろん、そのために選挙公報を読んだり、場合によっては選挙事務所を訪れたりすることもできるかもしれません。ですが、候補者やその政策についての情報を集めるのに最も身近なツールは、やはりインターネットでしょう。2013年（平成25年）にインターネットによる選挙運動が解禁されて以来、SNSや動画サイトを通じた選挙運動を各候補者・政党が行うようになりました。たとえばYahoo!の「みんなの政治」（https://seiji.yahoo.co.jp/）というウェブサイトには、国会議員や政党がインターネット上に発信している情報がまとめられています。また、「選挙ドットコム」（http://go2senkyo.com/）では、郵便番号を入力するなどすれば、自分の選挙区にどのような政治家がいて、次に自分が投票できる選挙がいつあるのかなどを簡単に検索することができるようになっています。「どこに投票すればいいのかわからない」と悩む人は、情報収集の手がかりとして、まずはこのようなウェブサイトをのぞいてみるとよいでしょう。

　もちろん、インターネットでの情報が万能だというわけではありませんし、インターネット上のどこかに誰に投票するのが"正解"なのか書かれているわけでもありません。ですが、みなさんが日常で接する政治についてのさまざまな情報を補完するものとして、こうしたウェブサイトをうまく利用してみてはいかがでしょうか。

# 第Ⅱ編　おとなへのステップ

第6章　おとなになった証拠？
　　　　――お酒は20歳から
第7章　子どもの人権とは？

# 第6章 おとなになった証拠？――お酒は20歳から

関連するのは
未成年者
飲酒禁止法

ここでは、未成年・成年が混在する大学生が知っておくべき法を学びます。

〈キーワード〉
- 年齢制限
- 親権者の制止義務
- 年齢確認

大学生になると、いろいろな人とのつき合いが増えると考えられます。場合によっては、お酒のつき合いも……。ここでは、大学生の飲酒と法律がどうかかわるのか考えていきたいと思います。

 「お酒は20歳から」って知っていますか？

最近も未成年者の芸能人が飲酒し芸能活動を自粛させられたり、過去に未成年者の大学生が飲み会の様子をツイートして大学から処分を受けたケースなど数多くありますし、家庭や学校でも教えられることなので、みなさんにとっても一般常識ですよね⁉ それにこの言葉、コンビニに行っても、テレビのコマーシャルでもちょこちょこ見かける言葉ですよね（標示がけっこう小さく書いてあるので見づらいですが…）。

 では、その根拠になっている法律名はなんですか？

これはなかなか浮かばないのではないでしょうか。答えは**未成年者飲酒禁止法**という法律で、「満二十年ニ至ラサル者ハ酒類ヲ飲用スルコトヲ得ス」と1条1項にその根拠が書かれています[1]。内容はわかったけど読みづらいと思った人もいるかもしれません。ついでに、この法律が作られた時期も確認しましょう。この場合、手っ取り早いのは法律名の後を確認することです。原文を見てみると、"未成年者飲酒禁止法（大正十一年三月三十日法律第二十号）"となっています。最初の"大正十一年三月三十日"の部分がまさに作成されたときで、西暦に換算すると1922年ですから90年以上も前から存在する法律ということになります（ちなみに、9月1日の防災の日の根拠になっている関東大震災は翌年）。なので、当時の書き方が現在も残っているのです。また、"法律第二十号"の部分はその年の20番目に作られたという意味です（その後、何度かの改正を経て現在の形になってます）。

それでは、法律を少し見てみましょう。とその前に質問です。

**Q3** この法律に違反した場合、誰が処罰されるのでしょう？

「飲酒したやつが悪いんだから未成年に決まってるでしょ！」という答えが多いかもしれません。残念ながら違います。では誰か。3条に書かれているので見てみましょう。

> 3条　第一条第三項ノ規定ニ違反シタル者ハ五十万円以下ノ罰金ニ処ス
> 2　第一条第二項ノ規定ニ違反シタル者ハ科料ニ処ス

上記の3条は2項から成り立っていますが、「1条3項の規定に違反した者」（3条1項）はコンビニなどで酒を販売したり、居酒屋などで酒を提供する営業者を指し、「1条2項の規定に違反した者」（3条2項）は親や監督代行者で、それらの者が処罰されるという規定です（4条は法人など）。要するに、「自分の子どもが20歳になっていないのにお酒を飲んでいることを知っていたら、親は止めなさいよ！」、「20歳になっていないことを知っていたらコンビニで酒を売るなよ！」という話です。

実際、この法律を根拠として、けっこう親や酒屋さんなどが書類送検されています（送致件数は図表6-1を参照してください）。部活動の大会後や一家団欒の席で大抵なんとなくの流れで事は起こるようですが、2014年4月16日には、未成年者飲酒禁止法や未成年者喫煙禁止法の疑いで神奈川県警が10～70代の33人の販売者や保護者を書類送検するという事例も生じました[*1]。これらの事例から気をつけるべき点は10代も対象になっていることです。販売してしまった理由のなかには「客とトラブルになるのを避けたい」というものもあるようですが、大学生のアルバイト店員がしたことだから……なんて甘えは通用しないのです。

発覚するのは、子どもがSNSを使用した場合もあるのですが、家族や友人と外で飲酒した帰り際にタクシー運転手と口論になったり、未成年が無免許飲酒運転をして事故を起こした結果なんてものもあります（後者の場合、道交法違反も関係）。

過去にもこのような事例が後を絶たなかったため、2000（平成12）年12月には3条1項の罰則が"科料"から"50万円以下の罰金"になりましたし、関連法律

◆未成年者飲酒禁止法 1条2項・3項◆
2　未成年者ニ対シテ親権ヲ行フ者若ハ親権者ニ代リテ之ヲ監督スル者未成年者ノ飲酒ヲ知リタルトキハ之ヲ制止スベシ
3　営業者ニシテ其ノ業態上酒類ヲ販売若ハ供与スル者ハ満二十年ニ至ラサル者ノ飲用ニ供スルコトヲ知リテ酒類ヲ販売又ハ供与スルコトヲ得ス

[*1] 2014年4月18日付東京新聞朝刊横浜版26頁。

図表6-1　福祉犯の法令別・違反態様別送致件数の推移

|  | 2006年 | 2007 | 2008 | 2009 | 2010 | 2011 | 2012 | 2013 | 2014 | 2015 |
|---|---|---|---|---|---|---|---|---|---|---|
| 親権者等の不制止 | 15 | 23 | 28 | 21 | 21 | 44 | 29 | 37 | 26 | 47 |
| 営業者の知情販売 | 139 | 142 | 154 | 136 | 127 | 135 | 103 | 97 | 94 | 84 |
| 合計 | 154 | 165 | 182 | 157 | 148 | 179 | 132 | 134 | 120 | 131 |

出典：警察庁生活安全局少年課「平成27年中における少年の補導及び保護の概況」https://www.npa.go.jp/safetylife/syonen/hodouhogo_gaikyou/H27.pdf より一部引用（筆者が若干修正）

である酒税法も改正され、「酒類販売業者が、未成年者飲酒禁止法違反により罰金の刑に処せられた場合には、酒類販売業免許の取消要件に該当する」となっています（14条2号）。科料が1000円以上1万円未満の罰金ですから（刑法17条）、金額だけを見てもかなり厳しくなっていますね。

さらに、翌2001（平成13）年12月には、「営業者ニシテ其ノ業態上酒類ヲ販売又ハ供与スル者ハ満二十年ニ至ラザル者ノ飲酒ノ防止ニ資スル為年齢ノ確認其ノ他ノ必要ナル措置ヲ講ズルモノトス」という条文が付け加えられました（1条4項）。コンビニ店員が年齢確認をしているシーンを見かけたことはないでしょうか。まさにあれのもとになっている部分です。改正の理由は、2000年の改正にもかかわらず、①依然として、未成年者に対して酒類を販売している実態がなくならない状況にあること、②販売する現場では、年齢確認等の措置を行う法律上の根拠がないために、これらの措置を円滑に実施できない状況にあったこととあります。

でも、先の神奈川県の書類送検の事例を見てもわかるように、未成年者の飲酒の事例は現在もまだまだあるようです。なので、その実態が変わらなかった場合、さらなる厳罰化の方向に進んでしまうかもしれません。読者のみなさんはどう思いますか。

**Q4　ところで、なぜ未成年者だけが飲酒を禁止されるの？**

このような質問が浮かんだ人もいるかもしれません。確かに、憲法には個人の幸福追求権が書いてあるし、たとえば、「俺は酒を飲むことこそが人生の生きがいだ！　それなのに未成年者飲酒禁止法ってやつは……」と思っている15歳くらいの子もいるかもしれません。そこで改めて「"お酒"ってそもそもどういうものなの」って問いから考えてみましょう。

コンビニやスーパーに行くと日本酒やらワインやら数多くのアルコール飲料が置いてあります。また、地方に旅行に行くと必ずお土産物屋にご当地の地酒が置いてあったり、地域によっては、地酒振興のためにお酒に乾杯条例*2を制定する自治体もあったりします。それでは、大人がお酒を飲む理由はなんでしょう？　たんなる趣味の場合もあれば、うっぷん晴らしの場合もあるでしょう。また、大事な商談をしていても話が進まなかったのが、夜の懇親会で打ち解け一気に商談が成立したなんて話も聞きます（歴史は夜作られる⁉）。

しかし、度を超すと……二日酔いになって仕事に支障が出たり、肝臓を壊したり、最悪の場合には、急性アルコール中毒であっという間にあの世行きになってしまいます（飲み会のノリで行なわれる一気飲みはかなり危険ですしアルハラ［アルコール・ハラスメント］に該当）

このような話は子どもの場合にもあてはまりますが、子どもの場合はもっと最

**POINT**
*2　2013年に京都市が制定したのをきっかけに全国各地に広がっている条例。拘束力や罰則はなく、乾杯の習慣を広めることで、清酒の普及を通し様々な伝統産業の素晴らしさの再確認や日本文化の理解促進に寄与することを目的としている。

悪の状況になるようです。以下の新聞記事を見てみることにしましょう。

> 未成年者の飲酒問題に詳しい久里浜医療センター（神奈川県横須賀市）の樋口進院長（精神医学）は「人間の脳が成熟するのは二十歳ごろ。それまでは神経細胞が発展途上で、せっかく育った神経細胞が飲酒で死んでしまう」と話す。
> 　特に人間らしさをつかさどる脳の前頭葉に影響する。萎縮して、無気力や記憶力の低下につながるほか、他人への配慮ができなくなる可能性も。さらには、骨の成長や生殖機能の発達の遅れも指摘されている。
> 　子どもはアルコールを分解する肝臓の酵素が十分でないため、急性アルコール中毒になりやすい。飲み始めてから依存症になるまでの期間も、大人より短いという。
> 　　　　出典：「子どもの飲酒は危険」2013年6月7日付中日新聞朝刊22頁より一部抜粋

　この記事を読むと、未成年者にとって「お酒は百害あって一利なし」ということがわかると思います。実は、現在の未成年者飲酒禁止法が存在する理由もここにあるのです（**立法目的**）。要するに、この法律の存在意義は、未成年者は若ければ若いほどお酒の知識もなければ適量もわからないですし、心も体もできあがっていない結果飲酒によって体を壊してしまうので、「未成年者を飲酒の害悪から守ること」にあるのです。そこで当該法律には、この目的を達成するための手段として、年齢制限、親権者の制止義務、コンビニなどで販売する場合の年齢確認、場合によっては親や販売者を処罰することなどが規定されているのです。

### 飲酒禁止年齢を20歳にすることに意味はあるの？[2]

　帰国子女の方や海外の情報に詳しい方は特にこのような疑問を持つかもしれません。ビールのようなアルコール度数の低いものであれば16歳から飲酒を認める国もありますし（欧州に多い）、19歳や21歳を区切りにしている国もあります（たとえば、前者はカナダ、後者はチリ）。

　また、「大人でもビール1杯で真っ赤になってそのまま駅のホームで酔いつぶれている人見かけたことあるよ！だから年齢制限じゃなくお酒に耐性を持つ体になった時に飲酒許可証を発行すればいいんじゃない」なんて意見もあるかもしれません。

　確かに、20歳に一律制限するのではなく、たとえば一人ひとりの飲酒耐性チェックを健康診断などで行うという方法もあるかもしれません。そうすれば、お酒が生きがいの10歳で耐性ができあがっている子は若くして幸福追求することができるわけです。でもちょっと待ってください！ なにか問題ないでしょうか。お酒に関心があるけど耐性がないと判断された50代の人はどうなるのでしょうか。ま

た、飲酒耐性チェックを健康診断に導入するとして、これってどのくらいの税金を使うのでしょうか。

そう考えると、20歳という区切りに必ずしも根拠があるわけではありませんが[*3]、上記のような理由と関連して、医学的におおよそ心身ができあがってくる20歳くらいを根拠にするというのもあながち間違いではないのです。

さて、応用問題です。

> ＼ここも／
> CHECK
> ＊3　実際、帝国議会に根本正議員が当該法案を提出し最終的に可決するまで23年かかったが、25歳以上という提案もあった。

―考えてみよう―
喫煙はなぜ規制される？

上記の未成年者飲酒禁止法の解説内容もふまえながら、この問いについて調べ考察してください。ヒントとなるキーワードは、未成年者喫煙禁止法、健康増進法、各自治体で制定されている路上喫煙を禁止する条例、たばこの規制に関する世界保健機関枠組条約などがあります。

【引用・参考文献】
1）　元森絵里子「フィクションとしての「未成年」：未成年者飲酒禁止法制定過程に見る子ども／大人区分の複層性」『明治学院大学社会学・社会福祉学研究』138、2012年、pp.19－67
2）　東大大村ゼミ（大村敦志監修）『ロースクール生と学ぶ法ってどんなもの？』岩波新書2009年

# 第7章 子どもの人権とは？

関連するのは
児童の権利条約

ここでは、読者が経験した子ども時代とかかわる法を学びます。

前章で未成年者飲酒禁止法を通じて成年と未成年の狭間を検討してきました。本節では未成年者（子ども）がかかわる法についていくつか考えていきたいと思います[1]。そのためにも以下の質問を考える必要があります。

〈キーワード〉
■ 意見表明権
■ 最善の利益
■ 児童虐待

子どもってどういう存在ですか？

さんざんっぱら、"子ども"だの"未成年者"とこれらの言葉を使用してきましたが、改めて考えてみましょう。

従来"子ども"というと「親」や「教員」など大人の言うことに黙って従う存在と考えられてきました。要するに、「人生の先輩である大人の言うことに間違いはないんだ、だから大人に守ってもらいなさい」という**パターナリズム**の考え方です。しかし、本当にそうでしょうか。たとえば、日本国憲法には、人は生まれながらにして皆平等という人権の考え方が示されていますし、大人にも失敗ばかりしている人や犯罪に手を染めている人もいます。教育学界を始め欧米の国々では1960、70年代にどちらの考えが正しいのか議論が盛んに行われたといわれます。

それでは、どっちの考え方が正しいのでしょうか？

この点、1989（平成元）年11月20日に国連総会で採択され1990（平成2）年9月2日効力を発生した**児童の権利条約**[*1]はどちらの考え方も正しいとしながら、第三の方向性を示してくれています（日本は1994［平成6］年批准）。要するに、子どもは発達過程にある存在と位置づけ、大人に発達していくに従って、保護の領域が狭くなり、彼らの意見表明や行動の自由などの領域が広がるという考え方です。確かに赤ちゃんの段階では「ハイ、チャン、バブー」くらいは言えるにしても親と綿密なコミュニケーションをとるのはなかなかむずかしいですし、食糧を自分で確保したりトイレに行くことだって困難です。なので、「保護」してもらうことは大事なことです。逆に、子どももいろいろな人々や環境にかかわることによって、いろいろ考えるようになります。大人から見れば、「幼いな～」と思うかもしれませんが、彼らの発達に応じて獲得してきた考え方なのです。なので、

√ここも／
CHECK

*1 外務省訳は、児童の権利条約という名称訳になっているが、これでは小さな子どもを対象にする条約と読み違えてしまうという批判が多々あった。条約にいう"child"は18歳未満の者を指すため、「子どもの権利条約」と訳す者もかなりいる。

年を重ねれば重ねるだけ、彼らの意見表明が大事にされるべきなのも当然です。

ちなみに、図表7-1は児童の権利条約のおおまかな権利一覧図です。⑤の部分に保護の権利と人の権利が示されているので参照してみてください。

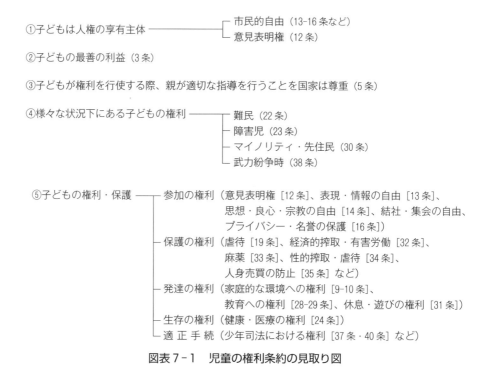

図表7-1　児童の権利条約の見取り図

この権利条約に示される諸権利のなかでも特に重要と考えられるのが、"意見表明権"と"最善の利益"というキーワードです。そこで質問！

 **小中学校時代の校則は誰が作ってましたか？**

「生徒会と教員の代表が作っていたな〜」なんて思い出す人もいれば、「校則案を募る目安箱みたいなのが置かれてたな」とか「クラスごとに意見をまとめたっけ」なんて例もあるかもしれません。「でもこれが何の関係があるの」と思ったそこのあなた！　大ありなのです。

この話につなげるために先の2つのキーワードについて考えてみましょう。**意見表明権**とは、「子どもにも意見があるんだから自分に影響を与える事柄については自由に自己の見解を表明させてよ！」というもので、**最善の利益**とは「親とか大人はとにかく子どもにかかわる問題については、大人や社会全体の利益とか財政的限界を優先するのではなくて、まず子どもにとってなにが最も利益であるのかを考えて決定すべきである」というものです。わかりにくかったですか？

校則にはどのようなものがありましたか？

一つ身近な例をあげましょう。「中学生のカスミちゃんのお父さんは彼女の将来を思って、彼女に相談せず毎日家庭教師をつけることを決めました。結果、カスミちゃんは友達とも遊べず学校から戻ったら夜9時まで勉強三昧です」。

これは、お父さんが子どものことを思って行っているのですが、カスミちゃんの意見は反映されていません。要するに、「保護」の考え方なのです。では、児童の権利条約の考え方はどうでしょう。第一段階としては、とにかくカスミちゃんの意見を聞いてみるというのが大事です（意見表明権）。第二段階としては、その意見表明に対してお父さんがカスミちゃんの言うことに一理あるのか否か判断しよりよい道を2人で探るというものです（最善の利益）。

 「でもこれって子どもをわがままにするんじゃないの」という意見もあります。みなさんはどう思います？

よく誤解されるのですが、意見表明権の考え方はなんでもかんでも子どもの言いなりになるということではありません。たとえば、中学受験を控えているセイヤくんが「受験がんばりたいから麻薬買ってよ！」と意見表明したとします（過激な例えに見えたらすみません[汗]）。無論、これは認めるわけにはいかないから、昔であれば子どもの顔面をはたいて「何いってんだ！」で終わった親もいたかもしれません。要するに、子どもに体罰を与え大人側の意見を聞かせるというケースがあったようです（これらは保護の行き過ぎた事例ともいえます）。しかし、最善の利益の考え方を導入すると、どうでしょう。親は子どもの人生を考えたうえで麻薬がだめなことを説明する責任がでてきます。たとえば、「確かにセイヤの言う通り麻薬を使うと1週間眠らなくても目がばっちり冴えるらしいから勉強は進むかもしれないね。でも、麻薬には依存性があるし、若い時に使えば使うほど廃人になるリスクも高くなるんだよ。中学受験は成功するかもしれないけど、その後の人生はなにも残らなくなっちゃうよ」とこんな感じでしょうか。

まず子どもの意見を聞いたうえで、親、場合によっては学校の先生なども交えて、対話を通じて子どもにとってなにが一番大切か探していく。これが大事なのです。

 それでは、児童の権利条約はどのような問題や事例を意識して作られたのでしょうか？ 図表7-1を見ながらイメージしてみてください。

最近、南スーダンに派遣されていた自衛隊が日本に戻ってきたことがメディアに大きく取り上げられました。この南スーダンはアフリカ中央部にありスーダンから独立した現在最も新しい国家です[*2]。この地域も含むアフリカ中央部で今

**POINT**
*2 2011年7月9日、独立（アフリカ大陸で54番目の国）。しかし、2013年12月以降政府軍と反政府勢力の武力衝突が続いている。

第Ⅱ編　おとなへのステップ

問題になっているのはテロ組織の存在で、この組織は子どもたちを誘拐し兵士として育てるというものです。**子ども兵士**となった彼らの最初の任務が身内や友人がいる出身地の襲撃である場合もあります。これは戦闘への抵抗感をなくす意図があるようですが、薬物使用でコントロールさせられた場合もあるようで、結果、自分の命の大切さすら知らない子ども兵士が誕生し、自爆テロや弾除けなどに利用されていくのです。

ほかにも、ストリートチルドレン＊3、児童労働、子どもの人身売買、児童虐待、薬物乱用なども事例としてあげられます。このような問題が現在も世界中では存在しているため、条約実施監視措置として**子どもの権利委員会**は定期的に締約国報告を検討し勧告手続きを行っているのです。また、当該条約に関連して、「武力紛争への子どもの関与に関する子どもの権利条約選択議定書」（2002［平成14］年発効、2004［平成16］年日本批准）、「子どもの売買、子どもの買春及び子どもポルノに関する子どもの権利条約選択議定書」（2002［平成14］年発効、2005［平成17］年批准）、「通報手続きに関する選択議定書」（2014［平成26］年発効）などが存在することも知っておくとよいでしょう[2]。

> **用語解説**
> ＊3　ストリートチルドレン
> 　貧困や育児放棄など家庭環境により路上で仕事をしたり生活をしている子どものことを指す。路上には子どもにとって有害であるドラッグ、性的搾取、暴力などの危険もたくさん潜んでいる。

**Q6**　日本では上記のような問題も含め、子どもの権利侵害の事例があるのでしょうか？

「日本は他の国と違って幸せな国だからこんな問題起きないよ！」なんて意見もあるかもしれません。日本が児童の権利条約を批准したのが1994（平成6）年4月で世界で158番目でしたし、日本政府は批准に際し、「国内法の改正は必要ではなく、特別の予算措置も要らない」との態度も表明したこともあるので、みなさんがそう思うのも仕方がないかもしれません（現在締約国196。アメリカは未締約国）。でもはたしてそうでしょうか。たとえば、いじめにより後を絶たない被害者の事例（自殺や傷害致死など）、親の虐待から逃れた中学生が児童相談所に保護された事例、婚外子差別＊4、不法滞在の結果親だけ強制送還され子どもは日本に残された事例……。

＊4　第9章第1節Q3（p.107）を参照。

ここでは、児童虐待を例にとってみましょう。

**Q7**　虐待って具体的にどんなものが浮かびますか？

真っ先に浮かぶみなさんのイメージは、親が子どもに暴力をふるうというものではないでしょうか。実は……これだけではないのです。**児童虐待防止法**は、児童（18歳未満の者）に対する虐待として、身体的虐待以外に、性的虐待、ネグレクト、心理的虐待も位置づけています（2条）。厚生労働省「児童虐待の定義と現

状」によれば、**身体的虐待**とは「殴る、蹴る、投げ落とす、激しく揺さぶる、やけどを負わせる、溺れさせる、首を絞める、縄などにより一室に拘束するなど」、**性的虐待**が「子どもへの性的行為、性的行為を見せる、性器を触る又は触らせる、ポルノグラフィの被写体にするなど」、**ネグレクト**が「家に閉じ込める、食事を与えない、ひどく不潔にする、自動車の中に放置する、重い病気になっても病院に連れて行かないなど」、**心理的虐待**が「言葉による脅し、無視、きょうだい間での差別的扱い、子どもの目の前で家族に対して暴力をふるう（ドメスティック・バイオレンス：DV）など」を指すとのことです[3]。

上記の定義をみてびっくりする人もいるかもしれませんが、このような悲しい性的虐待の事例は昔から存在しましたし[*5]、2016（平成28）年3月には、過去に母親の育児放棄により児童相談所が乳児を一時保護した経緯なども考慮し、九州の家庭裁判所が親権喪失の決定をしたというものもあります[*6]。

先の厚生労働省の資料によれば、全国の児童相談所での児童虐待に関する相談対応件数は、2012（平成24）年度が66,701件で1999（平成11）年度の5.7倍となっています（2015［平成27］年は過去最多の103,260件で25年連続の最多更新[*7]）。その内訳は、身体的虐待23,579件（35.3％）、ネグレクト19,250件（28.9％）、性的虐待1,449件（2.2％）、心理的虐待（33.6％）で、虐待を受けるのは小学生以下の子ども（52,496件［78.7％］）が圧倒的に多く、実父母から受ける割合が多いのです（57,535件［86.3％］。うち、実母が38,224件）。

**Q8** このような事例を一つでも少なくするにはどうしたらよいでしょうか？

「義務教育の段階で児童の権利条約をしっかり教えるべき」や「親になった場合、その親に対し国や自治体が子育ての教育指導をすべき」、場合によっては「虐待しそうな人は結婚すべきではない」なんて意見も出るかもしれません。

この点、児童虐待防止法は、児童虐待を発見しやすい立場にある学校、児童福祉施設、病院やその他の関係者は児童虐待の早期発見に努めなければならないとし（5条）、虐待を受けたと思われる児童を発見した者は、通告義務があります（6条。ちなみに、通告者名はふせられます［7条］）。通告後、児童相談所長は安全確認を行い（8条。児童相談所運営指針によれば、原則48時間以内としている）[*8]、場合によっては、立入調査を行ったり、原則親の同意を得て子を親から一時的に分離して保護することもあります（児童福祉法33条）。子の生命や身体、成長を保障することができないような場合は、親の同意なくとも、子どもを施設に入所させることも可能ですし（児童福祉法27条1項3号・28条1項1号）、最悪の場合には、親権剥奪も可能となっています。

年々児童虐待の件数も増加していることもあって、児童福祉法やその指針が現

> **ここも CHECK**
> [*5] たとえば、1973（昭和48）年の尊属罰重罰規定違憲判決事件は長年父親に性的虐待を受けた実の娘が結婚したい相手がいることを父親に伝えたが許してもらえず殺害に至ったというもの。

> [*6] 2016年6月8日付東京新聞朝刊26頁。なお、親権について、詳しくは、第9章（p.115）を参照。

> [*7] 2016年8月15日付福祉新聞2頁。

> **ここも CHECK**
> [*8] この48時間ルール、当時児童虐待死亡数が全国ワースト1であった埼玉県が1999年5月に誕生させた埼玉ルールが元になり後に全国の指針になったという経緯がある。この舞台裏エピソードについては、小宮純一「あとがき②」夾竹桃ジン『ちいさいひと1巻』小学館、2011年、pp.165-166に詳しい。

第Ⅱ編　おとなへのステップ

*9　2011年10月22日付東京新聞朝刊5頁。法務省のURLは、http://www.moj.go.jp。

在再検討され部分改正されている最中ですが、子どもの人権侵害に対応する仕組みの一つとして、法務省が2006（平成18）年度から始めた「子どもの人権SOSミニレター」というものがあります。子どもたちがいじめなどの悩みを手紙で相談できるもので（各都道府県の法務局が返信先）、相談がきっかけとなって親の虐待から子どもを救済したという例もあるのは覚えておいたほうがよいでしょう*9。

---

**考えてみよう**

最後に図表7-2に取り上げられている法令がどのような目的で年齢区分をしているのか、児童の権利条約や他章の内容もふまえ、調べて検討してみてください（本章で既出の法令は省略）。

---

図表7-2　主要法令における子どもの年齢区分

| 法律の名称・条文 | 呼称と年齢区分 |
| --- | --- |
| 競馬法28条 | 馬券購入者（20歳未満の者） |
| 風俗営業等の規制及び業務の適正化等に関する法律22条 | 客としてパチンコができない者（18歳未満の者） |
| スポーツ振興投票法9条 | サッカーくじ購入等禁止者（19歳未満の者） |
| 刑法41条 | 刑事責任年齢（満14歳） |
| 少年法1条 | 少年（20歳未満の者） |
| 児童福祉法4条 | 児童（18歳未満の者） |
| 労働基準法56条 | 年少者（18歳未満の者）、児童（15歳に達した日以後の最初の3月31日が終了するまでの者） |
| 児童買春、児童ポルノに係る行為等の処罰及び児童の保護等に関する法律2条 | 児童（18歳未満の者） |
| インターネット異性紹介事業を利用して児童を誘引する行為の規制等に関する法律2条 | 児童（18歳未満の者） |
| 青少年が安全に安心してインターネットを利用できる環境の整備等に関する法律2条 | 青少年（18歳未満の者） |

【引用・参考文献】
1）丹羽徹編『子どもと法』法律文化社　2016年
2）外務省ホームページ（http://www.mofa.go.jp/mofaj/gaiko/jido/index.html）
3）厚生労働省ホームページ（http://www.mhlw.go.jp/seisakunitsuite/bunya/kodomo/kodomo_kosodate/dv/about.html）

**専門機関ガイド**

## 児童相談所

　みなさんは、夾竹桃ジン（シナリオ・水野光博／取材企画協力・小宮純一）の『ちいさいひと－青葉児童相談所物語』（小学館、1－6巻（2011-2013）、現在、続編『新・ちいさいひと』がスタート）というマンガを知っていますか。この物語の主人公・相川健太は市内の児童相談所（以下、「児相」といいます）で働く児童福祉司です。この作品では、おっちょこちょいだけど人なつっこい健太が、性的虐待、ネグレクト、被災地で起きた虐待、家族の再統合などさまざまな虐待事件と向き合い、虐待を受けた子どもだけでなく、虐待をしてしまった親に対してもケアできるように日々奔走していく姿が描かれています（実はそんな彼にもトラウマの過去が…）。

　この作品は虐待事件を中心に扱っているのですが、児相は18歳未満の子どもについてのあらゆる相談を受け付けます。具体的には、保護者の死亡等による養育困難、虐待や養子縁組など養護に関する相談、未熟児や疾患などの保健に関する相談、障害に関する相談、非行相談、家庭内のしつけや不登校など育成に関する相談など。また、相談だけでなく、必要に応じて子どもの一時保護や措置（在宅指導、児童福祉施設入所措置、里親委託など）も行います。

　なぜならば、2015（平成27）年4月1日現在、全国208か所に設置される行政機関である児相は「市町村と適切な役割分担・連携を図りつつ、子どもに関する家庭その他からの相談に応じ、子どもが有する問題又は子どもの真のニーズ、子どもの置かれた環境の状況等を的確に捉え、個々の子どもや家庭に最も効果的な援助を行い、もって子どもの福祉を図るとともに、その権利を擁護することを主たる目的」として行動しているからです（厚生労働省児童相談所運営指針）。

　これらの業務を行うため、所長、児童福祉司、児童心理司、相談員、精神科医などが児相に配置されていますが、規模によっては、小児科医、保健師、理学療法士なども置かれている所もあります。この中で、児童福祉司は子どもや保護者等に対し、子どもの福祉に関する相談に応じたり、必要な調査や社会診断を行ったり、必要な支援・指導、関係調整を行う役割を与えられています。

　また、必要に応じて児相に付設され、虐待、置き去り、非行などの理由から子どもを一時的に保護する一時保護所もあります（全国に135か所［2015（平成27）年4月1日現在］。児童福祉法12条の4）。

　最後に、「隣家で子どもの異常な泣き声がしている！虐待か？」など虐待と疑われる事例があった場合、児童相談所に通告・相談できる全国共通ダイヤル「☎１８９」（いちはやく）があるので覚えておくとよいでしょう！このダイヤルはかけた人の近くの児童相談所につながる仕組みになっていますし、通告・相談者（匿名可能）やその内容に関する秘密は守られることになっています。

# 第Ⅲ編　社会人の世界

第8章　はじめての就職
第9章　理想の結婚と離婚の現実
第10章　ライフスタイルの選択──出産と子育て
第11章　お金にまつわる問題
第12章　人生の落とし穴？

# 第8章 はじめての就職

関連するのは
労働法

ここでは、働くときに知っておきたい基本的なルールを学びます。

〈キーワード〉
- 労働契約
- ブラック企業
- パワハラ

## 1 ── 正社員って、そもそもなに？

みなさんの多くは、学校を卒業したら就職しようと考えていますよね。就職活動や内定をめぐるトラブルに、どのように対応すべきか考えてみましょう。

 **学校を卒業したら、就職しようと考えていますか？**

一般に、学校を卒業して就職するという場合には、どこかの会社で正社員になることをイメージすることが多いでしょう。その際には、就職活動のために情報を集めて、エントリーシートを書いたり、面接試験を受けたり、いろいろと大変そうですね。アルバイトだと簡単に採用されるように思いますが、正社員への就職プロセスにはたくさんハードルがあります（入口の違い）。

実は、会社に就職するということは、法律上は、自分（労働者）と会社（使用者）が、労働契約を結ぶという意味になるのです。そして、労働契約を結ぶという点においては、学生時代のアルバイトや派遣やパートタイムで働く人も、正社員とまったく同じです。ただ、正社員の場合には、長期的に会社を支えていく人材として、定年まで働いてもらうことを期待する**期間の定めのない労働契約**を締結することがほとんどです[*1]。新卒者も正社員になったら一つの会社で定年まで勤め続けることもできるのかなとの期待もあるでしょう（出口の違い）。しかし、新卒者の多くがそのような労働契約を結ぶ慣行がみられるだけで、法律上の規制によるものではありません。ほかにも違いはありますので、いろいろな働き方について、いくつかのポイントを確認してみましょう。

**POINT**
*1 大企業では少ないが、定年がない会社もある。定年制については、第14章注1（p.165）を参照。

 **内定をもらったときから正社員なのですか？**

新卒者の就職のプロセスのなかで、とても重要なのが**採用内定**です。一般には内定が成立した時点で**労働契約**が成立すると理解されていますから、内定をもらった時点で就職が決まったといえるのです。法的には、実際には働き始めていないけれども、正式な契約を結んだ状態なのです。

そこで問題となるのが、内定成立後に会社から命じられる研修や課題提出などです。内定先の会社から何度も研修に呼び出されたり、たくさんの課題に追われたりすると、学校での勉強がおろそかになり、卒業できなくなるかもしれません。この点、最近の裁判例では、「**効力始期付**[*2]の内定における入社日前の研修等は、あくまで使用者からの要請に対する内定者の任意の同意に基づいて実施されるもの」と判断したものがあります[*3]。つまり、内定をもらったときから正社員としての労働契約は結んでいるけれど、契約の効力（働く義務、賃金[*4]を払う義務）はストップしているのだと理解しましょう。

> **用語解説**
> *2 効力始期付
> 法律の効力が、すぐには発生せず、ある時期に効力が発生すること。
>
> *3 宣伝会議事件
> （東京地判平成17年1月28日労判890号5頁）。
>
> **用語解説**
> *4 賃金
> いわゆる給料やアルバイト代のことで、法律上は賃金と呼ぶ。
>
> *5 2008年度に、全国のハローワークに報告があった事例だけでも427社2,083人がいた。
>
> *6 大日本印刷事件（最判昭和54年7月20日民集33巻5号582頁）。
>
> *7 詳しくは第13章（p.156〜）を参照。

**内定取消しや内定辞退ということもあるようですが……？**

かつて景気が急速に後退した際、不動産業や製造業を中心に内定取消しが多発したことがあります[*5]。すでにみたように、内定のときに労働契約は成立しているわけですから、会社側の一方的な都合だけで内定を取り消すことは認められません[*6]。本当に経営が厳しくて採用できないのであれば、すでに働いている正社員を解雇する場合と同様の基準を用いて内定取消しをしなければなりません。会社側から契約を解除するには、きちんとした理由が必要なのです[*7]。

一方で、内定辞退は、労働者からの契約の解除である辞職と同様に、労働法令による規制はありません（民法627条が適用されます）。つまり、労働者（応募者）側としては、いつでも、理由がなくても、2週間の予告期間により、労働契約は解除できるのです。この際に、会社の承諾を条件とすることは、労働者の基本的な権利を侵害することになるので、許されません。もっとも、自分が所属する学校への影響もあるので、最低限の礼節とマナーは守ってほしいところです。

> ◆民法627条◆
> 当事者が雇用の期間を定めなかったときは、各当事者は、いつでも解約の申入れをすることができる。この場合において、雇用は、解約の申入れの日から2週間を経過することによって終了する。

## 2 ── アルバイトや派遣社員は、正社員となにが違う？

労働契約を結んでいるという点では、どの労働者もまったく同じです。しかし、正社員と非正規労働者（アルバイト、パート、派遣社員など）とでは、賃金などの労働条件に大きな格差があります。なぜなのでしょうか。

**アルバイトと正社員は、なにが違うのですか？**

期間の定めのない労働契約が正社員の特徴のひとつでしたが、アルバイトと呼ばれる働き方は**有期労働契約**といって、期間の定めがある場合がほとんどです。もっとも、労働契約を結ぶ際に、期間を定めるか否かは当事者の自由なので、な

かには期間の定めのない労働契約を結んでいるアルバイトもいるでしょう。ですから、正社員かアルバイトかという区別は、法律上は存在しないのです。ここでは、多くのアルバイトが該当する有期労働契約のルールについてみてみましょう。

まず、期間を定める場合は、使用者だけでなく、労働者も契約上の拘束を受けるため、労働契約の期間中は自由に解約できません（民法628条。労働契約法17条1項も参照）。そこで、長期契約による人身の拘束から生じる弊害を防ぐために、労働基準法は有期労働契約について期間の上限を定めています。**上限期間の原則は3年**で、それ以上の期間を定めるには特別な理由や条件がある場合に限ります（労働基準法14条1項）。他方で、労働契約の下限期間は決められていません。でも、たとえば1年間働く予定のアルバイトなのに、1週間ごとの有期労働契約を繰り返し更新していると、1週間ごとに次は更新されるかどうか不安になりますよね。そこで、使用者に対し、有期労働契約により労働者を使用する目的に照らして、必要以上に短い期間を設定し、その契約を反復更新しないよう配慮することが求められます（労働契約法17条2項）。

### Q2 アルバイトのためのルールは、ほかにもありますか？

そして、有期労働契約で重要なのが、特定の場合は、労働者の申込みにより期間の定めのない労働契約に転換したり、期間の定めのない労働契約と同じように扱われたりすることです。

ひとつ目の重要なルールは、**雇止め法理**とよばれるものです。一般には、有期労働契約は、期間の満了によって終了してしまいます。ところが、①反復更新されたことにより、その雇止めが期間の定めのない労働契約の解雇と社会通念上同視できると認められるもの、②労働者において、有期労働契約の契約期間の満了時にその有期労働契約が更新されるものと期待することについて合理的な理由があると認められるもの、のいずれかに該当する場合、使用者による有期労働契約の更新拒絶（**雇止め**）は認められないことがあります（労働契約法19条）。すなわち、何度も繰り返して更新した結果、期間の定めのない労働契約と同じ状態になった場合（①）、労働者に繰り返して更新されるのではないかと期待させるような言動*8が使用者にあった場合（②）などは、会社は契約終了だから辞めるように言えないということです。

もうひとつ、さらに強力な**無期転換ルール**が、2013（平成25）年から新たにスタートしました。同一の使用者との間で締結された2以上の有期労働契約の通算契約期間が5年を超えた場合、当該労働者は、期間の定めのない労働契約の締結を申し込む権利（**無期転換申込権**）が与えられるというもので、使用者側はこれを拒否することはできません（労働契約法18条、図表8-1）。ただし、**クーリング期間**

*8 「形の上では半年の契約だけど、何年でも長く働いて欲しい」という発言など。

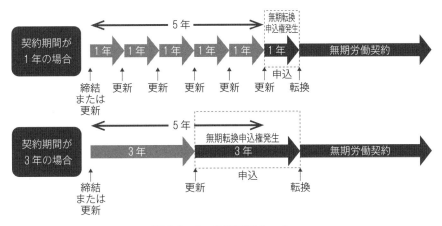

**図表 8-1　無期転換ルール**

注) 平成25年4月1日以降に開始する有期労働契約が対象です
出典：厚生労働省：無期転換ポータルより

といって、6か月以上の「契約がない期間（空白期間）」が設けられていれば、その期間より前の契約期間は通算されず、リセットされてしまいます（労働契約法18条2項）。また、誤解されがちなのですが、無期契約に転換したとしても、契約期間以外のところは自動的には変更されません。たとえば、時給1,200円のアルバイトが無期契約になったとしても、いきなり月給30万円の正社員と同じ賃金になったりはしません。もともと無期労働契約のアルバイトもいるという冒頭の話を思い出してください。

 **アルバイトで正社員と同じ仕事をしているのに、賃金が違うのは不公平じゃないですか？**

　有期労働契約か無期労働契約かという違いは、法律上は、契約終了にかかわるルール以外に違いはないと説明しましたが、それ以外のところで大きな差異が生じてもよいのでしょうか。現実をみると、有期契約労働者の場合、無期労働契約の労働者よりも労働条件が低くなっていることが多いでしょう。まったく違う仕事をしていれば問題は少ないのでしょうが、たとえば、どちらもチェーン店で店長業務を担当しているような場合には、「同じ店長の仕事をしているのに、どうしてアルバイト（有期労働契約）というだけで賃金が極端に低いんだろう」と不満に思ってしまいますね。

　そこで、同じ仕事をしていながら、有期労働契約という理由だけで不合理な労働条件を定めることは禁止されています。同じ仕事かどうかは、①職務の内容（業務の内容および当該業務の責任の程度）、②当該職務の内容および配置の変更の範囲、③その他の事情を考慮します。不合理な格差が禁止される労働条件は、賃金

アルバイトでも正社員でも働くうえでのルールを知っておきましょう！

はもとより、通勤手当や食堂利用なども含まれます。これら各々の条件について、①〜③を考慮して特段の理由がなければ合理的でないと解されるのです。このルールも2013（平成25）年4月から施行されたのですが、新聞などで取り上げられることも増え[*9]、複数の訴訟が提起されています。

*9 「正社員との待遇差　なぜ」朝日新聞2016年10月12日7頁など。

 **パートと正社員は、なにが違うのですか？**

アルバイトの多くが有期労働契約だといいましたが、同時に**パートタイム労働者**に該当する場合がほとんどです。「短時間労働者の雇用管理の改善等に関する法律」（パート労働法）2条によれば、パートタイム労働者とは、通常の労働者（フルタイムの正社員）に比べて短い労働者と定義しています。よって、学生アルバイトの多くは、パートタイム労働者でしょうし、そもそもフルタイムで働くと学業との両立が容易ではないはずです。同様に、仕事と家庭生活との両立（**ワークライフバランス**）[*10]を重視する人も、パートタイムという働きかたを選ぶでしょうし、正社員が一時的にパートタイム労働へ変更することもあります。

*10 ワークライフバランスについて、詳しくは、第10章（p.124）を参照。

わざわざ特別な法律が作られているのは、パートタイム労働の場合、労働条件が曖昧にされがちで、労働者が働き始めてから不利な側面に気がつくことが多かったからです。そこで、会社がパートタイム労働者を雇うときは、もともと書面による明示を義務づけられている事項のほかに、昇給・退職手当・賞与の有無などの特定事項を文書の交付その他の方法で明示しなければなりません（パート労働法6条）。

パート労働者についても、パートだからという理由で、労働条件が低くなる実態がみられます。そこで、正社員と同じ仕事、同じ責任を負っている場合には、パートタイム労働者に対する**労働条件の差別**が禁止されます（パート労働法9条）。また、たとえ責任などが異なっても、不合理な労働条件を定めることは禁止され（パート労働法8条）、特に賃金については正社員との均衡を考慮しつつ決定するように努めるなど（パート労働法10条）、両者間の**均衡処遇**の努力義務が課されています。そして、福利厚生のうち、給食施設、休憩室、更衣室については、すべてのパートタイム労働者に利用機会を与えるように配慮しなければなりません（パート労働法12条）。食堂の利用は正社員だけという慣習は、そろそろ見直さないといけませんね。

 **本当はフルタイムで働きたいけれども、仕方なくパートタイムで働いているという人もいますよね？**

会社はフルタイム労働者への**転換推進**について、①正社員を募集する際のパー

トタイム労働者への周知、②正社員の新規配置の際のパートタイム労働者への希望聴取、③正社員への転換のための試験制度等のうち、いずれかを講じなければなりません（パート労働法13条）。

　これらの規定は、パートタイム労働者の定義に合致さえすれば、アルバイトと呼ばれる労働者にも重ねて適用されます。裏を返せば、いくら職場で「パートさん」などとよばれていても、正社員と同じ時間働いている場合には、形式上はこの法律によって保護されないことになります（**疑似パート**の問題とよばれます）。法律には**類推適用**\*11というテクニックもありますが、どのような解決策があるか考えてみましょう。

> **用語解説**
> \*11　類推適用
> 　法の解釈のテクニックの一つで、ある規定を、他の類似した事項に当てはめて適用すること。

**Q6**　派遣社員の働き方は、どこが違うのですか？

　派遣労働については、いわゆる**労働者派遣法**、「労働者派遣事業の適正な運営の確保及び派遣労働者の保護等に関する法律」による規制があります。他の働き方と決定的に異なるのは、図表8-2のような三者間の関係になることです。派遣労働にも、有期労働契約と無期労働契約があります。

　派遣労働者が契約を結んでいるのは、実際に働いている先（派遣先）ではなく、**派遣元事業主**\*12（派遣会社）になります。派遣元と労働者との**労働契約**は、たとえ労働者が派遣で働いていないときにも常に成立していて、仕事がないときは休業状態になっています。これに対して、派遣先と労働者との関係は、**指揮命令関係**のみ存在しています。それでも、ハラスメントを防止したりなどの義務は、当然ながら派遣先も負担します。

　このように複雑な関係となることもあり、法律ができた1985（昭和60）年当初は、限られた専門的な仕事にだけ派遣が認められていました。時代とともに、派遣が

> **用語解説**
> \*12　派遣元事業主
> 　この「事業主」は法人そのものを指しており、「使用者」よりも狭い意味で用いられる。

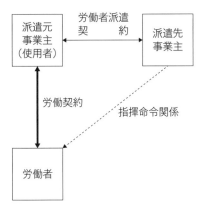

図表8-2　派遣労働関係

出典：筆者作成

認められる範囲が大きく拡大し、現在では港湾運送業務、建設業務、警備業務および政令で定める業務（医師、歯科医師、薬剤師、看護師等の業務）を除く、すべての仕事を派遣労働で行うことができるようになりました。また、マスメディアでは「一生派遣につながる」との反対論が報道されましたが、2015（平成27）年の派遣法改正によって長期的な仕事を派遣に任せられる範囲が拡大され[*13]、その一方で労働者は必ず入れ替える必要があるなど、派遣労働のルールはいっそう複雑になりました。

POINT
*13　期間は3年単位だが、期間延長が可能。

派遣労働者の保護のための規制として、有期雇用の派遣労働者に対しては**雇用安定措置**（派遣30条）を講じることが求められます。雇用する有期雇用派遣労働者のうち1年以上派遣する見込みの者については、①派遣先への直接雇用依頼、②新たな派遣先の提供、③派遣元での無期雇用などについて努力義務を課せられ、3年以上派遣する見込みのある場合についてはこれらの事項につき法的義務が課せられます。そして、これまでみたような**均衡処遇**は、派遣労働者にも適用され、派遣だからという理由で賃金を極端に下げないよう配慮する必要があります。

# 3 ── 「ブラック企業かも……」と思ったら？

ブラック企業という言葉を広めたNPO法人「POSSE」代表理事の今野晴貴氏は「違法な労働条件で若者を働かせる企業」をブラック企業と定義し、異常な長時間労働やハラスメントの実態を告発しました[*14]。ブラック企業にはどのような法的問題があるのか、いくつかの典型的な例をみてみましょう。

*14　今野晴貴『ブラック企業』文芸春秋、2013年を参照。

Q1　会社員の兄がいつも終電で帰宅し、朝も早くから出勤しています。休みの日もまったくないので、母が心配しているのですが……？

ブラック企業の典型例が、常軌を逸した長時間労働です。とにかく仕事が終わるまで無制限の残業をさせ、しかも残業代は払われない、あるいは払われても一部だけという実態がみられます。

労働基準法32条で働く時間の原則である**法定労働時間**（週40時間・1日8時間と定めている）が定められていて、これを超える**時間外労働**のことを俗に残業とよんでいます。正社員の場合は、たいてい法定労働時間いっぱいまで働く労働契約を結んでいるので、決められた終業時刻を超えた瞬間に時間外労働に突入することが多いのです。

それでは、会社から時間外労働を命じられた場合、必ず時間外労働に応じなければならないのでしょうか。そもそも、会社が時間外労働を命じる場合には、36

（サブロク）協定という事業場協定を締結し、労働基準監督署に届出をしなければ、労働基準法に違反します（労働基準法36条1項）。そして、使用者が労働基準法に違反するか否かと、労働者に時間外労働を命じることができるか否かは別の問題なので、労働者との関係では、就業規則において、36協定の範囲内で一定の業務上の事由がある場合に時間外・休日労働を命じる旨を定めていて、その就業規則の規定の内容が合理的でなければなりません*15。これら複数の条件をクリアして初めて、残業しなければならなくなるのです。36協定・就業規則の規定に不備がある場合や、たんなる上司の気まぐれで、残業を命じることはできません。

> **CHECK**
> *15 就業規則の具体例：「業務の都合により、所定労働時間を超え労働させることがある。この場合、法定労働時間を超える労働については、あらかじめ会社は労働者の過半数代表者と書面による労使協定を締結するとともに、これを所轄の労働基準監督署長に届け出るものとする」。

  **残業代が支払われないのですが……？**

法定労働時間を超える*16時間外労働については、**割増賃金**が定められていて（労働基準法37条）、時間外労働の場合25％以上を割増した金額を支払わなければなりません。**深夜労働**（午後10時から午前5時まで）では、さらに25％が加算されます。ここで定額の割増賃金を支払うという契約の会社も一部にみられますが、どの部分が割増賃金に該当するかを明確に区分できなければなりませんし、実際に支払われるべき金額を下回るようであれば改めて清算する必要があります。即違法ではありませんが、不払いの温床になりやすいので、定額の割増賃金という方式は避けたいところです。

> **POINT**
> *16 法定労働時間内であれば、たとえ約束していた時間を超えたとしても、法律上、残業代を支払う義務はない。

  **土日祝日も仕事を強いられて、休みがないのですが……？**

異常な労働時間とともに、休みが取れないというのもブラック企業の特質です。これは大学の試験があるのに休ませてくれないとか、正月に実家に帰らせてくれないなど、学生のブラックバイトでも出てくる話です。

労働基準法のルールでは、毎週少なくとも1回の休日を与えなければならないと定めています（**週休1日制の原則**。労働基準法35条1項）。また、日曜日や「国民の祝日」を休日とすることは求められていません。そもそも、土日祝日にこそ働かなければならない仕事もあるでしょう。週休二日制が普及している現在では意外に思うかもしれませんが、労働基準法はあくまで最低基準であることを確認しておきましょう。

  **好きなときに休める、有休（年休）っていう制度ありますよね？**

アルバイトでもパートタイムでも、すべての労働者には年次有給休暇（**年休**）が認められています。雇い入れられた日から6か月間継続勤務し、全労働日の8

第Ⅲ編　社会人の世界

割以上出勤したときは、法所定の日数の年休が生じます（労働基準法39条1項）。フルタイムで働く正社員の場合は、0.5年（6か月）経過すると10日、1.5年で11日、2.5年で12日、1.5年で14日、4.5年で16日、5.5年で18日という具合に増えていき、6.5年以上では年間20日となります。パートタイム労働者の場合は、所定労働日数に応じて年休が付与されます（図表8-3）。年休の時効は2年なので、翌年度までは繰り越しができます。

年次有給休暇の権利は、労働者が上記の要件を充足することにより、法律上当然に権利として発生します。ですから、「うちの会社では、アルバイトに年休はないよ」という言葉は、完全に矛盾しています。そして、労働者の**時季指定権**によって、その休みたい日や期間に年休が成立します*17。ただし、会社側にも**時季変更権**という権利が認められています。たとえば、ケーキ屋さんで働いている労働者が12月24日という一番忙しい日に年休申請をした場合、会社側としては、「その日はさすがに止めて、別の日にしてくれ」ということができるのです。

また、**年休自由利用の原則**により、休暇をどのように利用するかは、使用者の干渉を許さない労働者の自由であるとされます。年休の理由は問われません。「休みたいから休む」でもよいのです。ゆえに、目的によって、年休を認めるか否かを決めることも許されません。

> **POINT**
> *17 時季という言葉は、誤字ではない。何月何日という指定が通常だろうが、夏にサーフィンをするから、特定の季節に4日間の年休が欲しいといった請求も可能であるため。

### 図表8-3　パートタイム労働者の年休日数

❶週所定労働日数が4日または1年間の所定日数が169日から216日

| 継続勤務年数 | 0.5 | 1.5 | 2.5 | 3.5 | 4.5 | 5.5 | 6.5以上 |
|---|---|---|---|---|---|---|---|
| 付与日数 | 7 | 8 | 9 | 10 | 12 | 13 | 15 |

❷週所定労働日数が3日または1年間の所定日数が121日から168日

| 継続勤務年数 | 0.5 | 1.5 | 2.5 | 3.5 | 4.5 | 5.5 | 6.5以上 |
|---|---|---|---|---|---|---|---|
| 付与日数 | 5 | 6 | 6 | 8 | 9 | 10 | 11 |

❸週所定労働日数が2日または1年間の所定日数が73日から120日

| 継続勤務年数 | 0.5 | 1.5 | 2.5 | 3.5 | 4.5 | 5.5 | 6.5以上 |
|---|---|---|---|---|---|---|---|
| 付与日数 | 3 | 4 | 4 | 5 | 6 | 6 | 7 |

❹週所定労働日数が1日または1年間の所定日数が48日から72日

| 継続勤務年数 | 0.5 | 1.5 | 2.5 | 3.5 | 4.5以上 |
|---|---|---|---|---|---|
| 付与日数 | 1 | 2 | 2 | 2 | 3 |

出典：厚生労働省『有給休暇ハンドブック』p.3
（http://mhlw.go.jp/new-info/kobetu/roudou/gyousei/kinrou/dl/040324-17a.pdf）

第8章 はじめての就職

> **Mini Column** 年休を取ろう
>
> 年休は、法律で認められた権利ですが、日本で働く労働者は、なかなか年休を取得しません。2015（平成27）年就労条件総合調査によれば、平均取得日数は8.8日、取得率は47.6%となっていて、国際的に最下位レベルです。不利益な取扱いをしないようにとの規定があるにもかかわらず[*18]、職場の雰囲気や上司の言動によって、取りづらいという実態が蔓延しています。有給休暇を申請した労働者に対して、上司である課長が「相当に心証が悪いけどいいの？」「こんなに休んで仕事がまわるなら、会社にとって必要のない人間じゃないの」などと発言したため、その労働者は年休申請を取り下げ、さらには通常と異なる業務を割り当てる嫌がらせまで受けた裁判例では、労働者に計120万円の慰謝料を認めています[*19]。最近では、働き方改革の一環として、有給取得を推進する方策も提言されています。年次有給休暇の趣旨は、労働から離れて「休む」ことにより、精神的・身体的にリフレッシュすることはもちろんですが、家庭生活や文化活動へのアクティブな「参加」を促進することにもあります。ワークライフバランスの実現という観点からも、年次有給休暇の法政策は見直しを迫られているのです。

*18 労働基準法附則136条。

*19 日能研関西ほか事件（大阪高判平成24年4月6日労判1055号28頁）。

**Q5** 仕事が遅れたため、上司から同僚の前で「無能。死ね！」などと罵倒されたのですが…？

大量に若手を採用して、パワー・ハラスメント（以下、「パワハラ」といいます）により大量に辞職に追い込むのも、ブラック企業の手口です。パワハラとは、上下関係といった指揮命令権[*20]のパワーを背景にして、本来の業務命令の範囲を超えて、継続的に人格を侵害する言動を行い、労働者の働く環境を悪化させ、あるいは雇用不安を与えることをいいます。指揮命令関係が前提となっているところが、職場のいじめとの違いですが、両者が同時に成立することもあるでしょう。

また、仕事を始めたばかりの若年層を中心に、職場におけるいじめも大きな問題となっています。行為者はもとより、会社も責任を負うという意味では、いじめも労働法の問題といえます。無理な飲酒の強要や暴力などのいじめを繰り返したことにより被害労働者を自殺に至らしめた事案では、加害者の責任は当然ながら認められましたが、会社（使用者）もいじめ行為を防止して労働者の生命および身体を危険から保護する**安全配慮義務**[*21]を負担しており、いじめを認識することが可能であったにもかかわらず、いじめを防止する措置をとらなかったとして、損害賠償請求が認められました[*22]。

**用語解説**

*20 指揮命令権
上司が部下に対して職務上の命令をする権利。

**用語解説**

*21 安全配慮義務
労働者が働いているときに事故に遭ったり、健康を害したりしないように、労働者の安全に配慮すべき使用者の義務。

*22 誠昇会北本共済病院事件（さいたま地判平成16年9月24日労判883号38頁）。より正確には、「自殺」の予見可能性はないとして、「いじめ」に対する責任を認めた。

第Ⅲ編　社会人の世界

> **Mini Column**　パワハラの具体例
>
> 　パワハラのタイプには、どのようなものがあるでしょうか？厚生労働省では、パワハラを、①身体的な攻撃（暴行など）、②精神的な攻撃（侮辱など）、③人間関係からの切り離し（仲間外し）、④過大な要求（無理な仕事の強制）、⑤過小な要求（程度の低い仕事を命じる）、⑥個の侵害（私的なことへの過度な干渉）という6つの類型に整理しています。裁判例では、上司からの「ぶっ殺すぞ」という内容の留守電について、労働者の人格的利益を侵害するものとして、不法行為に該当すると認めた例があります[23]。一方で、当該労働者に不正経理を行ったという責任があるとして、その是正のためにノルマ達成を求め、上司が叱責を行って自殺に追い込んだとして争われた裁判例では、会社に対する損害賠償請求が否定されました[24]。違法なパワハラの線引きが、なかなかむずかしいことを示しています。

[23] ザ・ウィンザーホテルズインターナショナル事件（東京高判平成25年2月27日 労判1072号5頁）。

[24] 前田道路事件（高松高判平成21年4月23日 労判990号134頁）。

　すぐに辞められると迷惑だから、今辞めるなら「損害賠償」を支払えと上司にいわれたのですが……？

　まず、たんに辞めるだけであれば、損害賠償は生じえません。最初にみたように、いつでも、理由がなくても、2週間の予告期間さえあれば、労働契約は解除できるからです。仮に、辞職によってなんらかの損害が生じたようにみえても、会社が立証を行うことは困難でしょう。

　次に、労働者に達成することが到底不可能な売上やノルマを課して、達成できなかった場合に損害賠償を求められたケースもあります。しかし、売上やノルマの未達成は、そもそも使用者が負担すべきリスクですから、これを労働者に押しつけるというのは逆ギレもいいところです。最近の裁判例でも、そのような場合には損害賠償は認められないとの結論が出ています[25]。つまり、仕事に内在するリスクは会社が負うべきことなので、損害が小さかったり、労働者に責められるような事情や過失がなければ、損害賠償は認められません。

[25] エーディーディー事件（大阪高判平成24年7月27日労判1062号63頁）。

　しかし、店のものを壊してしまったとか、交通事故を起こしてしまったのであれば、さすがに損害賠償として払わなければならないケースも出てきます。とはいえ、言われるままの金額を支払う必要はありません。たいていの裁判例では、労働者側の損害賠償額は大幅に減額されています[26]。損害の全額を労働者に賠償させることは、労働者個人への過酷な負担になりますし（怖くて働けなくなりますね）、労働契約の特性や損害の公平な配分という観点からも、妥当とはいえないからです。

[26] K興業事件（大阪高判平成13年4月11日労判825号79頁）。この事件では、損害額の5％に減額された。

> **考えてみよう**
> では、不運にもブラック企業に出会ってしまったとき、労働者としてみなさんはどうしますか？

専門機関ガイド

## 労働基準監督署と総合労働相談コーナー

　労働問題で困ったら、どこに相談に行けばよいのでしょうか。真っ先に思いつくのが労働基準監督署です。労働基準監督署は、労働基準法などの法律が守られているかを監督し、しばしば会社内に立ち入って調査します。さらには、過労死などの重大事件では、労働基準監督署が事業所へ強制捜査に入り、刑事処分を行うこともあり、労働事件に対する警察のような権限も与えられています。2015（平成27）年からは、長時間労働を専門に監督指導する過重労働撲滅特別対策班（通称「かとく」）というベテラン監督官のチームが結成されて、違法な長時間労働や残業代不払いの企業への立ち入り調査を強化しています。

　その反面、労働基準監督署は、労働基準法や最低賃金法に明らかには違反しないようなタイプの労働問題（ハラスメント関係、募集・採用、労働契約の不利益変更など）には対応してくれません。しかし、心配する必要はありません。総合労働相談コーナーという駆込み寺が各県の数か所に設置されていて、その多くは労働基準監督署の建物内にあって、さらには繁華街のビル内などの行きやすい場所にも一部設置されているからです（http://www.mhlw.go.jp/general/seido/chihou/kaiketu/soudan.html）。

　自分が困っている労働問題が、いかなるタイプに該当するのかがわからなくても、まずは最寄りの総合労働相談コーナーに行って話を聞いてもらいましょう。たとえば、内定を取り消された大学生の事例では、相談コーナーの担当者が企業に電話を一本かけただけで解決したこともあります。そして、その場での解決がむずかしければ、担当者が適切な機関を紹介してくれます。ワンストップサービスが売りなので、たらい回しになる心配は少ないのです。

　また、自分の働いている会社内に労働組合がなければ（あっても助けてくれない場合、加入させてくれない場合も）、個人で加入できる地域合同労組（コミュニティー・ユニオン）に助けを求めるのも良いでしょう。たとえ、その会社での加入者があなた1名だけであっても、組合員個人に対する取り扱い（解雇や嫌がらせなど）について、会社は労働組合との交渉に応じなければなりません。

　最後は、労働法に強い弁護士に相談するのも一案です。ただし、労働者側と使用者側の片方だけを専門とする人も多いので、そこは注意しましょう。起業して人を雇ったアナタは、使用者側の弁護士に頼まないとね。

# 第9章 理想の結婚と離婚の現実

関連するのは民法（親族法）

ここでは、家族形成の中心となる夫婦と親子に関する法を学びます。

〈キーワード〉
- 婚姻
- 離婚
- 親権

## 1 ── 結婚する自由・結婚しない自由

進学や就職とともに、結婚[*1]は人生の大きな転機のひとつです。最近では、経済的な問題から結婚しない・できない若者が増加しているという話も耳にします。この章では、結婚が、法律上どのように扱われているかをみていきましょう。

**用語解説**
[*1] 結婚
法律上、「婚姻」と表現する。この章では、専門用語などとして必要な場合は、婚姻という表現を使う。

 **Q1** みなさんは、将来、結婚したいと思いますか？

今つきあっている恋人と結婚したいと考えている人、結婚は就職してから考えようと思っている人などさまざまなライフプランがあると思われます。そして、法的にみても、結婚するも自由、しないも自由です。このことは、憲法にも規定されています。憲法24条1項は、婚姻の成立には**両性の合意**のみが要求されることを明示しており、親が決めた相手（昔流にいうと「いいなずけ」ですね）と結婚させられるというような、当事者以外の人（＝第三者）の意思の介入を認めません。つまり、「結婚する自由」も「しない自由」も保障されているのです。

◆憲法24条◆
婚姻は、両性の合意のみに基いて成立し、夫婦が同等の権利を有することを基本として、相互の協力により、維持されなければならない。

現状把握という意味で、**婚姻**件数と離婚件数も確認しておきましょう。2015（平成27）年には、初婚・再婚を合わせた婚姻件数は、63万5,156件でした。ここ数年は、60万件台となっています。また、平均初婚年齢は、2015（平成27）年には、夫31.1歳、妻29.4歳で、日本では**晩婚化**（平均初婚年齢が上昇する傾向）がすすんでいます[*2]。一方、2015（平成27）年の離婚件数は、22万6,215件でした[1]。単純に計算すれば、およそ2分20秒に1組が離婚していることになります。

[*2] 晩婚化について、詳しくは、第10章（p.121）を参照。

▶CASE①
恋人にひどい振られ方をしました……。結婚する気もないのに恋人と同棲するのはありですか？「慰謝料よこせ！」って思ってしまいます。

相手がいないから、結婚できない──このような状況も結婚しない自由の一場面ではありますが、法律上問題となるのは、「相手はいるけど、結婚しない」自由です。恋人関係にある男女が同棲するかどうかは、当事者の自由ですし、結婚するかどうかも当事者の自由です。

男女関係は、アカの他人から始まり、友人関係、恋人関係、婚姻関係と、その親密度を増していきます。このなかで、法が保護の対象とする男女関係は、原則として婚姻関係のみです。つまり、法は、婚姻関係には関与しますが（離婚の際に慰謝料などが生じることがあります）、たんなる恋人関係には立ち入らないのです。したがって、いくら悲しみが深くても、慰謝料はもらえません。

**恋人といっても、同棲していて、結婚するつもりだった場合は？**

こうなると、話は別です。現在、法は、婚姻関係に準じる関係、いい換えれば、結婚した夫婦と同様の生活を営んでいて、周りの人も夫婦だと思っているけれど、実は婚姻届を提出していないという関係も、保護の対象にしています。このような関係を**内縁**関係とか**事実婚**関係（あるいはたんに**内縁**とか**事実婚**）[*3]といいます。「なんだ、同棲と一緒じゃないか……」と思う人がいるかもしれませんが、たんなる同棲とも少し異なります。内縁関係であると認められれば、慰謝料の問題が生じる可能性もあるのです。

では、内縁関係とたんなる同棲とはどこが違うのでしょうか。当事者に結婚しよう（あるいは、夫婦になろう）という意思があるかどうかが、両者を区別するポイントのひとつです。ものすごく簡単にいえば、当事者が結婚しようという意思をもって夫婦としての生活を営んでいる関係が内縁関係です。結婚しようという意思のない同棲は、たんなる同棲であって、法の保護の対象ではありません。

したがって、現在、法が保護の対象とする男女関係は、婚姻関係と内縁関係ということになります。

**そうすると、婚姻と内縁の違いって、なんでしょうか。また、もし結婚しないで子どもが生まれたら、どうなるのですか？**

内縁関係は、婚姻関係に準じる関係であるからこそ保護の対象とされているのであり、そうであれば当然、現実の生活スタイルは、婚姻関係と同様である必要があります（そうでなければ、内縁関係とは認められません）。

しかし、生活スタイルが婚姻関係と同様であるからといって、法が婚姻関係と内縁関係とをまったく同様に扱うわけでもありません。内縁関係には、婚姻から生じる権利や義務（＝**婚姻の効果**）の一部しか認められません。たとえば、夫婦の氏（名字のこと）に関する効果（民法750条）や配偶者相続権[*4]（民法890条）などは認められないのです[*5]。さらに、親が婚姻関係にあったか・なかったかによって、生まれた子の地位も異なります。

民法は、婚姻関係にある男女間に生まれた子と婚姻関係にない男女間に生まれ

### POINT
[*3] 内縁と事実婚は、現在、ほとんど同じ意味で使われている。

[*4] 相続について、詳しくは、第15章（p.177〜）を参照。

### ここも CHECK
[*5] 内縁関係にも認められる可能性のある効果として、同居・協力・扶助義務（民法752条）、婚姻費用分担義務（民法760条）、日常家事債務の連帯責任（民法761条）、財産分与請求（民法768条）などがある。一方、認められない効果として、本文中に列挙したもののほかに、成年擬制（民法753条）、姻族関係の発生（民法725条）などがある。

第Ⅲ編　社会人の世界

た子とを区別します。前者を嫡出子（嫡出である子、婚内子）、後者を嫡出でない子（非嫡出子、婚外子）とよびます。嫡出でない子は、かつては、戸籍の記載や相続分などの点で嫡出子とは異なった扱いをされ、社会的にも、ふしだらな女性の子などとよばれ（結婚しないで子を産むと、そのようにいわれる時代もあったのです）、差別の対象とされていました。現在では、戸籍の記載も相続分も嫡出子と同様に扱われていますが[*6]、それでも嫡出・非嫡出という区別自体は残っているのです。

*6　嫡出子と非嫡出子の相続分の平等化については、第15章ミニコラム(p.185)を参照。

▶CASE②
　高校生の妹は、彼氏ができ、「今すぐ彼と結婚したい」と言っています。合意さえあれば結婚できますか？

　前述のとおり、結婚する自由も保障されています。問題は、誰でも、誰とでも結婚できるのかどうかです。憲法が要件としているのは「両性の合意」のみですが、合意があっても結婚できない場合があります。このような制限、つまり、誰と誰とが結婚できるかという要件を、**婚姻の成立要件**とよんでいます。

　まず、婚姻届の提出時に、当事者に**婚姻意思**がなければなりません（民法742条）。婚姻意思のない婚姻は無効（何もなかったのと同じこと）です[*7]。婚姻意思がどのような意思であるかを一言で説明するのは困難ですが、要するに、夫婦としての生活を営む気もないのに、便法として（たとえば、外国人が長期間の在留資格を取得するために）婚姻届を提出しても、有効な婚姻とは認められない（＝無効）ということです。

　そのほか、男性は18歳、女性は16歳にならないと結婚できないという話を聞いたことがあるのではないでしょうか。この要件を、**婚姻適齢**といいます（民法731条）。ただし、婚姻適齢に達していても、未成年者である間は、**父母の同意**が必要です（民法737条）[*8]。もちろん、成年に達すれば父母の同意は不要となるので、親の反対を押し切って結婚することもできます。

　さらに、日本では、**重婚**が禁止されています（民法732条）。今結婚していれば、別の人とは結婚できません。離婚するか、あるいは、結婚相手（＝**配偶者**）が死亡すれば再婚は可能ですが、女性は、100日間は再婚できません（**再婚禁止期間**、民法733条）[*9]。

　また、一定の近親者との結婚（＝**近親婚**）、たとえば、父母と子、兄弟姉妹間、おじとめいやおばとおいは結婚できません。いとこは結婚できます（民法734条〜736条）。

　これらの要件を満たした当事者が婚姻届を提出し、それが受理されてはじめて、婚姻が成立するのです（民法739条）。

*7　最判昭和44年10月31日民集23巻10号1894頁。

✓ここも CHECK
*8　未成年者は、結婚をすると、契約などの場面では、成年と同様に扱われる（民法753条）。これを成年擬制という。ただし、飲酒や喫煙などに関しては、20歳に達したという扱いは受けない。

💡POINT
*9　男性はすぐに再婚できるので、再婚禁止期間を男女不平等、つまり、憲法違反ととらえる人もいるが、最高裁判所は、再婚禁止期間には、生まれた子が前の夫の子か、今の夫の子かわからなくなることを防止するという目的があるから憲法違反にはあたらないと述べている（最判平成7年12月5日判時1563号81頁、最判平成27年12月16日民集69巻8号2427頁）。

第9章　理想の結婚と離婚の現実

> **Mini Column**　選挙権年齢と成人年齢と婚姻適齢
>
> みなさんは、2016（平成28）年より、選挙権年齢が18歳に引き下げられたことは知っていますね。そして、成人年齢についても、民法を改正して、現在の20歳から18歳に引き下げようという動きがあります。さらに、それに合わせて、婚姻適齢についても、男女とも18歳にするという動きもあります。どちらも、国会で順調に審議されれば、早ければ、2021（平成33）年にも実現されるかもしれません。

　結婚したらなにが変わりますか？

　これは、**婚姻の効果**の問題です。結婚をした夫婦は、お互いに、あるいは第三者に対して、一定の権利を有し、一定の義務を負うことになります。どのような内容なのか、具体的にみていきましょう。

　婚姻の効果として、最初に意識するのは、氏（うじ）ではないでしょうか。法律上、名字・苗字や姓のことを氏といいます。夫婦は、婚姻届を提出する際に、夫の氏または妻の氏のどちらか一方を夫婦の氏として選択しなければなりません。婚姻届には、氏を選択する欄があり、選択しないで婚姻届を提出しても受理してもらえないのです[*10]。また、いったん届け出た氏をもう一方の氏に変更することもできません。これを**夫婦同氏（同姓）の原則**といいます（民法750条）。この原則があるために、氏を変えたくない人が婚姻の届出をあきらめ、内縁関係や事実婚関係を選択することもあります。氏を変えたくない理由としては、たとえば、自分の氏（氏名といったほうがよいかもしれません）に愛着があるとか、非常にめずらしい氏で、改氏することでその氏の継承者がいなくなってしまうとか、あるいは、これまでの職業生活や社会生活上の信用や実績が中断してしまう（氏が変わることで、誰だかわからなくなってしまうことがありますよね）などがあげられます。また、免許証やパスポート、預貯金などの名義変更の手続きをとらなければならないといったの面倒を嫌う場合もあります。

　以上の問題をふまえて、**夫婦別氏（別姓）選択制**、つまり、夫婦は婚姻の際に同氏あるいは別氏を選択することができる、という制度の導入も提案されています。しかし、国会での反対意見も多く、現在でも改正には至っていません。また、夫婦同氏の原則を規定する民法750条の合憲性が争われた事件で、最高裁判所は、民法750条は、憲法に違反しないと結論づけ、夫婦別氏選択制ではなく、**通称使用**を推しています[*11]。

> ✓ここも
> CHECK
> [*10] 法律上は、「夫又は妻の氏を称する」（民法750条）と規定されているが、現実には、夫の氏を選択する夫婦が約96〜97％である。

[*11] 最判平成27年12月16日民集69巻8号2586頁。

　結婚すると、ほかにどんな権利や義務が発生しますか？

　結婚をした夫婦は、お互いに同居・協力・扶助義務を負います（民法752条）。

民法は、同居義務を規定していますが、夫婦間の合意があれば、別居婚でもOKです。協力義務は、夫婦共同生活を営むための義務です。子の世話や、夫や妻が病気になったときに看病するというのも、協力義務のひとつです（義務というとさびしい感じがしますが……）。扶助義務は、経済的援助を意味します。つまり、夫婦は、経済的にも扶け合わなければならないのです。扶助義務は、同居している夫婦であれば、ほとんど意識することもない義務ですが、別居、とくに夫婦げんかをして別居しているとか、離婚を前提として別居しているような場合には、**婚姻費用の分担**の問題として顕在化することになります。ちなみに、夫婦げんかの原因が浮気だったという場合もあるでしょう。実は、浮気をしてはいけないという規定はどこにもありませんが、一般論としては、夫婦はお互いに**貞操義務**（浮気をしないという義務）を負うと考えられています。

 夫の財産は妻のもの、妻の財産は夫のものですか？

次に、夫婦の財産関係についてみていきましょう。たとえば、結婚をして数十年もすれば、家のなかには、多くの家財道具があるのではないでしょうか。その家財道具は夫婦のどちらのものですか。夫婦関係が円満に継続していれば、家財道具などは、その取得のいきさつなどとは無関係に「夫婦のもの」で構いません。しかし、夫婦のどちらのものであるかを確定しなければならない場面があるのです。そのひとつが、離婚の際の**財産分与**です。夫婦の財産を分ける前提として、どれがどちらの財産であるかを確定する必要があります。自分たちは離婚なんかしないから関係ないと思う人がいるかもしれませんが、誰にでも必ず生じるもうひとつの場面があります。それが、相続です。人間は必ず死亡し、死亡することで相続が開始します。このとき、死亡した人の財産を確定する必要があるのです[*12]。

*12 相続について、詳しくは、第15章（p.177～）を参照。

そうすると、万が一の離婚などに備えて、夫婦の財産関係を定めておきたいと思う人（大富豪をイメージするとわかりやすいかもしれません）が出てくるかもしれません。民法は、結婚する前に、**夫婦財産契約**という契約で、夫婦の財産の所有・管理・処分、婚姻費用の分担、婚姻解消後の財産の清算などを定めておくことを認めています（民法755条以下参照）。しかし、手続きや効果の面で使い勝手がよいとはいえないため、夫婦財産契約を締結する夫婦は非常にまれで、その利用は、年間で5、6件程度しかありません。

 夫婦財産契約を締結しなかった場合はどうなりますか？

夫婦財産契約を締結しなかった夫婦は、**法定財産制**に従います。まず、民法

762条が、夫婦財産の帰属を規定しています。この規定によれば、婚姻前から所有する財産や、婚姻中に贈与や相続によって取得した財産、婚姻中の収入およびそれによって購入した財産は、各自の個人財産（＝**特有財産**）とされます。そして、夫婦のどちらに属するか明らかでない財産は、夫婦双方の財産（＝**共有財産**）と推定されます。つまり、規定上（原則上）は、婚姻中の夫の収入は夫の特有財産であり、妻の父が死亡したことにより妻が父から相続した財産は妻の特有財産となるのです。夫婦双方の財産になるわけではありません。しかし、純粋にこの原則を貫くと、たとえば、離婚の際、専業主婦である妻の財産が過小に評価されてしまうなどの問題が生じるおそれがあるため、さまざまな調整がなされています。

### 「へそくり」は誰のものですか？

「へそくり」は、どのように貯められたのでしょうか。多くは、家族の生活費の余った部分を貯めたのでしょう。民法760条は、「夫婦は、その資産、収入その他一切の事情を考慮して、婚姻から生ずる費用を分担する」と規定します。ここでいう「婚姻から生ずる費用」を**婚姻費用**とよび、まさにこれが家族の生活費なのです。家族の生活費は、夫の財産ですか、それとも妻の財産ですか。どちらともいえないというのであれば、それは共有財産と推定されます。そうすると、共有財産と推定される婚姻費用の余った部分である「へそくり」も共有財産と推定されます。共有財産は、相手の同意がなければ勝手に使うことができません。夫や妻ががんばって貯めた「へそくり」も、実は、勝手に使うことができない財産なのです。

---

**Mini Column** **もし配偶者がギャンブルで借金を作ってしまったら……**

テレビドラマの世界では、夫がギャンブルで多額の借金を作った場合、妻（主役の女優さん）がさまざまな困難を乗り超えて借金を返済してめでたしめでたし…となることが多いでしょう。しかし、法律の世界では、そのような借金を妻が返済する義務はないのです。民法761条は、「夫婦の一方が日常の家事に関して第三者と法律行為をしたときは、他の一方は、これによって生じた債務について、連帯してその責任を負う」と規定します。確かに「連帯…責任」と規定され、ここだけをとらえれば、連帯責任なのだから妻も責任を負うようにみえます。しかし、それは「日常の家事」に限られるのです。「日常の家事」というのは、たとえば、生活必需品の購入、電気・ガス・水道の供給契約、マンション・アパートの賃貸借契約、家族の保険医療、子の教育・養育に関する事項を指し、「日常の家事」以外については連帯責任を負いません。ギャンブルは「日常の家事」には含まれないでしょう。この話を持ち出すと、テレビドラマは始まってから数分で終わってしまいますが……。

第Ⅲ編　社会人の世界

外国では、男性同士・女性同士の結婚＝同性婚も認められていますが？

　**同性婚**は、世界的にみれば、2000（平成12）年のオランダを皮切りに、ベルギーやスペイン、フランスやイギリス、そして2015（平成27）年には、アメリカ合衆国など、私たちが知っている多くの国で認められ始めています。

　しかし、現在の日本では、同性のカップルの関係は、婚姻関係はおろか内縁関係や事実婚関係としても認められていません。たとえば、同性のカップルの一方が重い病気で入院しているとき、他方は「親族以外、面会謝絶」として病院から面会や付き添いを断わられる場合があります。同性のカップルは、法律上は、アカの他人として扱われるからです。このような問題を背景として、東京都渋谷区は、2015（平成27）年に、性的少数者の人権を尊重する社会の形成を推進する一環として、パートナーシップ証明書の交付を開始しました＊13。ここでいうパートナーとは、「男女の婚姻関係と異ならない程度の実質を備えた、戸籍上の性別が同じ二者間の社会生活における関係」を指します。同性婚が認められたわけではありませんが、今までは、アカの他人としてしか扱われなかった同性のカップルの関係に公的な承認を与える日本で初めての制度として注目を集めています。渋谷区内の病院では、渋谷区でパートナーシップ証明書の交付を受けたカップルであれば、入院中の患者のパートナーとして面会や付き添いが認められるようになるでしょう＊14。

> **POINT**
> ＊13　「渋谷区男女平等及び多様性を尊重する社会を推進する条例」にもとづく。

> **ここも CHECK**
> ＊14　現在のところ、
> ①東京都世田谷区が「世田谷区パートナーシップの宣誓の取扱いに関する要綱」にもとづくパートナーシップ宣誓
> ②三重県伊賀市が「伊賀市パートナーシップの宣誓の取扱いに関する要綱」にもとづくパートナーシップ宣誓
> ③兵庫県宝塚市が「宝塚市パートナーシップの宣誓の取扱いに関する要綱」にもとづくパートナーシップ宣誓
> ④沖縄県那覇市が「那覇市パートナーシップ登録の取扱いに関する要綱」にもとづくパートナーシップ登録
> をそれぞれ開始している。

## 2 ── 愛が冷めてしまったら──離婚

　好き同士で結婚しても、愛が冷めてしまったとか、相手が浮気をしたとか、あるいは、めずらしいケースかもしれませんが、相手が行方不明になったなどの理由で、離婚を選択する場合もあるでしょう。そのほか、家庭裁判所が扱った事件での離婚の動機をみると、性格が合わない、異性関係、家族親族と折り合いが悪い、暴力を振るう、精神的に虐待する、などがあげられています。この節では、離婚の手続きと効果を中心にみていきましょう。

もし離婚するのであれば、どのような手続きが必要ですか？

　民法などが規定している離婚（の手続き）は、**協議離婚、調停離婚、審判離婚、裁判離婚**（判決離婚）の４つに分けられます。

　協議離婚は、夫婦間で離婚について話し合いをして、双方が離婚に合意したう

第9章　理想の結婚と離婚の現実

えで、**離婚届**を作成して、これを役所に提出・受理されれば、離婚できるという、もっとも簡便な離婚（の手続き）です（民法763条・764条）。

話し合いでは合意に至らなかった場合、次は「裁判！」ではありません。裁判の前に、調停[*15]という、裁判所を交えた話し合いの手続きを経る必要があります。調停では、家庭裁判所が、当事者の離婚の合意を得るための手助けをし、円満な解決のための調整作業を行います。離婚の合意が得られ、調停が成立すると、裁判で離婚判決を得たのと同様の効果が生じます（家事事件手続法268条）。

ところで、当事者間で離婚の合意はできているのに、財産分与の配分や慰謝料額のわずかな食い違いなど、ささいな原因で調停が成立しない場合もあります。このような場合、家庭裁判所は、離婚の審判をすることができます（「できる」のであって、必須の手続きではありません）（家事事件手続法284条）。

以上のような手続きによっても調整がつかない場合には、離婚を求める当事者が原告となり、他方を被告として、家庭裁判所に離婚訴訟を提起することになります。裁判離婚は、夫婦の一方には離婚する意思がないにもかかわらず、裁判所が強制的に離婚という判決を下す可能性のある手続きですから、被告に離婚させられても仕方がないだけの理由があることが要求されます。この理由を**離婚原因**といいます（民法770条1項）。離婚原因には、次の5つがあります。

① 配偶者の不貞行為（1号）──浮気や不倫のようなことをした場合
② 配偶者からの悪意の遺棄（2号）──同居・協力・扶助義務を継続的に怠っているような場合
③ 配偶者の生死が3年以上明らかでないとき（3号）──生死不明では協議離婚も調停離婚もできません
④ 配偶者が強度の精神病にかかり、回復の見込みがないとき（4号）──健康な配偶者を婚姻関係から解放する目的で設けられた規定ですが、近年では、精神病者に対する差別につながるという理由で、削除が強く主張されています
⑤ その他婚姻を継続し難い重大な事由があるとき（5号）──夫婦関係が破綻して回復の見込みがない場合

⑤は、非常に抽象的な規定ですが、裁判例でこれまで5号にあたるとされた事由には、配偶者からの暴力・虐待、犯罪行為、浪費癖、勤労意欲の欠如、性的異常、性格の不一致、過度の宗教活動などがあります。

[*15] 調停については、第12章（p.151）を参照。

離婚原因にはいろいろあるのですね

### ▶CASE ③

浮気をして婚姻関係を破綻させた本人（＝有責配偶者）からの離婚請求は認められますか？

浮気をして婚姻関係を破綻させた張本人が、「婚姻を継続し難い重大な事由」

があるとして、民法770条1項5号にもとづき、離婚を請求するという事件がありました。かつては、このような離婚請求を認めると、離婚させられた人は、踏んだり蹴ったり（浮気されたあげく、離婚までさせられてしまう）になってしまうことから、有責配偶者からの離婚請求は認められませんでした。しかし、現在では、夫婦が長期間別居しているなどの一定の理由があれば、有責配偶者からの離婚請求であっても認められるという立場が採用されています[*16]。

*16 最判昭和62年9月2日民集41巻6号1423頁など。

 離婚したらなにが変わりますか？

これは、**離婚の効果**の問題です。離婚によって婚姻の効果は消滅します。たとえば、婚姻する際に氏を改めた人は、婚姻前の氏に戻ります。しかし、婚姻中に称していた氏を名乗り続けたいのであれば、離婚から3か月以内に届出をすることで、婚姻中に称していた氏を称することができます。（民法767条）。これを**婚氏続称**といいます。現在、離婚をした4割近くの人が婚氏続称を利用しています。

 離婚後の生活に不安はありませんか？

離婚する人にとってもっとも気になるのが、財産分与と慰謝料ではないでしょうか。

財産分与は、当事者の協議によって決定されますが、協議が整わないときは、家庭裁判所の審判[*17]によることになります（民法768条）。財産分与の内容は、およそ、夫婦財産の清算と離婚後の扶養とに大別されます。夫婦財産の清算とは、婚姻中に夫婦の協力によって築き上げた財産を、離婚に際して清算することです。近年では、夫婦平等および夫婦間の財産的公平の見地から、夫婦財産の清算は、原則として、共有財産の2分の1とする事例が増えています。

*17 審判については、第12章（p.151）を参照。

一方、離婚後の扶養とは、夫婦財産の清算や慰謝料の結果を考慮しても、なお、一方が経済的に困窮する場合に、経済的に資力のあるほうが、離婚後の相当な期間、他方を援助するというものです。扶養の額を決定するにあたっては、婚姻前後の生活水準、特有財産の存否、就労可能性、再婚の可能性、子の有無、相手方配偶者の所得能力・資産などの一切の事情が考慮されます。

また、慰謝料とは、離婚によって生じる精神的な損害（精神的な苦痛）の賠償を指します。慰謝料の額には相場のようなものがあり、平均で200～400万円前後、最高でも500万円程度という状況です。芸能人の離婚慰謝料が数千万円というのは、非常にまれなケースです。

第9章　理想の結婚と離婚の現実

# 3 ── 子どもにとっての幸せとは？──親権

　**親権**とは、親が子の保護者として、子が成年に達するまで、子を監護・教育し、子の財産を管理することを内容とする親の権利義務の総称です。親「権」は、確かに親が子に対して有する「権利」ではあるのですが、そのようにみるよりも、子の幸せのために親に課された「義務」ととらえたほうが、理解しやすいと思います。この節では、親権の具体的な内容についてみていきましょう。

　親権者って誰のことですか？

　**親権者**とは、未成年の子に対して親権を行う人のことです[*18]。親権者となるのは親（父母）で（民法818条1項）、子が嫡出子の場合、父母の婚姻中は、父母双方が親権者となります（民法818条3項本文）。これを**共同親権**といいます。つまり、父母が共同して（協力して）親権を行使するのです。しかし、父母が離婚したりすると、子の監護・教育、財産管理などについて話し合うことがむずかしくなってしまいます。話し合う機会がないからといってなにも決められないようでは、**子の利益**にはなりません。そこで、民法は、そのような場合には、父母の一方を親権者とすることにしました（民法819条1項・2項）。これを**単独親権**といいます。これに対して、嫡出でない子の場合は、常に単独親権です。原則として母が親権者で、父母の協議で父を親権者に定めることもできます（民法819条4項）。

> **POINT**
> *18　未成年の子が成年に達することで親権は終了する。
>
> ◆**民法818条**◆
> 成年に達しない子は、父母の親権に服する。

　親権って具体的にどのようなものなのでしょうか？

　親権の内容は、**監護教育権**（**身上監護権**ともいいます）（民法820条以下）と**財産管理権**（民法824条以下）とに大別されます。
　監護教育権とは、未成年の子の身のまわりの世話に関する権利義務のことです。たとえば、「大学に入学したら、ひとり暮らしをはじめるぞ！と思っていたのに、両親に反対されてしまった。生活費は自分で支払うといっているのに…」というケース、同じような経験をした人もいるかもしれません。それでは、親が未成年の子のひとり暮らしに反対できる法律上の根拠はあるのでしょうか。民法は、親権の内容のひとつとして、**居所指定権**（きょしょしていけん）を規定しています（民法821条）。未成年の子は、「親権を行う者が指定した場所」に住まなければならないのです。未成年の子がどこに住んでいるかわからないようでは、親権者が、親権を行使することができなくなってしまうからです。居所の指定は、子の利益に適（かな）うのであれば、正当な親権の行使といえます（民法820条）。

一方、財産管理権とは、名前のとおり、未成年の子の財産管理に関する権利義務です（民法824条本文）。子どものころ、お年玉を親に預かってもらったという経験はないでしょうか。これも財産管理の一場面です。あるいは、父母の一方が死亡して、未成年の子がその財産を相続した、というケースを想像してみてください。このようなケースでは、たとえば、未成年の子が相続した建物に修理の必要が生じた場合、親権者は修理をしなければなりません。「管理」といっても、ただ見守っていればよいというわけではないのです。もちろん、建物の価値を上げるために、増改築をしても構いませんが、処分をする場合には注意が必要です。相場より安く売却してしまうなど、子に損害が生じるような財産の処分は、財産管理権の正当な行使とはいえません[*19]。

*19 親権者が、子の財産に損害を与えるなど、子の財産管理をきちんと行わなかった場合には、**管理権喪失の審判**によって、財産管理権を剥奪されることがある（民法835条）。

### ▶CASE④
父母が離婚したら、子どもはどちらと暮らすのですか？

前述のように、離婚後の親権は単独親権です。したがって、親権者となった親が、実際に子を引き取り、監護・教育し、子の財産を管理することになります。ところが、たとえば、婚姻中は、父が財産を管理し、母が身のまわりの世話をしていたという場合には、離婚したからといって、親権全部を一人で行使するのはむずかしいかもしれません。そのような場合は、父母の適性を考慮して、たとえば、財産の管理は父が適しているので父を親権者とし、実際の身のまわりの世話は母が適しているので母を**監護者**と定めることができます（民法766条）。この場合、父は親権者ですが、監護（教育）権を有しません。親権から、監護（教育）権が分離され、その監護（教育）権は、母に帰属するのです。理屈上は、父は、財産管理権を有しますが、子と同居できず、母は、子と同居できますが、財産管理権を有しないということになります。

### Q3 父母のどちらが親権者や監護者になるのですか？

具体的には、父母の側の事情として、監護能力、監護の実績、子に対する愛情、経済力、子と接する時間、保育環境、子との情緒的な結びつきなど、子の側の事情として、子の年齢、性別、心身の状況、養育環境への適応状況、子の意向などを総合的にみて、判断されることになります。また、親権者でも監護者でもない親（＝非監護親・別居親）であっても、離婚後、電話で話したり、プレゼントを送ったり、一緒にごはんを食べたり、旅行をしたりするなど、子と定期的に接触したり交流したりすることが認められています。これを**面会交流権**といいます（民法766条1項）。

第9章　理想の結婚と離婚の現実

### Q4　養育費は誰が支払うのですか？

離婚をしても親であることに変わりはありませんから、父母ともに子を扶養する義務があります。親権の有無と扶養義務とはまったく別の問題です。非監護親・別居親であっても、子の養育費を支払わなければなりません。しかし、厚生労働省の「平成23年度 全国母子世帯等調査結果報告」によると、離婚母子世帯における父親からの養育費の支払いの状況については、「養育費の取り決めをしている」が37.7%で、養育費の支払いを「現在も受けている」が19.7%、「受けたことがある」が15.8%、「受けたことがない」が60.7%（不詳3.8%）という結果でした。養育費の額は、「現在も受けている」と「受けたことがある」の平均で月額43,482円です。非監護親・別居親である父にもさまざまな事情はあるとは思いますが、これが養育費の支払いの実態なのです。

#### ▶CASE ⑤
友だちが虐待されているようなのですが…。

児童虐待について、ここでは、親権との関連についてみておきます[20]。

虐待親は、子を殺害したり、ケガを負わせたりしても「しつけのつもりだった」と言いわけすることが多いようです。確かに、未成年の子にしつけは必要ですし、民法にも、しつけにかかわるような規定があります。条文上は、しつけではなく懲戒と表現されていますが（民法822条）、それは、「子の利益のために」（民法820条）、「監護及び教育に必要な範囲内で」（民法882条）認められるのであって、子の利益にならないような体罰などは、民法にいう懲戒やしつけにはあたらないのです。親権者が子を虐待した場合、**親権喪失の審判**などによって、親権が剥奪される可能性があります（民法834条）[21]。

### Q5　子どもの親権などで父母が争うこともあるのですか？

近年、少子化[22]の影響もあって、子の監護に関する紛争は年々増加し、深刻化しています。全国の家庭裁判所にあらわれた子の監護事件数は、平成27年度には3万4,156件と、平成12年度の1万4,711件と比較して、この15年で約2.3倍増加しています[2]。そのなかでも、とくに問題となるのが、夫婦関係が破綻した後の子の親権や監護権の争いを発端とする子の奪い合いです。たとえば、監護権を有しない親が幼児を連れ去り、監護権を有する親が人身保護法にもとづき幼児の引渡しを請求したという事件も起きています[23]。

このように、奪い合われる子がいる一方で、引き取り手のいない、押しつけ合

[20] 児童虐待について、第7章（p.85～）を参照。

[21] その他、場合によっては、父母以外の者が監護者に指定されたり（民法766条3項）、都道府県知事がその子を里親に委託したり、児童福祉施設に入所させたりして（児童福祉法23条・28条）、虐待親と子とを引き離し、子の安全を確保する。

[22] 少子化について、詳しくは、第10章（p.120）を参照。

[23] 最判平成6年11月8日民集48巻7号1337頁。

第Ⅲ編　社会人の世界

われる子もいます。そのような子は、乳児院や児童養護施設、里親に預けられたりします。

> **Mini Column**　**国際結婚と子どもの連れ去り**
>
> 　近年の国際化社会の進展にともない、1980（昭和55）年には、7,261件（婚姻件数全体の0.9％）であった日本人と外国人との国際結婚は、1980年代後半から急増し、2006（平成18）年には、4万4,701件（婚姻件数全体の6.1％）に達しました。しかし、この年をピークに減少しはじめ、2015（平成27）年には、2万976件（婚姻件数全体の3.3％）となっています。一方、国際離婚も、2009（平成21）年の1万9,404組（離婚件数全体の7.7％）をピークに減少し、2015（平成27）年には、1万3,675組（離婚件数全体の6.0％）となっています[3]。
>
> 　国際離婚は数値としては減少しているものの、外国人配偶者が子を日本から海外へ連れ去る、あるいは、日本人配偶者が国外から子を日本に連れ去ってくるという事件も増加しています。日本政府はこのような状況に対応するため、2013（平成25）年に「国際的な子の奪取の民事上の側面に関する条約」（Hague Convention on the Civil Aspects of International Child Abduction：一般にハーグ条約とよばれています）の締結を承認し、2014（平成26）年に、日本についてハーグ条約が発効しました。

【引用・参考文献】
1）　厚生労働省「平成27年（2015）人口動態統計（確定数）の概況」(http://www.mhlw.go.jp/toukei/saikin/hw/jinkou/kakutei15/)
2）　最高裁判所事務総局編『平成27年司法統計年報3　家事編』
3）　1）に同じ

専門機関ガイド

## 家庭裁判所

　家庭裁判所は、1949（昭和24）年に設置された裁判所で、全国に50か所（各都府県に1か所ずつ、北海道のみ4か所）あります（http://www.courts.go.jp/map_tel/index.html）。主に、夫婦間や親子間の紛争（＝家事事件）などについての審判や調停、非行を犯した少年についての審判などを行っています。ここでは、家事事件を中心にみていきます。

　家庭裁判所は、みなさんが抱えている問題を解決するために家庭裁判所の手続きを利用できるかどうか、利用できる場合にはどのような申立てをすればよいかなどについて説明や案内をする家事手続案内を行っています。なにか困ったことがあったら、まずは、家事手続案内または受付窓口で相談してみましょう。

　家事事件に関する手続きには、審判と調停の2種類があり、事件には、審判だけで取り扱われる事件（後見・保佐・補助の開始に関するもの、任意後見に関するもの、相続の放棄や限定承認に関するもの、遺言に関するものなど）、調停でも審判でも取り扱われる事件（離婚の場合における財産分与に関するもの、子の監護に関するもの、親権者の指定に関するもの、遺産の分割に関するものなど）、調停だけで取り扱われる事件（離婚や離縁に関するものなど）があります。

　審判では、担当の裁判官が、申立ての際に提出された書類や家庭裁判所調査官（心理学、社会学、社会福祉学、教育学などの人間関係諸科学の知識や技法を活用して、事件の背後にある人間関係や環境などの調査などを行う人）の調査の結果、裁判官による審問の結果などにもとづいて判断します。

　一方、調停では、裁判官または家事調停官（弁護士で5年以上その職にあり、最高裁判所によって任命された人）のどちらか1名と、国民から選ばれた家事調停委員2名（男女1名ずつ）以上によって構成される調停委員会が、中立な立場から、当事者や関係人の言い分を聞き、適切で円満な合意を得るための調整作業を行います。家事調停委員が男女1名ずつとされるのは、もともと裁判官には男性が多く、たとえば、夫婦関係調整調停（夫婦円満調停・離婚調停）で、委員が男性ばかりだと「妻が不利になるのでは？」という不公平感に配慮したからです。当事者間で合意が得られれば、調停成立となりますが、その見込みがないときは調停不成立となり、事件によっては、そのまま終了したり、あるいは審判手続に移行したりします。

　なお、家庭裁判所での審判や調停は、非公開が原則で、当事者のプライバシーは固く守られています。

# 第10章 ライフスタイルの選択——出産と子育て

関連するのは
社会保障法
労働法

ここでは、共働き世帯とひとり親世帯にまつわる法制度について学びます。

〈キーワード〉
- ワークライフバランス
- 少子化
- ひとり親

## 1 —— 出産・育児ってこんなに大変！ 働くママの奮闘

適切な年齢で結婚をし、子どもを2～3人産むのが女性の幸せ、といわれた時代もありました。でも、結婚や出産をするかどうかは、その人の生き方にかかわる問題です。ただ、社会的にみると、**少子化**という問題も生じてきています。

**Q1** よくニュースで、少子化って聞きますが、少子化ってどういうことですか？

よく少子化といわれるけれど、確かに少子化ってどんなことだかわかりませんね。初めて少子化にふれたといわれている内閣府発行の『平成16年版 少子化社会白書』には、「出生率が低下し、子どもの数が減少すること」と解説されています[1]。とはいえ、この定義ではあくまでも社会に起こっている現象ですが、政府が取り組まなければならない課題だと認識されたのは、1990（平成2）年の**1.57ショック**が大きいといわれています。1.57ショックとは、1人の女性が一生の間に産む子どもの数（**合計特殊出生率**）が過去最低の1.57人となったことをいいます[*1]。人口を維持するために必要な合計特殊出生率は、国立社会保障・人口問題研究所（以下、「社人研」といいます）によると、おおよそ2.07（人口置換水準）といわれており[2]、それらを下回る過去最低の数字に、大きな衝撃が走ったのです。

ここも
CHECK
*1 その後、合計特殊出生率は、2005（平成17）年に過去最低の1.26まで落ち込み、2016（平成28）年現在、1.42となっている。

**Q2** そもそも少子化って、悪いことなのですか？

子どもの数が減少して、過密している都会にとっては、少しゆとりができそうな気もしますね。ですが、少子化が問題視される原因は、いくつかあります。よくいわれているのは、子どもの数が減ると将来的に労働力となる人間がいなくなるので、国の経済的な活力が失われるとか、生産年齢人口（15歳以上65歳未満）がお年寄りを支える社会保障制度を構築しているので、支え手がいなくなると制度が崩壊するとか、ですね。しかし、最も深刻なのは、子どもの数が減ると、人

口そのものが減少していくので、過疎化している地域がもっと過疎化し、行政そのものがなくならざるを得ないという状況になることでしょうね。

　少し余談になりますが、現在、高齢者とする年齢の見直しや、社会保障制度の見直し、女性や高齢者の雇用創出など、さまざまな政策が展開され、少子社会、ひいては、人口減少社会に備えた制度改革が行われているのは、理由があることなんですね。

　なんで、少子化になるのでしょうか？

　少子化の原因もまた、いくつかあげられています。大きくは、先に述べたように、女性が子どもを産まなくなったということがあげられます。女性が子どもを産まない原因は、いくつもあります。ひとつは、**晩婚化**です。初めて婚姻する年齢（平均初婚年齢）は、厚生労働省「平成27年人口動態統計月報年計（概数）の概況」によると、女性29.4歳、男性31.1歳で、第１子を産む母の平均年齢は30.7歳となっています[3]。20年前の1995（平成７）年で、平均初婚年齢が女性26.3歳、男性28.5歳、第１子の出産年齢の平均が27.5歳となっているので、この20年で急激な晩婚化が進んでいることがわかります。さらに、**未婚化**もあげられます。45〜49歳と50〜54歳の未婚率の平均値で、かつ、50歳のとき未婚である人の割合を示す生涯未婚率は、1980（昭和55）年では、女性4.45％、男性2.60％だったのに対し、2010（平成22）年では、女性10.61％、男性20.14％となっています。未婚者がこの30年で、女性が約２倍、男性が約10倍となっているのです。特に若い世代で晩婚・未婚化が進んでいる理由としては、経済的な事情、つまり、若い世代で非正規労働が増えており、十分な結婚資金が得られないことや生活資金を得られないことがあげられます[4]。

　加えて、たとえ結婚したとしても、理想の子どもの数と実際生まれた子どもの数（完結出生児数）との隔たりがあることが指摘されています[5]。なぜ、この隔たりがあるのかといえば、35歳未満の若い世代では、「子育てや教育にお金がかかりすぎるから」という理由が最も多く、30代では、「自分の仕事に差し支えるから」、「これ以上、育児の心理的・肉体的負担に耐えられないから」という理由が、他の年代よりも高くなっています[6]。こうしてみてみると、女性にとって、子どもを産み育てることがむずかしい社会であることがわかります。

　将来働きたいし、子どもも産みたいけれど、両立するのはそんなにむずかしいのですか？

　こうした社会の状況は、近年、保育所の設置反対やベビーカー論争などの報道

第Ⅲ編　社会人の世界

をみてもわかります。

夫も妻も働く共働き世帯が増え[*2]、3歳から入園できる幼稚園よりも、0歳から子どもを預けることができる保育所のニーズが高まっています。しかし、保育所に入所させたくても、入所することができない、いわゆる**待機児童・保留児童**が増加しています。そのため、地方自治体は、保育所の設置を進めようとしていますが、住民の反対で設置ができない事例が全国的に相次いでいます[*3]。

また、ベビーカー論争とは、電車などの公共交通機関に、ベビーカーを折りたたまずに乗ることの是非が新聞やインターネット上などで繰り広げられたことを指します。たとえば、2015（平成27）年の新聞報道によれば、2014（平成26）年に国土交通省が定めた、電車やバスでベビーカーをたたまずに乗れるとするルールとそのマークの策定に対し、ルール自体に理解を示さない人や、マークの認知がまったくはかられていないことが記されています[*4]。最近では、お寺の初詣に、ベビーカーで来た家族に対し、初詣の自粛を要請することの是非がさかんに報道されています[*5]。

こうしてみてもわかるように、特に子育てする人、働く母親に対する、世間の風当たりはとても強いのです。

**ここまで、働く母親の話ばかりですが、働く父親の状況はどうなんですか？**

日本においては、働く父親が育児にかかわることがむずかしい状況です。たとえば、男女の労働者は、子どもが1歳になるまで、**育児休業**を取得することができます（育児介護休業法5条）[*6]。しかし、厚生労働省「平成27年度 雇用均等基本調査」によれば、2013（平成25）年10月1日から2014（平成26）年9月30日までの1年間に育児休業を取得した女性労働者は81.5％、男性労働者は2.65％でした[8]。働く父親の育児休業取得率が低い理由として、職場の上司や同僚の理解が得にくいことや会社の雰囲気などがあげられています[9]。このように、男性が育児休業を取得することに対する、会社や職場の風当たりも強いのです。

とはいえ、ここで注意しなければならないのは、育児休業を取得することができるのは「**労働者**[*7]」です。妊娠をきっかけとして会社を辞めてしまった女性は取得することができませんし、また、自営業者も取得することはできません。ただし、女性の多くが就いている非正規労働者（パート・アルバイトなど）の場合、1年以上継続して働いていて、子どもが1歳6か月になるまで、雇用契約がなくならない場合には、育児休業を取得することができます（育児介護休業法5条1項、2017年1月施行）。

夫も風当たりが強いですが、それでもやはり、働く母親は仕事と家庭の両立に

---

**CHECK**

＊2　内閣府が発行している『平成27年度版男女共同参画白書』によると、1997（平成9）年以降、共働き世帯数が、従来のモデル家族である男性雇用者と無業の妻から成る世帯数を上回っていることを指摘している[7]。

＊3　朝日新聞「保育園開園　住民反対で断念」（2016年10月5日付名古屋朝刊）。保育所だけではなく、子どもの相談や児童虐待に対応するための施設である児童相談所も、開設に反対する住民が出てきている（読売新聞「児相開設　住民反対で暗礁」2016年10月6日付大阪夕刊）。

＊4　朝日新聞「ベビーカーたたまず乗車OK　マーク認知道半ば」（2015年11月24日付東京夕刊）。

＊5　朝日新聞「初詣『ベビーカー自粛』のワケ」（2017年1月7日付東京朝刊）。

**POINT**

＊6　ノーワーク・ノーペイの原則からすると無給だが、雇用保険から育児休業給付金が出ており、給料の約7割が保障されることとなっている。

**用語解説**

＊7　労働者
ここでいう労働者とは、労働基準法9条に定める「労働者」と同一と考えられ、「職業の種類を問わず、事業又は事務所（以下「事業」という）に使用される者で、賃金を支払われる者」となっている。したがって、アルバイトやパートなど呼称を問わず、労働者である。

苦しんでいます。それは、夫と妻の子育て・家事にかかわる時間の差にあらわれています。総務省統計局が行った「平成23年 社会生活基本調査結果」によると、10歳以上の男女が家事にかかわった時間の平均は、女性が3時間35分、男性が42分となっています[10]。以前に比して、男性が家事にかかわる時間が長くなっているとはいえ、働く母親は育児のみならず、家事も、仕事もこなすスーパーウーマンでなければならない状況になっています。

では、出産はどうでしょうか。そもそも女性が子どもを産むのって、大変なことなのですか？

女性が子どもを産む場合、女性というよりは「母」として生物学的・身体的に保護されるべきだという考えにもとづき、**母性保護**に関する法律があります。たとえば、男女雇用機会均等法には、妊娠中に健康診査（健診）などを受けるために必要な時間を事業主[*8]が確保しなければならないことが定められています（12条）[*9]。また、妊娠・出産を理由とする不利益な取扱い、たとえば、解雇することや降格させること、減給をすることなどが禁じられています（9条）[*10]。また、労働基準法には、女性が希望した場合に、事業主は産前6週間、産後8週間の**産前産後休業**を与えなければならないことが定められています（65条1項・2項）。さらに、事業主は、妊娠中の女性労働者が、軽易な業務への転換を希望した場合には、それを認めなければなりませんし（65条3項）、危険有害な業務に就かせることや（64条の3）、残業や深夜業をさせることもできません（66条2項・3項）[*11]。

このように守られた妊産婦ではありますが、さらに出産にあたって、みなさんが加入している医療保険から**出産育児一時金**が支払われます（健康保険法101条・114条・国民健康保険法58条など）。この出産育児一時金は、分娩の費用にあてられ、あらかじめ手続きをしておくと、医療保険から42万円（産科医療補償制度[*12]に加入しない場合は39万円）が支払われます。つまり、産科で出産をする際に、かかった費用から42万円が差し引かれ、残りの金額を支払えばよいということになります。また、上記で述べた産前産後休業中には、同じく医療保険から、出産手当金が支払われます。出産手当金は、1日休業するごとに、標準報酬日額[*13]の3分の2に相当する金額をもらえるものです。

このように、出産に関しては多くの法によって守られていることがわかります。ですが、産前産後休業も、出産手当金も「働いている」ということが前提です。**M字型カーブ**[*14]といわれるように、出産を機に辞めてしまう女性も多く、これらの規定が適用されないケースもよくみられます。

> **用語解説**
>
> **\*8 事業主**
> 会社の場合は法人そのもの、個人事業の場合は、個人事業主を指す。ただし、事業主の法律上の定義はない。一方で、使用者は、「事業主又はその事業の経営担当者その他その事業の労働者に関する事項について、事業主のために行為をするすべての者」（労働基準法10条）と定義されており、使用者のほうが事業主よりも、少し範囲が広くなっている。
>
> **CHECK**
> **\*9** 妊産婦の健診は、病気ではないので医療保険の対象（窓口での3割負担の対象）にはならないが、市町村によって、妊産婦健診の助成制度があり、無料もしくは、軽費で受診できる。
>
> **CHECK**
> **\*10** いわゆるマタハラ裁判（最判平成26年10月23日民集68巻8号1270頁）では、妊娠中の女性が軽易な業務への転換を希望したに、企業が降格したのは、男女雇用機会均等法9条3項の禁止する不利益な取扱いに該当すると判断している。
>
> **POINT**
> **\*11** 時間外労働や休日労働の残業や深夜業（23時～翌5時まで）の制限は、女性労働者が請求した場合。労働基準法の規定に違反した事業主は、6か月以下の懲役又は30万円以下の罰金に処せられる（119条）。

# 2 ── 少子高齢社会とワークライフバランス

少子化が進むなか、結婚や出産・育児をすると選択した人に対するサポートとして、「ワークライフバランス」という考え方があります。この考え方により、政府や地方自治体は少子化対策として、働く母親に対する支援を進めてきました。

 ワークライフバランスって、具体的にはどんなことをしているのですか？

ワークライフバランスとは、仕事と家庭（あるいはプライベートな生活）を両立させるということです。先に述べた1.57ショック以降、政府は少子化対策として、ワークライフバランスに本腰を入れています。保育施設を増やすことや低年齢児（0～2歳児）保育・延長保育など多様な保育を充実させること、地域単位で、育児の相談に乗る地域子育て支援センターの設置などをうたい、保育中心に施策を講じた「エンゼルプラン」(1995[平成7]年度～1999[平成11]年度)や、エンゼルプランに雇用、母子保健、相談、教育等の事業も加えた幅広い内容の施策をつけ加えた「新エンゼルプラン」(2000[平成12]年度～2004[平成16]年度)などを行ってきました。それでも少子化は解消せず、ついには2003(平成15)年に法律を制定するに至ります。次世代を担う子どもたちを社会・企業も育てるという観点から、地方自治体や企業における取り組みの計画を策定させる次世代育成支援対策推進法や、少子化に対処するための政策の根拠としての少子化社会対策基本法です。法制定以降も、子ども・子育て応援プラン(2005[平成17]年度～2009[平成21]年度)や少子化社会対策大綱（子ども・子育てビジョン）の策定(2010[平成22]年1月～2015[平成27]年3月)など、次々と施策を打ち出しています[12]。こうした一連の施策の流れは、図表10-1に記しています。このように、たくさんの施策が講じられていることがわかるでしょう。

そしてこれらの集大成が、2012(平成24)年に制定された**子ども・子育て支援法**です。この法律では、子どもを育てるにあたり、家庭、学校、地域、職場が協力して、子育てをすることを定めています(2条)。そして、子育てのための現金給付(9条)、教育・保育給付(11条)について定め、地域による子育て支援(59条)、仕事と子育ての両立支援策(59条の2)について定めるなど、総合的なサービスカタログのような法律となっています。この法律にもとづいて、未就学児の子どもを、3歳以上で保育の必要がない1号認定子ども、3歳以上で保育の必要がある2号認定子ども、0～2歳で保育の必要がある3号認定子ども、という3つのパターンに分けています。そして、1号の子どもは教育機関である幼稚園に、2

---

**用語解説**

*12 産科医療補償制度
　出産の際に、なかなか赤ちゃんが生まれてこず、重度脳性麻痺になってしまった場合に、産まれてきた赤ちゃんとその家族に対して、見舞金や介護費用などを補償し、その原因を調査・分析する制度である。また、再発防止のための調査・研究も行われている[11]。

**用語解説**

*13 標準報酬日額
　毎月もらう給料（報酬）を区切りのいい金額（たとえば、10～20万円など）で分け、その範囲に当てはまる金額を15万円と計算するといった一覧表を作り、その当てはまる金額を30で割ったものである。この例で言えば、5,000円が標準報酬日額である。

**用語解説**

*14 M字型カーブ
　女性が働いている率を年齢ごとに示した年齢階級別労働力率のグラフにおいて、アルファベットのMのように、ある一定の年齢でその労働力率が下がっている（くぼんでいる）ことを言う。出産・育児期の30代の落ち込みが大きいが、近年それが右寄り（Mのくぼみ部分の年齢が上がってきている）になってきている。

第10章 ライフスタイルの選択──出産と子育て

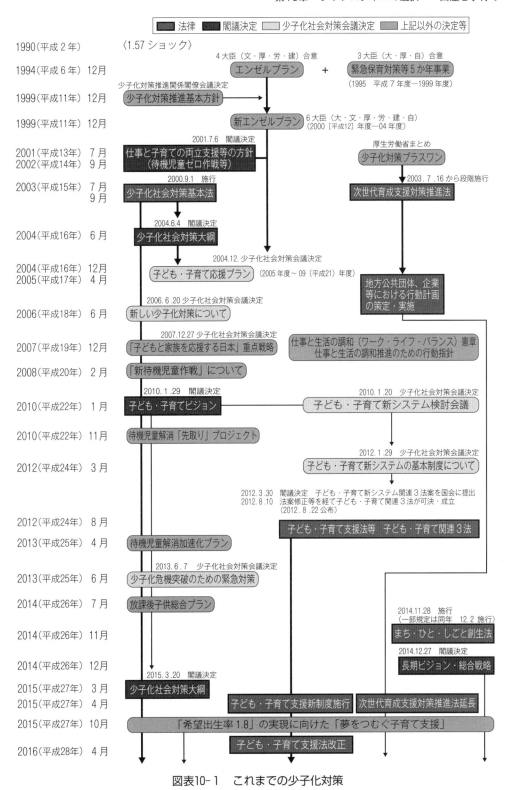

図表10-1 これまでの少子化対策

出典：内閣府『平成28年版 少子化社会対策白書概要版』2016年、p.33

号、3号の子どもは保育所に入所することになっています（19条）。保育所に入所するにあたっては、両親がどのくらいの時間働いていて、どのくらいの保育が必要なのか、祖父母が近くにいるのか、後に述べるようなシングルマザー（シングルファーザー）なのか、などの基準にしたがい、保育の必要性が高い人から入所できる仕組みになっています。しかし、近年、共働き世帯が増え、子どもを預ける時間が短い幼稚園よりも、働く時間に合わせて子どもを預かってくれる保育所に対するニーズが高くなっており、慢性的に保育所が不足し、「保育園落ちた、日本死ね！」という言葉が流行語になるなど、保育所不足と保育の担い手不足が深刻化しています。

 働くことと子育てすることが両立でき、なおかつ、少子化を解消するには、何が必要でしょうか？

とてもむずかしい質問ですね。それがわかれば、現状のような少子社会にはなっていないからです。図表10-2は、2014（平成26）年までの子どもの産まれた数（出生数）と合計特殊出生率をみたグラフです。

合計特殊出生率は、近年ほぼ横ばいですが、大切なのは出生数で、年々減少傾向にあり、平成28（2016）年の調査では、推計で出生数が981,000人と、戦後はじめて100万人を割り込みました[13]。

子育てに対する社会や地域、職場の理解がなく、働き続けたい、働かなくてはならないのに、誰も協力してくれないのでは、誰も子どもを産み、育てたいと思

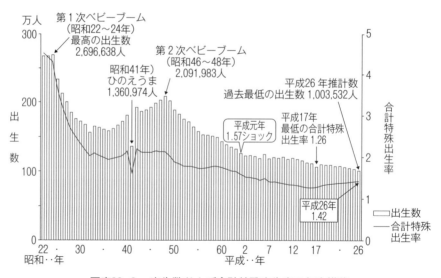

図表10-2　出生数および合計特殊出生率の年次推移

出典：厚生労働省「人口動態統計」2015年

いません。女性の就業率が高く、出生率も高い国としては、スウェーデンやフランスが有名ですが、保育サービスが充実して、待機児童がいなかったり、出産休暇や育児休業が男性にも義務づけられていたり、出産手当てが充実していたりと、多様なサービスが提供され、行政によるサポートが十分であることが共通しています[14)15)]。日本も制度はあるわけですから、あとは、その徹底と積極的に利用できる環境作りが、大切なのかもしれませんね。

## 3 ── もしシングルマザー（ファーザー）になったら

　結婚・出産は、自己の選択ですが、夫婦がお互いうまくいかなくなったときに離婚するのもまた自己の選択です。とはいえ、子育ては、夫婦でいたときでさえ大変だったのに、一人（シングル）になってしまったら、どうなるのでしょう。

最近では、離婚率が高いって聞きますが、シングルマザーやシングルファーザーってどのくらいいるんですか？

　シングルマザーやシングルファーザーは、統計では「ひとり親世帯」といい、「平成22年国勢調査」の人口等基本集計結果によると[16)]、4,523,000世帯（全世帯に占める割合は8.7％、前回の5年前の調査に比して、11.1％増）となっています。厚生労働省「平成23年度 全国母子世帯等調査結果報告」によれば[17)]、シングルマザー（調査では「母子世帯」）になった理由として最も多いのは、離婚（80.8％）で、次いで未婚の母（7.8％）、死別（7.5％）となっています。一方で、シングルファーザー（調査では「父子世帯」）になった理由として最も多いのは、離婚（74.3％）で、次いで死別（16.8％）となっています。

ひとり親だとなにが大変なのでしょうか？

　前節でみたように、夫婦共働き世帯でさえ子育てが大変なのに、ひとり親世帯だと、親が1人ですから、さらに大変であることが想像できますね。さらに、より深刻な問題として、シングルマザー家庭の経済的な問題があります。先ほどの「平成23年度 全国母子世帯等調査」をみてみると、シングルマザー家庭の2010（平成22）年の平均年間収入は223万円、母自身の平均年間就労収入は181万円となっています。一方で、シングルファーザー家庭の2010（平成22）年の平均年間収入は380万円、父自身の平均年間就労収入は360万円となっています。両親がいる家庭の平均収入は、妻が無職の場合に617.8万円、妻がパート・アルバイトの場合

子どもの貧困も大きな問題になっています

に552.2万円、妻が正社員の場合に797.7万円となっていますから[18]、これらデータからすると、シングルマザー家庭に対する経済的支援が必要であることがわかります。

シングルファーザー家庭に対しては、どのような支援が必要でしょうか？

　もちろん経済的支援も必要ですが、シングルマザー家庭とはニーズが異なると考えてよいでしょう。というのも、同じ「平成23年度　全国母子世帯等調査」で親の帰宅時間を聞いた項目もあるのですが、シングルマザーの場合、午後6時以前（35.8％）と午後6時〜8時（39.8％）が同じくらいの数字となっているのに対し、シングルファーザーの場合、午後6時〜8時（47.3％）と最も多く、午後6時以前（18.0％）と午後8時〜10時（15.6％）が同じくらいの数字となっています。つまり、シングルファーザー家庭のほうが、帰宅時間が遅いということです。そうなると、シングルファーザー家庭に対しては、経済的支援というよりも、子どものお迎え、預かりといった子育てにかかわる支援や夕食の支度などの家事に対する支援が必要であることがわかりますね。

具体的にはどんな支援がありますか？

　まず、経済的支援として、現在、100万人ほどが受給している[19]、児童扶養手当があります。**児童扶養手当**は、児童扶養手当法にもとづき、18歳未満の子どもを育てる父母、場合によっては祖父母等に支給されます（4条）。手当額は収入に応じて変化し、満額受給できる場合は、子ども3人の世帯で年収227万円未満、手当額は子ども1人で月額4万円ほど、2人目は1万円を加え、3人目以降は6,000円を加える方式になっています（施行令2条の4、3条）。そして、年収が460万円を上回る場合には支給されません（施行令2条の4）。そのほか、会社を起こすための資金や資格を取得するための資金、生活資金などを、都道府県等が貸してくれる**母子父子寡婦福祉資金貸付金**、という制度もあります（母子父子寡婦福祉法36条）。母子父子寡婦福祉資金貸付金は、貸し付けの目的にもよりますが、ほぼ無利子、あるいは低率の利子でお金を貸してくれるため、他の金融機関でお金を借りるよりも有利になっています。

　次に、シングルマザーの平均年間収入が低いことから、よりよい待遇の就業先を確保できるよう、特にシングルマザーに対する就業支援を行っています。具体的には、全国にマザーズハローワーク（マザーズコーナー）を設け、女性に特化した職業紹介や託児サービス付きのセミナーなどを実施しています[20]。また、同

じく全国に、**母子家庭等就業・自立支援センター**を設け、就業に向けての支援体制を充実させています[21]。加えて、事業主に対しては、トライアル雇用奨励金などの助成金を設け、シングルマザーやシングルファーザーを雇用した事業主に対し、助成金を交付するという取り組みも行っています*15。

最後に、子育て・生活支援として、乳幼児・子どもの世話や食事の準備、生活必需品の買い物などを家庭生活支援員と呼ばれる人が行う、**ひとり親家庭等日常生活支援事業**や、子どものしつけや健康管理などの相談・講習を行うひとり親家庭等相談支援事業や生活支援講習会等事業、ひとり親家庭の子どもに対する学習支援を学習ボランティア（大学生）が行う、学習支援ボランティア事業などがあります[23]。

このように、お金のことから、子どもの学習、しつけまで、幅広いサービスを行政が行うことによって、シングルマザーやシングルファーザーの家庭を支えています。とはいえ、これらのサービスは必ずしも十分ではありません。

> POINT
> *15 事業主がシングルマザーやシングルファーザーを雇用した場合、月額5万円を最長3か月間もらえる仕組みである[22]。

---考えてみよう---
働く母親やシングルマザー（ファーザー）がもっと子育てしやすい社会になるためには、どうしたらよいでしょうか。なにかみなさんにできることはあるでしょうか。

【引用・参考文献】
1) 内閣府『平成16年版少子化社会白書』ぎょうせい、2004年、p.2
2) 国立社会保障・人口問題研究所「人口統計資料集2016年版」(http://www.ipss.go.jp/syoushika/tohkei/Popular/Popular2016.asp?chap=0)
3) 厚生労働省「平成27年人口動態統計月報年計（概数）の概況」(http://www.mhlw.go.jp/toukei/saikin/hw/jinkou/geppo/nengai15/index.html)
4) 国立社会保障・人口問題研究所「第15回出生動向基本調査（結婚と出産に関する全国調査）」(http://www.ipss.go.jp/ps-doukou/j/doukou15/NFS15_gaiyou2.pdf)、朝日新聞デジタル「生涯未婚率、男性23％・女性14％　過去最高（井上充昌）」(2017年4月5日20時25分配信：http://www.asahi.com/articles/ASK453S6KK45UTFK00G.html)
5) 国立社会保障・人口問題研究所「第15回出生動向基本調査（結婚と出産に関する全国調査）」(http://www.ipss.go.jp/ps-doukou/j/doukou15/doukou15_gaiyo.asp)
6) 国立社会保障・人口問題研究所「第Ⅲ部　独身者・夫婦調査共通項目の結果概要：1．子どもについての考え方：第15回出生動向基本調査（結婚と出産に関する全国調査）」(http://www.ipss.go.jp/ps-doukou/j/doukou15/gaiyou15html/NFS15G_html10.html#h3%203-1-4)
7) 内閣府『平成27年度版男女共同参画白書』2015年、p.55
8) 厚生労働省「『平成27年度雇用均等基本調査』の結果概要」(http://www.mhlw.go.jp/toukei/list/dl/71-27-07.pdf)
9) 厚生労働省委託調査「平成25年度育児休業制度等に関する実態把握のための調査研究事業報告書」p.45 (http://www.mhlw.go.jp/file/06-Seisakujouhou-11900000-Koyoukintoujidoukateikyoku/zentaiban.pdf)
10) 総務省統計局「結果の概要：平成23年社会生活基本調査結果」p.16 (http://www.stat.go.jp/data/shakai/2011/pdf/gaiyou2.pdf)

11) 日本医療機能評価機構「産科医療補償制度」(http://www.sanka-hp.jcqhc.or.jp/pregnant/outline.html)
12) 内閣府『平成28年版　少子化社会対策白書』2016年、p.33-42
13) 厚生労働省「平成28年（2016）人口動態統計の年間推計」(http://www.mhlw.go.jp/toukei/saikin/hw/jinkou/suikei16/index.html)
14) 渡部かなえ「スウェーデン・フィンランドと日本の子育て支援：出生率増減の原因と結果」『青山学院女子短期大学紀要』65号、2011年、pp.83-94
15) 星三和子「フランスの子育て支援の発展と現状：日本の子育て支援を考える上での考察」『名古屋芸術大学研究紀要』34巻、2013年、pp.279-294
16) 総務省統計局「平成22年国勢調査人口等基本集計結果の概要」(http://www.stat.go.jp/data/kokusei/2010/kihon１/pdf/gaiyou１.pdf)。なお、平成28年に国勢調査が行われており、最新の結果は、平成29年９月に公開される予定である
17) 厚生労働省「平成23年度全国母子世帯等調査結果報告」(http://www.mhlw.go.jp/seisakunitsuite/bunya/kodomo/kodomo_kosodate/boshi-katei/boshi-setai_h23/)。なお、平成28年に同じ調査が行われているが、名称は「平成28年度全国ひとり親世帯等調査」に変更になっている
18) 労働政策研究・研修機構「JILPT調査シリーズNo.95子どものいる世帯の生活状況および保護者の就業に関する調査」p.25 (http://www.jil.go.jp/institute/research/2012/documents/095.pdf)
19) 厚生労働省「福祉行政報告例（平成28年11月分概数）」(http://www.mhlw.go.jp/toukei/saikin/hw/gyousei/fukushi/m16/11.html)
20) 厚生労働省「マザーズハローワーク・マザーズコーナー」(http://www.mhlw.go.jp/kyujin/mother.html)
21) 厚生労働省「母子家庭等就業・自立支援センター事業について」(http://www.mhlw.go.jp/stf/seisakunitsuite/bunya/0000062967.html)
22) 厚生労働省「トライアル雇用奨励金」(http://www.mhlw.go.jp/stf/seisakunitsuite/bunya/koyou_roudou/koyou/kyufukin/trial_koyou.html)
23) 厚生労働省「ひとり親家庭等生活向上事業について」(http://www.mhlw.go.jp/stf/seisakunitsuite/bunya/0000097604.html)

第10章　ライフスタイルの選択——出産と子育て

専門機関ガイド

# 女性センター

　街を歩いていると、たまに「女性センター」や「男女共同参画センター」といったような名称の施設に出会うことがあります。女性センターがあるんだから、男性センターもあるだろう、と思うかもしれませんが、実は男性センターという施設はありません。

　女性センターは、都道府県や市町村が設置している施設です。その目的は女性問題の解決、女性の地位向上、女性の社会参画といわれています（内閣府男女共同参画局 http://www.gender.go.jp/policy/no_violence/e-vaw/soudankikan/06.html#pref32）。具体的には、女性の地位向上や社会参画のために、資格取得や起業に関するさまざまなセミナーや女性の生き方、それにまつわるお金や権利にかかわる講義、映画の上映などがなされています。

　普段はこのような使われ方ですが、なにより、この女性センターが最も重要な役割を発揮するのが、女性が配偶者やパートナーにドメスティック・バイオレンス（DV）を受けたときです。DVは、たんに暴力をふるうというだけでなく、大声でどなる、友人関係を制限する、無視する、なども含まれます。男女共同参画社会基本法にもとづき、2010（平成22）年に策定された、第3次男女共同参画基本計画では、女性に対する暴力の根絶が謳われ、そのための取り組みとして、女性センターのなかに配偶者暴力相談支援センターを設けている都道府県や市町村が多いのです。ですから、DVがあったというときには、この女性センターに駆け込むことができるのです。

　なぜ女性センターだけがあるのか、という問いには、明確な政府見解はありませんが、女性が置かれた社会的な状況を考えてみるとよいでしょう。先ほどの第3次男女共同参画基本計画策定のきっかけとなった、国連・女子差別撤廃委員会の最終見解（2009［平成21］年8月7日）では、日本の女性が置かれた社会的な状況について、次のように指摘しています。固定的性別役割分担意識が根強く、それが教育や労働、政治の分野に影響し、女性が労働市場で不利に扱われるとともに、政治的・公的活動や国政・市政の意思決定において、意見を言えないとしています。女性に対する暴力に対して、2001（平成13）年にDV防止法を制定してはいたものの、相談機関や救済措置が不十分とも述べています（内閣府「資料　女子差別撤廃委員会の最終見解（仮訳）」『平成22年版　男女共同参画白書』http://www.gender.go.jp/whitepaper/h22/zentai/html/shisaku/ss_shiryo_2.html）。こうした指摘を改善するためにも、女性センターは、女性自身が賢くなり、社会につながりをもち、なおかつ、DVを逃れるための駆け込み寺として必要だといえるでしょう。

　なお、女性に対する暴力の根絶のために、毎年11月12日～25日は、「女性に対する暴力をなくす運動」週間となっていて、パープルリボンキャンペーンなどが行われています。また、DV相談ナビ（☎0570-0-55210）という電話相談窓口も設けられています。

# 第11章 お金にまつわる問題

関連するのは
民法
消費者法

ここでは、クレジットカードや借金（ローン）にかかわる法律を学びます。

〈キーワード〉
- クレジットカード
- 金銭消費貸借契約
- 多重債務

## 1 ── クレジットカード

買物をする場合、クレジットカードを使うと便利ですよね。ここでは、クレジットカードのしくみや利用するときの注意点についてみていきます。

 買いたい物があるのに手元にお金がなかったとしたら、どうしますか？

高校を卒業したばかりの大学生だと、ほしい物があっても手元にお金がなければ、「買わずに我慢しよう」とか「お金を貯めてから買おう」と思う人が多いかもしれません。でも、社会人になってまとまった収入が得られるようになってくると、「**クレジットカードを作って（使って）買おう！**」という選択肢も考えられるのではないでしょうか。クレジットカードを作れば（使えば）、お金を後払いにして、ほしい物を買うことが可能となります。また、最近では、スマートフォンの普及もあってインターネット通販がさかんに利用されていますが、そのような場合でもクレジットカードで支払いを済ませることができます。

 いつかクレジットカードを作ってみたいけど、簡単に作れるのですか？

クレジットカードを作ろうと思った場合、消費者は、まずクレジット会社にカード発行の申し込みをします[*1]。具体的には、申込書に必要事項を記入し、郵送または申込窓口に持参して申し込みます。

申込書を受けつけたクレジット会社は、まず、申込者の信用調査（審査）を行います。つまり、本人の経済状況等について調査が行われ、その人が本当に支払いのできる人であるか否かが審査されます。その結果をふまえ、支払うことができる人であることが確認されると、申込者にクレジットカードが発行されます。クレジットカードが発行されると、消費者は、会員規約に書かれた内容にもとづいて、これを利用することができるようになります。

[*1] 日本クレジットカード協会の調査によると、2016（平成28）年3月末のクレジットカード発行枚数は約2億6,600万枚。成人1人あたり2.5枚保有していることになる[1]。

未成年者でも、1人でクレジットカードを作ることができますか？

まだ20歳になっていない未成年者\*2の契約について、民法は、原則として、親権者（親）など法定代理人\*3の同意が必要であるとしています（民法5条1項）。親の同意を得ずに契約を結んでしまった場合は、これを取り消すことができます（民法5条2項）。ただ、未成年者本人の不利益にならないような権利を得る行為、義務を免れる行為（民法5条1項ただし書）、お小遣いや仕送りのように親が使ってもいいとして未成年者に渡しているお金の場合は、いちいち親の同意を得る必要はありません（民法5条3項）。以上のことから、未成年者でもクレジットカードを作ることはできますが、クレジット会社から親の同意を求められることになります。

 クレジットカードって、どんな使い方ができるのですか？

クレジットカードには、大きく分けて**ショッピング機能**と**キャッシング機能**という2つの機能があります。まず、「ショッピング機能」により、クレジットカードがあれば、手元に現金がなくても後払いや分割払いなどの方法で商品を購入できます。あるいは、英会話を習うなどのサービスの提供を受けたりすることもできます。また、「キャッシング機能」により、クレジットカードで一時的にお金を借り入れることができます。

クレジットカードは、利用者にとって便利な面もありますが、利用に際してさまざまなトラブルも発生しています。利用者とクレジット会社の契約関係は、クレジット会社が出している会員規約に書かれています。クレジットカードを利用するに当たっては、会員規約の内容を十分に確認しておく必要があります。

---

**Mini Column　インターネット通販の注意点**

とても便利なインターネット通販ですが、もし届いた商品に不具合があった場合や注文した商品がイメージと違っていた場合、返品は可能でしょうか。

訪問販売、**キャッチセールス**\*4、**アポイントメントセールス**\*5などで商品を買わされてしまった場合、期限内であれば**クーリング・オフ制度**\*6を利用して契約を解消できます。この制度は心の準備がないままにセールスのプロに勧められて購入しているため、消費者に冷静に考え直す時間を与える目的で設けられているものです。しかし、インターネット通販などの**通信販売**は、初めから自分の意思で注文して購入するため、クーリング・オフ制度が使えません。そのため、商品に不具合があった場合などは、通販会社がそのウェブサイトで明示している「返品ルール」に従うことになります。返品ルールとは、返品できるか否か、返品できる場合は返品の費用を誰が負担するか等に関する取り決めのことです。なお、返品ルールが明示されていない場合は、特定商取引法の定めにより、商品を受け取った日から8日間は、返品費用を消費者が負担することで返品できるとされています。

インターネットで通信販売を利用する場合には、注文する前に返品ルールを確認しておくことが大切です。

---

\*2　近年、成人年齢を18歳に引き下げるかどうかが議論されている（第9章ミニコラム [p.109] を参照）。

\*3　法定代理人については、第2章の注1 (p.29) を参照。

**用語解説**

\*4　キャッチセールス
街頭で「アンケートに協力してもらえませんか」などと言って近づいて、目的を告げないまま営業所等へ連れて行き、商品等を買わせる悪質商法のことをいう。

**用語解説**

\*5　アポイントメントセールス
電話などで「抽選に当たったので景品を取りに来て下さい」などと言って営業所等に呼び出し、商品等を買わせる悪質商法のことをいう。

**POINT**

\*6　契約を解消するためには、法的に意味のある理由が必要となる。特定商取引法という法律では、キャッチセールス、アポイントメントセールスなどについて、クーリング・オフができる旨を規定している。クーリング・オフは、一定期間内であれば無条件で契約を解消できるしくみである。なお、クーリング・オフには期間制限があり、キャッチセールスやアポイントメントセールスであれば、契約書面を受け取ってから8日間はクーリング・オフができる。

第Ⅲ編　社会人の世界

## クレジットカードの利用は、どのようなしくみになっているのですか？

＊7　売買契約について詳しくは、第1章（p.15）を参照。

商品を後払いで買う場合について、消費者が販売店で商品を買う売買契約[＊7]を例にとって説明していきましょう[2]。

「契約を結ぶ人が誰か」に着目してみると、次の2つに分類することができます。1つは、販売店自身が、消費者に後払いを認める場合です。この場合は、**二者間契約**となります（図表11-1）。もう1つは、販売店とは別にクレジット会社がかかわる**三者間契約**となる場合です（図表11-2）。この場合は、まず、消費者が販売店で商品を購入します。その代金については、クレジット会社が立替払契約等により販売店に支払います。そして、クレジット会社が、消費者に代金の支払いを請求するという形をとることになります。よって、関係者が増えると、その分、契約関係が複雑なものになっていきます。

次に、「契約方法」に着目してみましょう。まず、消費者が販売店で商品を買う契約を結ぶたびに、クレジット契約を結ぶという方法があります。これを**個別クレジット**といいます。また、あらかじめクレジットカードを作っておき、それを利用できる販売店で商品を買う方法があります。これを**包括クレジット**といいます。両者の違いは、商品を買うたびごとにクレジット契約を結んで買うのか、クレジットカードを使って買うのかという点にあらわれます。

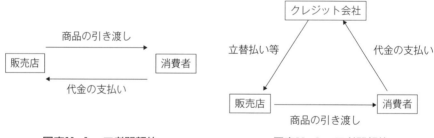

図表11-1　二者間契約　　　　　　図表11-2　三者間契約

---

**Mini Column　携帯電話・スマートフォンの購入とクレジット**[3]

　携帯電話やスマートフォンを購入する場合、みなさんは、購入代金をどのような方法で支払っていますか。一括払いにする人もいるでしょうが、携帯電話やスマートフォンの本体価格を分割払いにし、通信料金とともに支払っている人も多いのではないでしょうか。
　分割払いにしている場合、携帯電話やスマートフォンの代金の支払いについては、個別クレジット契約（個別信用購入あっせん契約）を結んでいることになります。これはクレジット払いですから、支払いを3か月以上遅延した場合には、信用情報機関に登録されてしまいます。そうすると他のローンの審査に影響が出るおそれがありますので注意が必要です。契約時には、自分が結んだ契約内容を十分に確認するようにしてください。

# 第11章　お金にまつわる問題

**Q6** クレジットカードを使って商品を購入した場合、どんな支払方法がありますか？

　クレジットカードを使って商品を購入する場合、5つの支払方法から選ぶことができます。すなわち、①1回払い[*8]、②2回払い[*9]、③ボーナス一括払い[*10]、④リボルビング払い[*11]、⑤分割払い[*12]の5つです。リボルビング払いと分割払いの場合には、代金のほか**手数料**の支払いが求められます。購入した商品等の価格より支払総額が大きくなりますので、利用する場合は注意が必要です。

　これらの支払方式のうち、リボルビング払いについては特に注意が必要です。リボルビング払いは、分割払いのように支払回数を決めるものとは異なります。毎月の支払額を一定にできる点で便利な面もありますが、利用状況を把握せずに何度も使っていると、支払残高が増えたり、支払期間が延びてしまったりすることもあります[4]。

　リボルビング払いをめぐっては、「ポイント特典を受けられるとしてカードを作り、後日送られた請求書をみたところ、リボルビング専用カードだったことがわかった」[5]、「一括払いで支払ったと思っていたところ、実際にはリボルビング払いになっていたため、支払いが継続していたことがわかった」[6]などのトラブルが発生しています。クレジットカードを作るときに、自分がどのようなカードを作っているのかを意識して契約を結ぶことが大切です。

### ▶CASE①
　Aさんは、B販売店で本棚を購入し、C社のクレジットカードを利用して代金を支払いました。ところが、配達予定日になっても配送されてきません。その後、Bに問い合わせるも「もう少し待ってくれ」と言われるだけで、本棚は配送されて来ません。このような状況でC社から支払いを求められた場合、Aさんは支払いを拒否できますか？

　Aさんが、クレジットカードを利用せずにB店との間で本棚を購入していた場合であれば、売買契約の相手方であるB店に対し、早く本棚を引き渡してくれということができるとともに、引き渡されるまでは支払いを拒むことができます[*13]。しかし、クレジットカードを利用した場合、Aさんが代金を支払う相手は、B店ではなくC社となります。つまり、本棚の売買契約とは直接関係のないC社が支払いの相手となりますので、代金の支払いを拒むことができないのではないか、との見方もできそうです。では、このような場合、どのように考えればいいのでしょうか。

　クレジットカードを利用する場合のルールを規定している法律に**割賦販売**（かっぷ）

---

### 用語解説

**＊8　1回払い**
　購入した商品等の代金を翌月に一括して支払う方法。翌月一括払い、マンスリークリア方式ともいう。この方法の場合、手数料はかからない。

**＊9　2回払い**
　購入した商品等の代金を翌月及び翌々月の2回に分けて支払う方法。この場合、手数料はかからない。

**＊10　ボーナス一括払い**
　購入した商品等の代金をボーナス時期に一括して支払う方法。この場合も、手数料はかからない。

**＊11　リボルビング払い（リボ払い）**
　購入した商品等の代金を、毎月一定の額（元本返済額と手数料の合計）にして支払う方法。

**＊12　分割払い**
　支払回数を指定して、商品の購入額と手数料を指定した支払回数に分割して支払う方法。支払終了時期が明確となる方法である。

### POINT
**＊13**　民法は、売買契約のように契約当事者双方が義務を負う契約（双務契約）の当事者の一方は、「相手方がその債務の履行を提供するまでは、自己の債務の履行を拒むことができる」と規定している（533条）。CASE①にあてはめると、Aは、本棚を引き渡してもらうまでは代金の支払いを拒むことができる、ということになる。このようなAの主張を「同時履行の抗弁権」という。

---

135

### 用語解説

\*14 割賦販売法
代金後払いで商品等を購入する取引としての「割賦販売」「ローン提携販売」「信用購入あっせん」、前払式取引としての「前払式割賦販売」「前払式特定取引」についてルールを定めている法律。

### ✓ここも／CHECK

\*15 支払停止の抗弁については、クレジットカードの会員規約に手続方法などが定められているので、確認をしておくことが大切である。

法\*14があります。この法律によれば、CASE①のように商品が届かない場合に、支払いを拒むことが可能となります（30条の4第1項）。これを、**支払停止の抗弁**といいます\*15。ただし、クレジットカードを利用した場合で「支払停止の抗弁」を主張できるのは、「2月を超える後払い」に限られています。したがって、Aさんが、リボルビング払いや分割払いなどを利用している場合はC社の支払請求を拒むことができますが、2か月を超えない1回払いを利用していた場合はこのような主張ができない、ということになります。

CASE①ではB店が本棚を引き渡してくれない場合を取り上げましたが、これ以外にも、商品に瑕疵（欠陥）がある場合などについてもこのような主張をすることができます。

手持ちのお金がなかった友人に頼み込まれ、断り切れずにクレジットカードを貸してしまい、その後、クレジット会社から支払いを請求されました。この場合、カードを貸した本人が代金を支払わなければならないのですか？

クレジットカードを申し込み、その発行が認められるとクレジット会社からカードが送られてきます。クレジットカードは、クレジット会社からクレジット会員に貸与されるものであり、会員はカードの管理などについて**善良なる管理者の注意義務**（善管注意義務）\*16を課されています。また、カードは会員本人のみ使用できるものとされ、カードを他人に使用させることもできません。つまり、安易にカードを貸してはいけないということです。このようなことは会員規約に定められています。

### 用語解説

\*16 善良な管理者の注意義務（善管注意義務）
善管注意義務とは、物や事務を管理する場合に、その職業または地位にある人として要求される程度の注意を払うこと義務をいう。

他人にクレジットカードを貸してしまった場合、最も問題となるのは、他人が利用した代金の支払いがどうなるのか、という点です。クレジット契約は、会員本人とクレジット会社の間で締結されるものであり、基本的に支払義務は会員本人にあります。カードを借りた者が、「絶対迷惑をかけないから」と言っていたとしても、そのことを理由としてクレジット会社に代金の支払いを拒むことはできません。すなわち、カードを借りた者が買った物の代金は、カード名義人となっている会員本人が支払わなければならないことになるのです。

クレジットカードを盗まれ、その後、クレジット会社から支払いを求められました。この場合にも代金を支払わなければならないのですか？

クレジットカードの紛失、盗難、詐取（だまし取ること）、横領などにより他人

に不正使用されてしまった場合、会員規約によれば、本人に支払義務があるとされます。しかし、一定の要件を満たしている場合には、**会員保障制度**により不正使用による損害が補てんされます。盗まれたこと、紛失したことに気がついた場合は、すぐにカード会社に連絡しましょう。なお、クレジットカードが偽造された場合は、基本的に本人に支払義務がないとされています。

クレジットカードの保管には、くれぐれも注意しましょう。

 **Q9** では、キャッシュカードが偽造されたり、盗難にあった場合は、どうなりますか？

銀行預金を引き出すためのキャッシュカードが盗難にあったり、偽造されてしまったりして、預けているお金が引き出されてしまった場合は取り戻せないのでしょうか。

このような場合について、**預金者保護法**[*17]が被害者の補償についてルールを定めています。偽造された場合は全額補償されます。ただし、暗証番号を他人に知らせたり、暗証番号をカードに記入していたりするなど、被害者に**重過失**があった場合は補償されません。他方、盗難にあった場合は、**過失**や重過失がなければ全額補償されます。暗証番号を他人に類推されやすい番号にし、かつ免許証など番号を推測できるものと一緒に盗まれた場合のように、過失があると判断された場合は75％が補償されるにとどまります。なお、偽造の場合と同様に、重過失があった場合には補償されません。

預金者保護法は、キャッシュカードによる不正な払戻しを対象としています。通帳と印鑑による払戻し、インターネット・バンキングによる払戻しについては、全国銀行協会による申し合わせにより対応されています。

> **用語解説**
>
> ＊17　預金者保護法
> 盗難・偽造されたキャッシュカードにより引き出された被害を補償するために2006年（平成18）年2月10日から施行されている法律。正式には、「偽造カード等及び盗難カード等を用いて行われる不正な機械式預貯金払戻し等からの預貯金者の保護等に関する法律」という。

## 2 ── 借金・ローンや連帯保証人

病気やケガ等のため急な出費でお金が必要になった場合や、自動車など少し金額の大きな買い物をしようと思った場合に、お金を借りることがあるかもしれません。ここでは、お金を借りるときの注意点をみていきます。

自動車を買おうと思っていますが、手元に資金がありません。銀行からお金を借りようと考えています。お金を借りるということは、どのような契約なのですか？

借主が貸主からお金を借りた場合、借りたお金は自動車を買うという目的のために使用します。その後、借主は、契約で決められた期日に決められた金額を返済することになります。このように、借りた物をいったん消費するような契約は、民法では**消費貸借**\*18といいます。借りるものがお金の場合は、「**金銭消費貸借契約**」といいます。ローンという言葉は聞いたことがありますよね。ローンは、金銭消費貸借契約のことです。

### POINT
\*18 民法では、「消費貸借は、当事者の一方が種類、品質及び数量の同じ物をもって返還をすることを約して相手方から金銭その他の物を受け取ることによって、その効力を生ずる」と規定されている（587条）。

### ここも CHECK
\*19 2017年6月2日に改正民法が公布された（第1章の「民法改正」[p.28]を参照）。この改正で、利息に関する規定も改正される。すなわち、改正案では、年3％とされ、一定期間ごとに見直されることになっている。

### 用語解説
\*20 利息制限法
金銭消費貸借契約における利息に関するルールを定める法律。

\*21 出資法
「出資の受入れ、預り金及び金利等の取締りに関する法律」の略称で、高金利でお金を貸す者を処罰すること等を定めている法律。

\*22 貸金業者
消費者金融などお金を貸す業務を行っていて財務局や都道府県に登録をしている業者のことをいう[7]。

\*23 貸金業法
貸金業者に対するルールを定めている法律。

お金を借りた場合、利息の支払いが求められますよね。利息について、ルールはありますか？

お金を借りる、つまり金銭消費貸借契約を結ぶ場合、利息の支払いが取り決められていることが多いですよね。利息は、どのくらいの利率まで取ることが認められているのでしょうか。

利息について当事者間で特に取り決めがない場合は、民法では利率を年5％と規定しています（民法404条）\*19。当事者に取り決めがある場合には、**利息制限法**\*20が利率の上限について定めています。この法律によれば、元本が10万円未満の場合は年20％、元本が10万円以上100万円未満の場合は年18％、元本が100万円以上の場合は年15％とされています。たとえば、100万円を年15％で借りた場合、1年間で15万円の利息がつくことになります。この法律の定める利率を超える取り決めをしていた場合は、その超過部分が無効とされます（利息制限法1条）。

また、**出資法**\*21という法律が、高金利に対して処罰を伴う規制を行っています。出資法によれば、貸金業者\*22が貸し付けを行う場合の上限利率は20％とされ、これを超える場合には、5年以下の懲役もしくは1,000円以下の罰金またはこれを併科すると規定しています（出資法5条2項）。さらに、貸金業者が109.5％を超える利息の契約をしたときは、10年以下の懲役もしくは3,000万円以下の罰金またはこれを併科すると定められています（出資法5条3項）。

借りられるお金に上限はあるのですか？

複数の貸金業者から借り入れたために返済できない借金を負う者（**多重債務者**）の増加が社会問題化するなか、**貸金業法**\*23は過剰な貸し付けを防止するため借

第11章　お金にまつわる問題

りられる金銭の額に制限を設けました（2010［平成22］年6月18日から施行）。これを**総量規制**といいます[8]。すなわち、借入総額が年収の3分の1を超える場合、新規の借り入れができなくなります。さらに借り入れに際しては、源泉徴収票や給与明細など「年収を証明する書類」の提出が必要となっています。

この総量規制が適用されるのは、貸主が貸金業者の場合に限られます。したがって、銀行のカードローンなど銀行からの借り入れには適用されません。また、住宅ローンなど、低金利で返済期間が長く、定型的な貸し付けについても総量規制は適用されないこととされています。

なお、総量規制のために借り入れが困難になった者が、ヤミ金融[*24]やソフトヤミ金[*25]など違法な業者から借り入れ、返済をめぐるトラブルに巻き込まれるケースも出ており、注意が必要です。

> **Mini Column　銀行のカードローンをめぐる問題**
>
> 　銀行のカードローンの広告やCMを見たことはありませんか。銀行のカードローンは貸金業法の改正以降、利用が拡大しています。本文で述べたとおり、銀行のカードローンには「総量規制」が行われていません。つまり、収入の3分の1を超えるお金の借り入れが可能となるため、お金の借りすぎで返済に困る人が増えるのではないかが懸念されています。
> 　このような状況のもと、2016（平成28）年9月には日本弁護士連合会が「銀行等による過剰貸付の防止を求める意見書」[9]を金融庁などに提出しています。その後、2017（平成29）年3月には、全国銀行協会が銀行による消費者向け貸し付けについて申し合わせを行うなどの動きがみられます[10]。今後の動きに注目しましょう。

**用語解説**
*24　ヤミ金融
　貸金業法に基づく登録をせずに貸金業を営む業者で、違法な利息を取ったり、借り手を精神的に追い詰めるような過剰な取立てをしたりするものもある[11]。

**用語解説**
*25　ソフトヤミ金
　無登録で営業したり、違法な利息で貸し付けたりする点では従来のヤミ金融と同じだが、10万円以下の小口融資が多く、貸し付けや回収の対応がソフトな点で従来のヤミ金融と異なるものである。なかには、私生活のカウンセリング、返済相談にのるふりをするものある[12]。

**Q4**　お父さんの知人が事業資金のために借金をするから連帯保証人になってくれないかと頼んできました。依頼を受けても大丈夫ですか？

貸主にとって最も重要なことは、借主から確実に返済を受けられるか、ということです。そこで、住宅ローンや事業資金など多額のお金を借りるに際して、貸主から**保証人**あるいは**連帯保証人**を立ててほしいといわれる場合があります。それでは、保証人や連帯保証人とは、どのようなものなのでしょうか。

まず、保証人は、貸主との間で保証契約を結んだ場合、借主がお金の返済をし

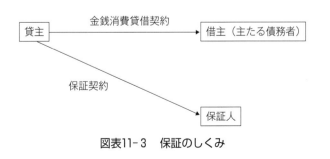
図表11-3　保証のしくみ

◆民法446条◆
保証人は、主たる債務者がその債務を履行しないときに、その履行をする責任を負う。

POINT
*26 ここにいう「主たる債務者」とは、貸主からお金を借りた借主本人のことをいう。

用語解説
*27 催告
相手方に一定の行為をするよう請求することをいう。

ないときに借主に代わって返済をする責任を負います*26（民法446条）。第三者の財産を担保にお金を借りるという点から、**人的担保**ともいわれます。

保証人は、借主本人が返済しない場合に責任を負うものとされています。つまり、民法によれば、保証人は貸主から返済を求められても、まず借主本人に催告*27すべきことを貸主に請求できます（民法452条：これを**催告の抗弁**といいます）。また貸主が保証人の財産を差し押さえようとしている場合であっても、一定の要件を満たしていれば、まず借主本人の財産を差し押さえなければならないとされます（民法453条：これを**検索の抗弁**といいます）。このように、保証人には、貸主から返済を求められ、あるいは財産を差し押さえられそうになったとしても、これを拒むことが可能となります。

他方、連帯保証人については、「催告の抗弁」も「検索の抗弁」の権利もないとされています（民法454条）。つまり、貸主が直接連帯保証人に返済を求めてきた場合、連帯保証人は、先に借主本人に請求するようにとか、借主本人の財産を差し押さえるようにということができず、即座にその請求に応じなければならないということです。つまり、連帯保証人は、借主本人と同じ重みで返済義務を負うことになり、保証人と比べると責任が重くなっているわけです。

以上からすると、お父さんは、たとえ知人の頼みであっても、引き受けるか否かについては慎重に判断する必要があります。

## 3 ── 多重債務の救済

多重債務に陥ってしまった場合、どうすればよいのでしょうか。ここでは、このような場合に取り得る法的手段についてみていきます。

▶CASE②
クレジットカードを使いすぎたり、お金を借り入れすぎたりして、お金が返せなくなってしまった場合には、どのような救済制度がありますか？

用語解説
*28 特定調停は、「特定債務等の調整の促進のための特定調停に関する法律」（特定調停法）に定められた制度。『司法統計年報（民事・行政編）』によれば、特定調停の申立ては、法施行後の2000年には21万件あったが、2014（平成26）年には3,358件、2015（平成27）年には3,067件となっている。

複数の業者からお金を借りたために返済が困難になってしまった場合（**多重債務**）の救済方法として、任意整理、特定調停、個人再生、自己破産、があります。以下に、それぞれについて説明していきましょう[13]。

**任意整理**は、借主（債務者）からの委任を受けた弁護士等が、貸主（債権者）と借金（債務）の返済方法等について話し合いをすることを通して問題解決を図ろうとするものです。

**特定調停**\*28は、返済が困難になっている借主が簡易裁判所に申し立て、生活などの立て直しを図るために貸主と返済方法等について話し合って解決を図ろ

とする手続きで、民事調停\*29の特例として定められています14)。この制度は、民事調停に比べ多重債務者にとって利用しやすいものになっています。この手続きでは、借主が裁判所に申立てを行うと、調停委員が貸主との間に入って双方の意見を調整していきます。

　一定の要件を満たす借主については、民事再生法\*30にもとづく個人再生による救済を受けられる場合があります。それが**個人再生**です。将来において継続的にまたは反復して収入を得る見込みがあり、かつ、借金の総額が5,000万円を超えない場合には、「小規模個人再生」を申し立てることができます。また、上記の要件を満たす借主で、給与またはこれに類する定期的な収入を得る見込みがある者であって、かつ、その額の変動の幅が小さいと見込まれるものについては、「給与所得者等再生」の申立てをすることができます。民事再生は、借主が借金を分割して返済する計画を立て、その計画が裁判所に認められると、計画どおりに返済が行われれば残りの借金が免除されるというしくみです。

　さらに、借主が、借金を返済できない状況に陥った場合、借主本人が申し立てることで**自己破産**の方法をとることができます\*31。破産が認められても残った借金（残債務）については免責されないため、免責許可決定を得ることが必要となります。免責許可決定が得られると、借金の返済を免れることが可能となります。借主が破産手続開始の申立てをした場合には、原則として、免責許可の申立てをしたものとみなされます（破産法248条4項）。

> **用語解説**
>
> \*29　民事調停
> 　民事調停は、物の売買、お金の貸借などの民事事件を扱う調停手続をいう。調停では、裁判官と調停委員が紛争解決に当たる。
>
> \*30　民事再生法は、借金をした者の事業や経済生活を立て直すための法律。民事再生の申立件数は、『司法統計年報（民事・行政編）』によれば、2014（平成26）年は小規模個人再生が67,254件、給与所得者等再生が683件、2015（平成27）年は小規模個人再生が7,474件、給与所得者等再生が650件。
>
> \*31　自己破産の申立件数は、『司法統計年報（民事・行政編）』によれば、2003（平成15）年には24万件を超えていたが、2014（平成26）年は65,189件、2015（平成27）年は63,856件と推移している。

【引用・参考文献】
1）　日本クレジットカード協会「クレジットカード発行枚数調査結果の公表について」(http://www.j-credit.or.jp/information/statistics/download/toukei_03_a_161130.pdf)
2）　日本クレジット協会「クレジットの契約関係」(http://www.j-credit.or.jp/customer/basis/classification.html)
3）　日本クレジットカード協会「携帯電話の分割払いはクレジット契約です」(http://www.j-credit.or.jp/download/140220_mobile.pdf)
4）　日本クレジットカード協会「リボ払いの特徴と利用上の注意」(http://www.j-credit.or.jp/customer/basis/revolving.html#info)
5）　国民生活センター「『ポイントがお得！』と強調されて作ったら、リボ払い専用カードだった」(http://www.kokusen.go.jp/t_box/data/t_box-faq_qa2013_56.html)
6）　国民生活センター「リボ払いだったの？　クレジットカードの利用明細は必ず確認」(http://www.kokusen.go.jp/mimamori/mj_mailmag/mj-shinsen268.html)
7）　金融庁「貸金業法Q＆A」(http://www.fsa.go.jp/policy/kashikin/qa.html)
8）　金融庁「貸金業法のキホン」(http://www.fsa.go.jp/policy/kashikin/kihon.html)
9）　日本弁護士連合会「銀行等による過剰貸付の防止を求める意見書」(https://www.nichibenren.or.jp/activity/document/opinion/year/2016/160916_3.html)
10）　全国銀行協会「銀行による消費者向け貸し付けについて申し合わせについて」(https://www.zenginkyo.or.jp/news/detail/nid/7671/)
11）　金融庁「貸金業法Q＆A」(http://www.fsa.go.jp/policy/kashikin/qa.html)
12）　貸金業協会「！要注意　知って安心　ローン・キャッシングQ＆A BOOK」p.26 (http://www.j-fsa.or.jp/doc/moneylender/publications/pamphlet/qabook.pdf)

第Ⅲ編　社会人の世界

13) 日本弁護士連合会編『消費者法講義［第4版］』日本評論社、2013年、pp.376-380
14) 裁判所「裁判手続　簡易裁判所の民事事件Q＆A」の「3．民事調停手続」「Q特定調停とはどのような手続なの？」（http://www.courts.go.jp/saiban/qa_kansai/qa_kansai22/index.html）

### 専門機関ガイド　消費生活センター

　消費者が、事業者との契約を結ぶ際に、トラブルに巻き込まれてしまった場合や、借りたお金の返済に困ってしまった場合、購入した製品に不具合があって被害を受けた場合、どこに相談すればいいのでしょうか。このような場合に対応してくれるのが、地方公共団体に設置されている消費生活センターです。消費生活センターでは、消費生活相談員が消費者からの相談に対応しています。

　消費生活センターについては、消費者安全法という法律で、都道府県は必ず設置することが義務づけられており、市町村は設置に努めなければならないとされています（10条）。2015（平成27）年4月1日現在で、消費生活センターは786か所に設置されており、センターの基準を備えていないものの相談窓口を設置しているところも1,018窓口あり、すべての市区町村に消費生活相談窓口が設置されています（『平成28年度 消費者白書』p.7）。消費生活センターは、消費者からの相談に当たるとともに、消費者被害を防止するための情報提供などの啓発活動も行っています。

　ところで、消費生活センターに寄せられる相談件数は、1年間でどのぐらいあるのでしょうか。各地の消費生活センターに寄せられた相談は、国民生活センターと消費生活センターを結ぶ「全国消費生活情報ネットワークシステム（PIO-NET：パイオネット）」に登録されます。相談件数は、2004年度の192万件をピークとして減少傾向にありますが、ここ数年は90万件を超える水準となっており、2015年度は92.7万件でした（『消費者白書』p.111）。

　それでは、消費生活センターは、どの程度知られているのでしょうか。消費者庁が実施した「消費者意識基本調査［2015年度］」によると、「消費生活センター（都道府県・市町村）」について「信頼している」または「知っていた」と回答した人は80.0%となっています。この数字は、他機関や窓口の信頼度・認知度に比べ高いものだったとのことです（『消費者白書』p.12）。

　実際に、自分の住んでいる地域の消費生活センターの連絡先を知っている人はどのくらいあるのでしょうか。2015（平成27）年7月1日からは、3桁の電話番号「☎188」（いやや！）で、地方公共団体が設置している身近な消費生活相談窓口を案内してくれる「消費者ホットライン」が開設されています（消費者庁「消費者ホットライン」http://www.caa.go.jp/region/shohisha_hotline.html）。

# 第12章 人生の落とし穴？

関連するのは
憲法・刑法

ここでは、裁判にかかわる４Ｗ１Ｈ（What・Why・Who・Where・How）を学びます。

## 1 ── トラブルに巻き込まれたら

〈キーワード〉
- 裁判手続
- 三審制
- ADR

みなさんは、①裁判とはなにか（What）、②裁判はなぜ必要なのか（Why）、③裁判にかかわる人は誰か（Who）、④裁判所はどこにあるか（Where）、⑤裁判はどのように行われるか（How）を知っていますか。このような４Ｗ１Ｈについて説明できれば、裁判に対するイメージががらっと変わるかもしれません。

> ▶CASE
> 大学生のAは、小学生の弟のBから「友だちとのケンカは裁判所で解決してくれないの」と尋ねられました。どうもBは社会科の授業で裁判所のことについて習ったばかりのようです。Bのこの質問に対して、みなさんはどのように答えますか。

大学生のAくんは、「裁判所は"悪いこと"をした人に刑罰を与えたり、人々の間で起こったトラブルを解決するところだけど、小学生のケンカを裁判所で解決するなんて聞いたことがないなぁ……」と思いましたが、弟にうまく説明できません。

 では、そもそもなぜ裁判所は存在するのでしょうか。

それでは少しむずかしいですが、これまでに習った水俣病の問題を例として、考えてみましょう。水俣病は、工場から有機水銀を含んだ工業廃水が排出され続けた結果、その魚介類を汚染し、そこで取れた魚を食べた付近の住民が言語障害や運動障害など中枢神経系の障害を引き起こした四大公害病のひとつですよね。

この事件では、当初、付近の住民は、この工場に対して、有機水銀を含んだ排水を海中に放出しないようにするための話し合いの機会を求めました。でも、工場側が応じなかったため、住民は抗議デモや座り込みを行い、ときには企業の敷地内に乱入しました。それでも工場は「自分たちは悪くない」と主張し続けました。これではいつまでたっても平行線で、当事者同士で解決することは不可能ですよね。といって、強引に解決することを認めれば、暴力で解決される可能性が

あり、それでは社会が混乱してしまいます。

そこで、当事者同士では解決できないトラブルを公平な立場で判断する第三者が必要になります。それが国家機関としての裁判所です。水俣病の例では、事態が一向に進展しなかったので、解決のために住民は工場に損害賠償を求める訴訟を提起しました。

どちらかの側から訴訟が提起されると、裁判所は、当事者の主張をよく聴いて、提出された証拠を吟味したうえで、どちらの主張が正しいのかを判断します。もし裁判所の判断に従わなかった場合、裁判所は強制的にその判断に従わせる行動をとることができます。裁判所にはこのような**強制力**が与えられているのです。

**裁判所はどういうトラブルを扱ってくれますか？**

裁判所が扱う主なトラブルは、大きくわけると**民事事件**と**刑事事件**です。

民事事件を解決する手続きが民事裁判（民事訴訟）となり、刑事事件を解決する手続きが刑事裁判（刑事訴訟）となります。それぞれの事件の内容により、裁判の手続きや内容が異なります。くわしくみていきましょう。

**民事裁判（民事訴訟）とは、どのようなものですか？**

> **POINT**
> ＊1 民事裁判では、民事事件のほか、労働事件、知的財産権事件、執行事件、破産事件、保護命令事件も扱われる。

民事裁判は、個人間のトラブルを解決するための裁判＊1ですが、まずはどちらかの訴えがなければ裁判は始まりません。裁判所に訴えを起こす側を**原告**、訴えられた側を**被告**といいます。一般に、原告・被告ともに弁護士に依頼します。この弁護士のことを**訴訟代理人**といいます。

民事裁判は、原告と被告が裁判官の前でお互いに自己の主張を述べて争います（ただし、裁判の途中に訴えが取り下げられると、裁判は終わります）。裁判官は、公正中立な第三者の立場で両者の主張を整理し、判断を行います。このように、訴訟の始まりと終わり、裁判所で争う事柄などについては当事者の判断にゆだね、裁判所は公正中立な第三者の立場で当事者の言い分の優劣を判断することを**当事者主義**といいます。

民事裁判の主な流れは、図表12-2のようになります。なお、民事裁判の手続きは民事訴訟法＊2に定められています。

＊2 民事訴訟法について、序章（p.9）を参照。

**図表12-1　民事事件と刑事事件**

| 民事事件 | 個人と個人（私人間）のトラブル（たとえば、交通事故やお金の貸し借り、近所トラブルなど）を解決するための手続きに関する事件 |
|---|---|
| 刑事事件 | 刑法などの刑罰法規に違反したと疑われている人の有罪または無罪などを決定するための手続きに関する事件 |

第12章 人生の落とし穴？

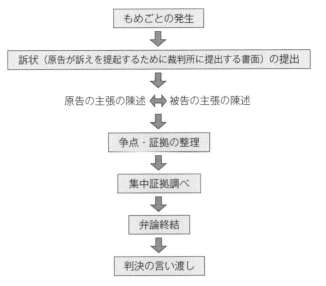

図表12-2 民事裁判の主な流れ

 刑事裁判（刑事訴訟）とは、どのようなものですか？

刑事裁判は、殺人や窃盗、強盗など刑法などの刑罰法規に違反した人を罰し、再び刑罰法規に違反しないように矯正することが目的となります。

ある犯罪が起きると、警察官は捜査し、被疑者（テレビや新聞では容疑者といわれます）を逮捕して検察官に報告します。検察官は、被疑者を処罰する必要があると判断すれば、その被疑者を**起訴**します。つまり、裁判を起こす（起訴）のは国家の代表である検察官であるということです。このように、刑法などの刑罰法規に違反した人を罰することができるのは、被害者ではなく、国家機関としての裁判所だけです。これを**国家の刑罰権**といいます。起訴された被疑者は**刑事被告人**とよばれます。裁判所は、検察官と刑事被告人（刑事被告人を弁護する弁護人）の主張や提出された証拠を吟味し、刑事被告人の有罪・無罪（有罪であれば量刑）を判断します。

刑事裁判の一般的な流れは、図表12-3のようになります。なお、刑事裁判の手続きは刑事訴訟法[*3]に定められています。

＊3 刑事訴訟法について、序章（p.9）を参照。

 でも、裁判所なんて敷居が高そうですよね。普通の人ならできれば裁判なんてしたくないと思うのが普通じゃないですか？

民事事件の場合は、一般に、トラブルに巻き込まれたら、大ごとになることは避けたい、面倒な裁判になる前に解決したいと思いますよね。まずは穏便に話し

第Ⅲ編　社会人の世界

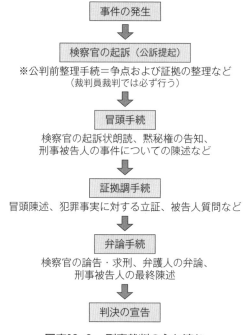

図表12-3　刑事裁判の主な流れ

合いで解決できるように努めるのが第一ではないでしょうか。ただ、そうはいかない場合もあるでしょう。しかし、裁判にもしたくない場合、裁判以外の方法もあります。それがADR（裁判外紛争処理）という制度です。

 ADR（Alternative Dispute Resolution）って、なんですか？

　ADRは、**裁判外紛争処理**とよばれるものです。ADRは、個人間や個人と企業間のトラブルを裁判以外の方法で解決するものです。具体的には、トラブル当事者と利害関係のない公正中立な第三者が、専門家としての知見を活かして、当事者同士の話し合いを支援し、合意による紛争解決をはかるものです。

　では、裁判とADRの違いはなんでしょうか。裁判所は国の機関です。それに対して、ADRは主にトラブルの当事者ではない民間の第三者機関により解決がはかられます。**ADR法**（裁判外紛争解決手続の利用の促進に関する法律）では、ADRの認証制度が設けられていますが、同制度により、法務大臣から認証された事業者が第三者としてトラブルの解決サービスを行います（「かいけつサポート」）。裁判と「かいけつサポート」のちがいは図表12-4のとおりです。

146

第12章 人生の落とし穴？

図表12-4　裁判と「かいけつサポート」のちがい

| | 裁判 | かいけつサポート |
|---|---|---|
| 実施主体 | 裁判官 | 各分野の専門家 |
| 公開の有無 | 公開 | 原則非公開 |
| 手続き | 民事訴訟法による手続 | ニーズに応じた柔軟な手続が行われる |
| 費用 | 裁判所の訴訟費用 | 認証を受けた民間事業者に支払う費用 |
| 強制力 | あり | なし |

出典：法務省ホームページ（http://www.moj.go.jp/KANBOU/ADR/tetsuzuki.html）

では、ADRで扱われるトラブルにはどのようなものがありますか？

ADRで扱われるトラブルの範囲は、次のように多種多様です。

裁判以外の手段で法律上のトラブルを解決する手段が増えてきており、特に、ADRの取り扱う範囲は拡大しています。

図表12-5　ADRで扱われるトラブル（一部抜粋）

| 分野 | トラブルの主な範囲 | 法務大臣が認証した主な事業者 |
|---|---|---|
| 民事 | 民事に関するもの | 弁護士会、司法書士会等 |
| 消費者 | 商品の欠陥、留学、特定商取引等に関するもの | 家電製品PLセンター、留学トラブル解決機関など |
| 金融・保険 | 金融商品等に関するもの | 証券・金融商品あっせんセンター |
| 労働 | 労働関係 | 社労士会労働紛争解決センター |
| 医事 | 医療関係 | 医療紛争相談センター |
| 生活環境 | 土地の境界、マンション、敷金返還、愛護動物に関するもの等 | 境界問題解決支援センター、マンション問題解決センター |
| 交通 | 自転車事故、自動車の物損事故 | 行政書士ADRセンター、 |
| 家事 | 夫婦関係、相続 | 日本産業カウンセラー協会 ADRセンター |
| スポーツ | スポーツに関するもの | 日本スポーツ仲裁機構 |

出典：かいけつサポートホームページより筆者作成（http://www.moj.go.jp/KANBOU/ADR/index.html）

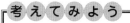
ADRの良い点と問題点はなんでしょうか？

ADRの良い点と問題点について、調べてみてください。たとえば、日本スポーツ仲裁機構を例にとって考えてみてください。みなさんの知っているスポーツ選手が出てくるのではないでしょうか。

第Ⅲ編　社会人の世界

## 2 ── 裁判のしくみと裁判員制度

　裁判と裁判以外の方法をみてきましたが、もう一度、裁判所に戻り、その役割について知っておきましょう。

　裁判所はどのように構成されていますか？

　裁判所には、最高裁判所、高等裁判所、地方裁判所、家庭裁判所、簡易裁判所の5種類があります。最高裁判所は、トップの裁判所として位置づけられ、あとの4種類の裁判所は下級裁判所として位置づけられています。なお、2015（平成27）年12月現在、裁判官は約3,550人います（そのうち、女性は約730人です）。

　また、わが国の裁判は、当事者が望めば原則3回の裁判を受けられるという**三審制**を採用しています。すなわち、第一審→第二審→第三審という3つの審級の裁判所で裁判を受ける機会があります。みなさんは、第一審＝地方裁判所、第二審＝高等裁判所、第三審＝最高裁判所というイメージが強いかもしれません。

　第一審は、事件の内容により、簡易裁判所・地方裁判所・家庭裁判所のいずれ

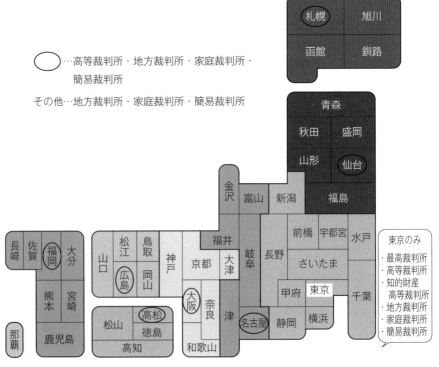

図表12-6　各地の裁判所

出典：裁判所ホームページをもとに筆者作成（http://www.courts.go.jp/map.html）

第12章 人生の落とし穴？

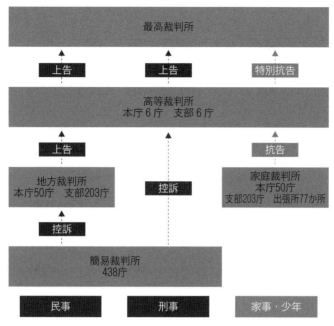

図表12-7 裁判所と三審制

かで行われます。第一審裁判所の判断に不服がある場合、上級の裁判所（第二審）に不服申し立てをすることができます（控訴）。この第二審を**控訴審**といいます。この控訴審の判断にも不服があるとき等は、さらに上級の裁判所に不服申し立てをすることができます（上告）。この第三審を**上告審**といいます。

 簡易裁判所の役割はなんですか？

簡易裁判所（簡裁）は、裁判所のなかでも一番下にあり（図表12-7）、軽微な民事・刑事事件の第一審を担当します。簡易裁判所での裁判は、裁判官が1人で行います*4。

簡易裁判所は、図表12-8のような民事事件を扱います。

なお、刑事事件については、罰金以下の刑にあたる刑事事件が対象になります。

*4 簡易裁判所の裁判官は、その人の経歴や学歴次第では、司法試験に合格していなくても選考されている。

図表12-8 簡易裁判所で扱われる民事事件

| 民事訴訟 | 140万円以下のトラブルを判決によって解決する手続き |
|---|---|
| 少額訴訟 | 60万円以下の金銭の支払を求める特別な民事訴訟手続 |
| 民事調停 | 調停委員会（裁判官と一般人から選ばれた調停委員）の斡旋等で当事者の話し合いによるトラブルの解決を図るもの |
| 支払督促 | 金銭の支払い等を督促する手続き |

第Ⅲ編　社会人の世界

　地方裁判所の役割はなんですか？

　地方裁判所（地裁）は、下級裁判所のなかでは中位にあり（図表12-7）、簡易裁判所が扱えない民事・刑事事件の第一審等を担当します。地方裁判所での裁判は、裁判官が１人の場合（**単独制**）と３人の合議体による場合（**合議制**）があります。

　合議制で行われるのは次の４つの場合です。
① 合議体で審理・裁判する旨の決定を合議体で行った場合
② 死刑等にあたる罪の刑事事件
③ 簡易裁判所の判決に対する控訴の場合など
④ その他、他の法律により合議体で審理・裁判すべきものと定められた事件

　なお、合議審の場合、真ん中に座る裁判長からみて右側に座るのが経験の長い裁判官で（右陪席）、左側に座るのが経験の浅い裁判官です（左陪席）。

　家庭裁判所の役割はなんですか？

　家庭裁判所（家裁）は、図表12-7からわかるように地方裁判所と同格にある第一審裁判所であり、家事事件と少年事件を扱います。

　これらの事件をもう少し細かくみると、家庭裁判所では、①家事審判、②家事調停、③人事訴訟、④少年審判が行われます。家庭「裁判」所というのに、裁判だけではなく、審判や調停というものが行われます。

　一般に、審判や調停というのは、非公開の審理[*5]で裁判所が「決定」を下すことです（**非訟事件**、決定手続とよばれ、上記①②④がこれに含まれます）。それに対して、裁判は、公開の裁判で裁判所が「判決」を下す（**訴訟事件**、判決手続とよばれ、上記③がこれに含まれます）ことです。

　なお、家庭裁判所での裁判または審判は、原則として裁判官１人で行われます。例外的に３人の合議体で行われるのは、合議体で審理することを決定した場合などです。

POINT
＊5　裁判というと、一般に裁判所への訴えから裁判官の最終判断が下りるまでを指す。しかし、この最終判断だけを裁判という場合には、それ以前に行われるものは審理とよぶ。

図表12-9　家庭裁判所で扱われる事件

| 家事事件 | 夫婦や親子関係などのトラブル（離婚や遺産相続など）を解決するための手続きに関する事件 |
|---|---|
| 少年事件 | 刑法などの刑罰法規に違反したと疑われる少年に対する措置を決めるための手続きに関する事件 |

第12章　人生の落とし穴？

　少年事件はニュースとかドラマでもみますが、家事審判、家事調停、人事訴訟はあまり聞いたことがないのですが……？

　家事審判・家事調停は、夫婦間や親子間で生じたトラブルを解決するために行われます。

　**家事審判**では、たとえば子どもの氏の変更や相続放棄の受理などの事件について、裁判所が事件をリサーチして適切な判断を下します。

　**家事調停**では、たとえば離婚や養育費などの問題において、裁判所や調停委員が当事者の主張を聴き、公平で妥当な解決が得られるように斡旋します。たとえば、離婚が家事調停で解決できなかった場合、**人事訴訟**[*6]に移ることになります。また、養育費が家事調停で解決できなかった場合は、家事審判手続に移ります。

> **用語解説**
> ＊6　人事訴訟
> 夫婦や親子等の関係のトラブルを解決する訴訟のことをいう。人事訴訟には、離婚訴訟や、婚姻の取消し、認知、親子関係不存在確認などがある。

　家庭裁判所で行われる少年審判とは、どのようなものですか？

　家庭裁判所は、①**犯罪少年**（14歳以上20歳未満で罪を犯した者）、②**触法少年**（罪を犯したが、14歳未満であったために罪を犯したことにならない者）、③**虞犯少年**（将来罪を犯すおそれのある20歳未満の者）の事件を扱います。①～③を合わせて**非行少年**といいます。

　家庭裁判所は、一般に非行少年を調査、審判します。ここでは、保護者も出席

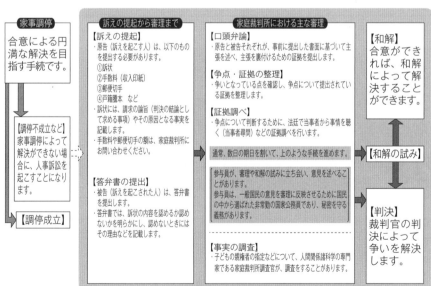

図表12-10　人事訴訟の流れ（離婚訴訟の例）

出典：裁判所ホームページ（http://www.courts.go.jp/saiban/syurui_kazi/kazi_04/）

第Ⅲ編　社会人の世界

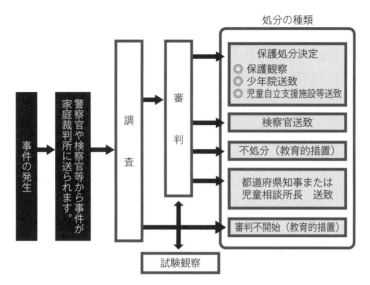

図表12-11　家庭裁判所の少年審判の主な流れ

出典：裁判所ホームページ（http://www.courts.go.jp/saiban/wadai/1801/）

し、非行についての反省を促していきます。そのなかで、非行少年にとって最も適した措置（**保護処分**）が決定されます。これを**少年審判**といいます。少年審判は非公開で行われますが、重大な事件の被害者またはその遺族は、裁判所の許可により少年審判を傍聴することができます。

なお、非行少年に対する手続の主な流れは、図表12-11のようになります。

　高等裁判所の役割はなんですか？

高等裁判所（高裁）は、下級裁判所のなかで最上位にあり、地方裁判所の第一審判決、家庭裁判所の判決などに対する控訴審を扱います。高等裁判所での裁判は、一般に3人の裁判官の合議で行われます。

なお、東京高等裁判所には、特許権や商標権といった知的財産に関する事件の控訴審を専門に担当する**知的財産高等裁判所**が設置されています。

　最高裁判所の役割はなんですか？

POINT
＊7　すべての事件はまず3つの小法廷に機械的に割り振って審理します。そのなかで、法律などが憲法に違反するかどうかを判断するとき等に限って大法廷が開かれる。

最高裁判所（最高裁）は、高等裁判所の第二審判決に対する上告審を扱います。最高裁では、15人の裁判官全員で行う大法廷と5人の裁判官が行う3つの小法廷があります＊7。ニュースでも裁判官がたくさんいる映像のときと少ない映像のときがありますね。大法廷は、法律の憲法適合性を判断する場合や重要な問題について裁判をする場合に開かれます。それ以外の場合は3つの小法廷で行われます（第一・第二・第三小法廷とよばれます）。

第12章 人生の落とし穴？

　私たちはニュースなどでなにげなく最高裁判所の判断を耳にしますが、最高裁判所まで裁判できるのはなかなか大変なのです。なぜなら、最高裁が上告を受理してくれるのは、高等裁判所の判断がこれまでの最高裁判所の判断（**判例**）と矛盾しているような場合等に限られるからです。「高等裁判所で負けてもまだ最高裁判所がある！」というのは間違いではありませんが、最高裁が上告を受理してくれるのはむずかしいというのが現状です。

**Q9　裁判員制度はどのようなものですか？**

　裁判員制度は、国民が裁判員として刑事裁判（第一審のみ）に参加し、刑事被告人が有罪か無罪か、有罪の場合の量刑を裁判官とともに決定するというものです（**裁判員裁判**）。この裁判員制度は、2009（平成21）年にスタートしました[*8]。

　裁判員は20歳以上で選挙権のある人を対象にしています。裁判員は、原則として6人選ばれますが、刑事被告人が事実関係を争わない場合（たとえば、自白して罪を認めている場合）は4人です。6人の場合は裁判官が3人、そのうち1人が裁判長となります。4人の場合は裁判官が1人で裁判長も務めます。では、もし裁判員に選ばれたら、どういう仕事をするのでしょうか。

　裁判員の仕事は、主に3つあります。第一に、裁判員は、裁判官とともに、証人の証言を聴いて提出された証拠を調べます。第二に、裁判員は裁判官と一緒に話し合って（**評議**）、有罪か無罪か、有罪の場合には量刑を決定します（**評決**）。評議と評決は非公開で行われ、評決は多数決によります。この多数決をとるとき、裁判員と裁判官のそれぞれ1人以上が賛成しなければなりません。第三は、裁判長が判決を言い渡すときに立ち会うことです。

**ここもCHECK**

*8　それまでの刑事裁判は、法曹三者（検察官、弁護士、裁判官）が中心となって行われていた。しかし、法律のプロだけで行われる刑事裁判の審理や判決は、法律の素人である国民にはわかりにくいものがあった。そこで、裁判官と国民から選ばれた裁判員が協働して判断することにより、国民に理解しやすい刑事裁判の実現が可能になるという考えのもとに裁判員制度が導入された。

**Q10　裁判員裁判はすべての刑事事件が対象になりますか？**

　裁判員裁判の対象となる事件は、一定のものに限られています。たとえば、殺人事件、強盗致死傷（強盗がひとにケガをさせた又は死亡させた）事件、傷害致死（ひとにケガをさせ、その結果死亡させた）事件、危険運転致死（泥酔状態で車を運転し、ひとをはねて死亡させた）事件、放火事件、保護責任者遺棄致死（親が子どもに食事を与えず、放置したため死亡させた）事件などがあげられます。これらは、死刑または無期懲役などにあたる重大犯罪です。

　以上により、みなさんは最初の問いにある弟のBくんの質問に答えられるのではないでしょうか。裁判は意外と身近なところにあるのかもしれませんね。

【参考文献】
市川正人・酒巻匡・山本和彦『現代の裁判［第7版］』有斐閣、2017年

第Ⅲ編　社会人の世界

専門機関ガイド

## 最高裁判所

　みなさんは、最高裁判所を見学したことがありますか。

　最高裁判所の建物は、地上5階、地下2階からなっています。最高裁判所の正面玄関からまっすぐ階段を上ると、大ホールがあります。その大ホールには、2体のブロンズ像があります。

　ブロンズ像の1体は正義像です（右イラスト）。これは、ギリシア神話の「テミス」（法の女神）をイメージしたものです。左手には「公平と平等」を意味する天秤があり、右手には「公平な裁判により正義を実現するという強い意思」をあらわす剣があります。

　もう1体は、椿の花が咲くベンチの丘に小さな男女が座り、そこに鳩が集まっている「椿咲く丘」というブロンズ像があります。鳩は平和の象徴といいますが、「椿咲く丘」像は平和への願いが込められています。

　また、最高裁判所や高等裁判所・地方裁判所の法廷を見学すると、次のような違いがあることに気づきます。

　ひとつは、証言台や被告人席です。ドラマを見ていると、裁判官が「証人は前へ」とか「被告人は席に戻ってください」と言ったりしていますね。これらが証言台や被告人席です。これらの席は、高等裁判所や地方裁判所にはありますが、最高裁判所にはありません。それは、最高裁判所では高等裁判所までの判断に憲法や法律などの違反がないかどうかを中心に判断するため、証人や被告人から話を聴くことがないからです。

　もうひとつは、原告や被告など訴訟関係人の席です。高等裁判所・地方裁判所の法廷では、訴訟関係人が向き合ってお互いの主張をぶつけあい、裁判官が双方の主張を聴く構造です。でも、最高裁判所では、そのような構造にはなっていません。それは、法律的な主張を裁判官に対して行うだけなので、双方が向き合う必要がないのです。

　ある弁護士さんによれば、上告する側の代理人として、上告が受理されて最高裁判所に呼ばれることは、弁護士人生に一度あるかないかだそうです。そんな扉の重い最高裁判所を一度見学してみてはいかがでしょうか。「百聞は一見に如かず」です。

# 第Ⅳ編　今後の人生のために

第13章　もし生活にいきづまったら
第14章　老後の生活とリスク
第15章　財産の行方

# 第13章 もし生活にいきづまったら

関連するのは労働法

ここでは、安心して働き続けるための法制度やルールを学びます。

〈キーワード〉
- 労働災害
- マタハラ
- 整理解雇

## 1 ── 働きたいのに……働けない！

長い人生、病気・ケガ・出産・育児・介護など、働き続けることや生活自体が困難になるイベントが生じるかもしれません。これらを乗り越えるための知識を身につけましょう。

**Q1** 仕事中にケガをして病院に行くと5万円も請求されました。これって自費ですか？

 **用語解説**

＊1 労働安全衛生法
労働者の安全と健康を確保するとともに、快適な職場環境の形成を促進するためのルールを定める法律。

職場の労働者の安全と健康を守るために**労働安全衛生法**＊1という法律があり、ここで使用者には安全配慮義務も課せられています。しかしそれでも仕事が原因で負傷、疾病、傷害、または死亡してしまった場合には**労働災害**となり、労働基準法や労災保険制度によって補償されます。この労災補償制度では、使用者の過失の有無を問わないという原則があり（**無過失責任原則**）、労働災害の発生のみを要件として定額の補償が行われます。つまり、どれくらいのケガで、どれくらいの補償があるかがあらかじめ決まっているのです。労災保険は、政府が運営する保険であり、通勤途上の事故も範囲に含めていますから、たとえば大学からアルバイト先への移動中の交通事故などもカバーされます。

労働災害が発生した場合、労働者本人が労働基準監督署長に申請を行わなければなりません。申請の結果が認められれば、①ケガの療養のために必要な療養補償給付、②ケガで仕事ができなくなったときに支給される休業補償給付などが支払われます。不支給の決定がなされたときは、労働者や遺族は、各都道府県の労災保険審査官に審査請求をすることができますし、さらに労働保険審査会に再審査請求をすることができます。

このように、仕事にかかわるケガは、仕事とは関係のないケガ（休暇中にスキーで骨折するなど）とは、手続きや金銭負担がまったく異なります。いつものように健康保険を使って自費で支払わないようにしましょう。

第13章　もし生活にいきづまったら

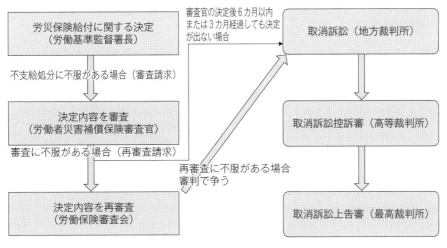

図表13-1　労働保険審査制度の概要

出典：筆者作成

 子どもが欲しくてようやく妊娠したのですが、会社では管理職から平社員に降格するといわれてしまったのですが……？

　これは妊娠を契機とする嫌がらせに該当し、いわゆる**マタニティ・ハラスメント**（以下、「マタハラ」といいます）となる可能性が高いです。マタハラには、妊娠や出産を理由とする解雇や退職といった雇用差別にかかわるもの、妊娠期の労働者に対して必要な配慮を行わないことで妊婦が物理的な抑圧を受けること、上司や同僚から「職場に妊婦がいるのは迷惑」といった心ない言葉を投げかけられる精神的な嫌がらせなど、さまざまな類型があります。

　2014（平成26）年の最高裁判決は*2、病院のリハビリ業務で副主任の地位にあった女性が、妊娠を契機として負担が少なくなるよう降格したところ、育児休業後も元の副主任に戻れなかったことを争った事案です*3。最高裁判所は、復職後に元の役職に戻さないことは、労働者の真の同意がある場合や使用者の業務上の必要性がある場合という2つの例外に該当しなければ、男女雇用機会均等法に違反するとの判断基準を示しました。この判決により、マタハラという言葉が社会に急速に広まり、男女雇用機会均等法（11条の2）や指針が改正されました。あわせて策定された指針では、マタハラを「職場における妊娠、出産等に関するハラスメント」と位置づけたうえで、マタハラ防止のための周知・啓発（例：ポスターの作製）、相談体制の整備（例：社内外での相談窓口の設置）、紛争処理（事後の迅速かつ適切な対応）などを求めています*4。

　ちなみに、育児休業を取得した父親への嫌がらせは、**パタハラ**（パタニティー・ハラスメント）とよばれていますが、育児介護休業法上の区別はありません。

*2　広島中央保健生協病院事件（最判平成26年10月23日民集68巻8号1270頁）。

**POINT**
*3　男女雇用機会均等法9条3項は、妊娠などを理由とする女性労働者への不利益取扱いを禁じる。

◆**男女雇用機会均等法11条の2**◆
　事業主は、職場において行われるその雇用する女性労働者に対する当該女性労働者が妊娠したこと、出産したこと、［産前産後］休業をしたことその他の（略）言動により当該女性労働者の就業環境が害されることのないよう、当該女性労働者からの相談に応じ、適切に対応するために必要な体制の整備その他の雇用管理上必要な措置を講じなければならない。

**用語解説**
*4　指針
　事業主が職場における妊娠、出産等に関する言動に起因する問題に関して雇用管理上講ずべき措置についての指針。

第Ⅳ編　今後の人生のために

\*5　K水族館事件（最判平成27年2月26日労判1109号5頁）。

\*6　福岡セクシュアル・ハラスメント事件（福岡地判平成4年4月16日労判607号6頁）。セクハラ研究の専門家（林弘子・元福岡大学教授など）が福岡にいたことが、訴訟を後押しするひとつの要因となった。もっとも、原告と支援団体との良好な関係は長続きせず、セクハラ訴訟を続けることのむずかしさも示した[1]。

\*7　日本郵政公社事件（大阪高判平成17年6月7日労判908号72頁）。

■用語解説
\*8　LGBT
　性的マイノリティーである、Lesbian、Gay、Bisexual、Transgenderの頭文字を取った略語。

\*9　東亜ペイント事件（最判昭和61年7月14日労判477号6頁）。

\*10　第10章(p.124)を参照。

\*11　ネスレ日本（配転拒否）事件（大阪高判平成18年4月14日労判915号60頁）。同判決は、育児介護休業法26条が求める配慮とは、「避けることができるのであれば避け、避けられない場合には、より負担が軽減される措置をするように求めるもの」と判示した。

\*12　第8章（p.95）を参照。

> **Mini Column**　セクシュアル・ハラスメント
>
> 　セクハラ（セクシュアル・ハラスメント）には、職務上の地位を利用して性的な関係を強要する（応じないと解雇すると脅すなど）対価型と、性的に不快な環境を与える（わいせつな言葉を投げかけるなど）という環境型の概念があります。なんとなく環境型の罪が軽いように誤解されがちですが、環境型に対する重い懲戒処分が有効とされた判例もあり[\*5]、いずれも重大な違法行為であることには変わりがありません。日本で初めてのセクハラ訴訟は、上司から異性関係や性生活について流言されて退職に追い込まれた女性を救うため、地元の研究者や弁護士らがアメリカのSexual Harassment概念を訴訟に取り入れ、新たな理論で武装して闘った事案でした[\*6]。この福岡での裁判以降、数多くのセクハラ訴訟が提起され、今では男女雇用機会均等法で事業主に防止義務が課されるようになりました。また、女性から男性に対するセクハラもすでに裁判で争われていますし[\*7]、同性間であっても、被害者がLGBT[\*8]であってもセクハラは成立することに注意しましょう。

### Q3　自宅からの通勤を希望していたのに、通えないぐらい遠くに転勤するよう命じられたのですが……？

　使用者は、業務上の必要性から、労働者に配転を命じることがありますが、遠くへの転勤の場合には、転居せざるを得ない場合もあることから、労働者にさまざまな不利益を及ぼすおそれがあります。そこで、どのような場合に使用者が配転（転勤）を命じることができるかが裁判で争われてきました。

　かつては正社員なら全国どこへでも転勤して当然、ときには単身赴任でも行かねばならないというような風潮が強く、判例も転勤命令を広く認める傾向にありました[\*9]。しかし、ワークライフバランス[\*10]が重視されるようになった現在では、転勤命令に「待った」をかける裁判例も出てきています。身内に介護が必要な親を抱えた労働者についての事件では、転勤命令を無効と結論づけました[\*11]。

　これらの裁判例で用いられた判断基準は、その転勤が労働者にとって、通常甘受すべき程度を著しく超えるか否かであり、家族の事情や本人の健康状態への配慮なども含まれます。配転について直接規定する条文は存在しないのですが、判例の積み重ねでルールが形成されている分野のひとつです。そのルールが、社会情勢の変化や育児介護休業法の制定によって、変容していったのです。

### Q4　「クビだ、明日から来なくていい」といわれたのですが……？

　労働者側からの労働契約の解約（＝辞職）には民法が適用されますが[\*12]、使用者（会社）側からの解約（＝解雇）には、労働契約法16条が適用されます。

> **労働契約法16条**　解雇は、客観的に合理的な理由を欠き、社会通念上相当であると認められない場合は、その権利を濫用したものとして、無効とする。

条文は抽象的で意味がわかりにくいかもしれませんが、**客観的な合理性**とは、一般に、解雇理由が外部から検証できる事実に裏づけられていて（客観性）、解雇を正当化できるような事実であることを意味します（合理性）。具体例としては、私的なケガで働けなくなってしまったとか、会社のお金を横領したなど、労働者側の事情や非違行為のほかに、経営難で人員整理を行う必要性があるなど使用者側の事情（後述のリストラ）なども該当します。次に、**社会通念上の相当性**とは、解雇理由に一応の客観性・合理性があるとしても、企業から排除する程度のものであるかについての判断を求めるものです。アナウンサーが2週間に2度も寝過ごしてニュースの放送事故を起こした事件がありますが、最高裁は、解雇をもって臨むことが「必ずしも社会的に相当なものとして是認することはできない」と判断し、解雇を無効としました[*13]。意外に思うかもしれませんが、そう簡単に解雇は認められないのです。

*13 高知放送事件（最判昭和52年1月31日労判268号17頁）。

それから、労働災害や産前産後休業に関連して解雇制限期間があるほか、さまざまな法律によって特定の解雇理由が制限されています。制限の例として、国籍、信条、社会的身分にもとづく差別的解雇（労働基準法3条）、労働組合加入や正当な組合活動を理由とする解雇（労働組合法7条1号）、労働者の性別を理由とする解雇（男女雇用機会均等法6条4号）、女性の婚姻・妊娠・出産等を理由とする解雇（同9条2項～4項）があります。また、権利行使に対する報復的な解雇を禁止するものとして、申告権行使に対する報復的解雇（労働基準法104条2項）、育児・介護休業の取得を理由とする解雇（育児介護休業法10条・16条）、内部告発を理由とする解雇の無効（公益通報者保護法3条）があります。

最後に、解雇を行うためには、就業規則に「解雇の事由」を定めていなければなりません。就業規則に定めた解雇事由以外によって解雇された場合は、効力を生じないと解されています。

## 2 ── もし途中でリストラにあったら

一生懸命まじめに仕事をしても、会社の経営が厳しくなると、リストラされるかもしれません。安易なリストラを防ぐための法規制や、仕事ができなくなったときの保険について知っておきましょう。

 そもそもリストラってなんですか？

この言葉、なんとなく会社をクビになることだというイメージがありますね。語源は英語のrestructuringで、会社の再編あるいは再構築という意味なのですが、

万が一のために、リストラについて知っておきましょう

第Ⅳ編　今後の人生のために

その際に多くの労働者が解雇されることが多かったのです。そこで、カタカナの日本語になった今では、企業の業績不振や組織変更などに起因して解雇されることを意味するようになりました。このような、使用者側の経済的な都合により行うリストラを、労働法では **整理解雇** という特別なルールでとらえ、会社側に重い責任を課してきました。なぜならば、労働者側はなにも悪くないにもかかわらず仕事を失うことになるからで、通常の解雇よりも慎重な判断が求められるからです。

　リストラ（整理解雇）は会社が一方的に進めるものですか？

整理解雇の場合、より慎重な判断を行うために、4つの基準をクリアしなければ解雇は無効になります。クリアの仕方は、4つを完全に満たさないとダメなのか（要件説）、4つを総合的にみてクリアしていればOKなのか（要素説）という争いがありますが、4つという点では一致しています。

1つ目は、**人員削減の必要性** です。本当に人を減らさなければならないのかという、経営上の必要性が存在しなければなりません。どの程度かというと、やらなければ倒産必至という状況までは要求されませんが、企業経営上やむを得ないといえる場合でなければならないとされています。ですから、今年だけは赤字になったとか、今期だけみると人件費が高いとか、短期間で判断するのではなくて、長期的な視野から考えなければいけません。保有資産が優良で、人件費削減や収入増加の取り組みが可能なときには、たとえ単年度で人件費が高くても、人員削減の必要性は認められないと判断されます[*14]。

2つ目は、解雇の必要性あるいは **解雇回避努力義務** といわれるものです。人を減らすといっても、別の部署に配置したり、希望退職者を募集したり、いろいろな方法があるわけですから、解雇という方法で行う必要性があるのかが問われます。そのような努力を一切しないままで解雇すると、当然ながら整理解雇は無効との結論になるのです[*15]。

3つ目は、**人選基準の合理性** です。これは一定の人数の解雇が必要である場合に、誰を選ぶべきかという問題であり、いわば究極の選択を迫られるわけです[2)]。一般的には、労働者の職務能力、解雇が労働者の生活に与える打撃の程度、労働者間の公平などを考慮して、勤務成績、勤怠記録、勤続年数、職種などが基準として用いられます。年齢基準を用いることは、それが高い年齢（〜歳以上など）であれ、低い年齢（若い人を選ぶ）であれ、おおむね認められてきました。もっとも、近年では雇用における年齢差別という考え方が世界的に広がりつつありますので、これからは問題視されていくかもしれませんね。

4つ目は、解雇についての説明・協議など、**手続きの妥当性** です。使用者は、予定する人員整理について、労働者や労働組合に対して事前に説明し、できるだ

*14　三田尻女子高校事件（山口地決平成12年2月28日 労判807号79頁）。

*15　あさひ保育園事件（最判昭和58年10月27日労判427号63頁）。

け納得を得るよう誠実に説明・協議をしなければなりません。使用者には、リストラ（整理解雇）をできるだけ回避し、再就職を考慮するなど解雇による打撃を緩和するための説明・協議のプロセスを経ることが求められるのです。たとえほかの基準は満たされていても、解雇手続における説明義務の履践等に信義に従った手続きがされていないとして、解雇を無効と判断する裁判例もあるので、やはり欠かせない基準だといえます*16。

以上のように、整理解雇というリストラの特別なルールがあることには争いがないのですが、その中身をどのように考えるかという点では、さまざまな議論がなされていて、不透明な部分も残されています。とても大事なルールなのに、いまだ明文化されていない背景には、このような事情があるのです。

*16 日証事件（大阪地判平成11年3月31日労判765号57頁）。

> **Mini Column　年齢差別ってなに？**
>
> 　年齢差別（ageism：エイジズム）という言葉を、聞いたことがあるでしょうか。誰でも1年に1歳ずつ加齢していくのだから、年齢基準が差別なんておかしいと思うかもしれません。しかし、仕事に関する場面で、「年寄りは新しい仕事を覚えられない」とか、「この仕事は若者には無理だ」といった考え方は、差別につながらないでしょうか。少なくとも、年齢で人を評価することで、個人の能力評価を誤ってしまう危険性があることは確かでしょう。雇用における年齢差別は、すでに1960年代からアメリカやカナダで禁止されていましたし、ヨーロッパでも21世紀になり規制されるようになりました。また、アメリカのカリフォルニア州法では、年齢を理由に賃貸住宅への入居を断ることを禁じています。『エイジハラスメント』がテレビドラマ化され*17、高年齢ドライバーの免許返納が問題となっている現在、年齢基準の長所と短所を考えてみましょう。

*17 テレビ朝日によるドラマで、原作は内館牧子『エイジハラスメント』（幻冬舎、2008年）。法的には、年齢と性（特に女性）への複合差別ととらえられる。

## Q3　それでも仕事を続けられなくなったら……どうしたらいいですか？

雇用保険の基本手当（失業したときに出るお金）や求職者支援などの制度がありますので、これらの条件を確認して申請しましょう。

ここでいう**失業**とは、「働きたいのに……働けない！」という状態であり、働こうという意思および能力があるにもかかわらず仕事に就くことができないことをいいます。よって、この基本手当を受給するためには、公共職業安定所（ハローワーク）に行って求職の申込みをし、4週間に1度は失業認定（就職活動をしていたかどうかの確認）を受ける必要があります。受給者となるには、たんに仕事がなくなったというだけでは足りず、「誠実かつ熱心に求職活動を行うことにより、職業に就くように努めなければならない」のです（雇用保険法10条の2）。

それでは、どのぐらいの額を受け取れるのでしょうか。基本手当は原則として、2年間に被保険者期間が通算して12か月以上（倒産・解雇等の場合は1年間に6か月以上）ある者に与えられます。そして、離職日の翌日から1年以内の失業している期間について、年齢、被保険者期間や離職の事由ごとに異なる所定の給付日

第Ⅳ編　今後の人生のために

### 図表13-2　失業時の基本手当

① 特定受給資格者及び特定理由離職者（③就職困難者を除く）

| 区分 \ 被保険者であった期間 | 1年未満 | 1年以上5年未満 | 5年以上10年未満 | 10年以上20年未満 | 20年以上 |
| --- | --- | --- | --- | --- | --- |
| 30歳未満 | 90日 | 90日 | 120日 | 180日 | ― |
| 30歳以上35歳未満 | 90日 | 90日 | 180日 | 210日 | 240日 |
| 35歳以上45歳未満 | 90日 | 90日 | 180日 | 240日 | 270日 |
| 45歳以上60歳未満 | 90日 | 180日 | 240日 | 270日 | 330日 |
| 60歳以上65歳未満 | 90日 | 150日 | 180日 | 210日 | 240日 |

② ①③以外の離職者

| 区分 \ 被保険者であった期間 | 1年未満 | 1年以上5年未満 | 5年以上10年未満 | 10年以上20年未満 | 20年以上 |
| --- | --- | --- | --- | --- | --- |
| 全年齢 | ― | 90日 | 90日 | 120日 | 150日 |

③ 就職困難者

| 区分 \ 被保険者であった期間 | 1年未満 | 1年以上5年未満 | 5年以上10年未満 | 10年以上20年未満 | 20年以上 |
| --- | --- | --- | --- | --- | --- |
| 45歳未満 | 150日 | 300日 | 300日 | 300日 | 300日 |
| 45歳以上65歳未満 | 150日 | 360日 | 360日 | 360日 | 360日 |

注）「特定受給資格者」＝倒産、解雇、ハラスメントなどにより離職した者
　　「特定理由離職者」＝特定の病気、妊娠・出産・育児、家族の介護など、正当な理由のある自己都合退職者
　　「就職困難者」＝障害者や保護観察に付された者など
出典：ハローワークインターネットサービス（http://www.hellowork.go.jp）

**用語解説**
＊18　賃金日額
　離職した日の直前の6か月に毎月決まって支払われた賃金から算出した金額。

数を上限として、賃金日額*18の50％から80％が支給されます（図表13-2）。いずれの場合も最初の7日間は**待期期間**＊19といって支給されませんし、一般の離職者（自分の都合のみで辞職したなど）や職業紹介拒否などの場合には、さらに3か月間の**給付制限**がありますので注意が必要です。

**用語解説**
＊19　待期期間
　不必要な支給を防ぐために設定される。専門用語であり、「待機」とは書かない。

雇用保険の要件を満たさないとき、たとえば、新卒で就職して早々にリストラされた場合や辞めた場合、起業したけれども失敗して就職する場合には、まったく救済されないのですか？

　大丈夫です。雇用保険の失業等給付を受給できない求職者で、就職支援を行う必要があると認められた人については、**求職者支援制度**があります。要件を満たせば、特定求職者として、ハローワークでの積極的な職業相談・職業紹介を受け

るとともに、公共職業訓練はもとより、特別に用意された求職者支援訓練も無料で受講することができます。さらに、収入・資産・出席日数などの要件を満たす場合には、職業訓練の受講を容易にするために、職業訓練受講手当（月額10万円）と通所手当（訓練に通うための交通費）、寄宿手当が支給されるなどのスペシャルな支援を受けられるのです。

ほかにも、自分の能力・資格を高めるために職場外で自主的に訓練を受けた場合（英会話教室やパソコン教室などにも対応コースがあります）に出る**教育訓練給付金**など、働きながら受けられる給付もあります。これらの制度の多くは、自分から申し込む必要があるので、存在を知らなければ使えません。

また、最近では新卒応援ハローワークと称して、就職活動についての支援サービスにも力が入れられています（開催場所は駅前ビルの場合もあるので要確認です）。「ハローワークって、仕事を辞めた人が行くところだと思っていませんか？」というハローワークの呼びかけ[3]、筆者も同感です。

> **Mini Column** 障害者差別の禁止
>
> 2006（平成18）年に国連で「障害者の権利に関する条約」が採択され、日本は2014（平成26）年に批准しました。同条約の批准に先だって、日本では2013（平成25）年に障害者雇用促進法などが改正され、障害者の差別を禁じる各種規定が2016（平成28）年4月から施行されています。これらの法律には「当該障害者の特性に配慮した必要な措置を講じなければならない」といった文言が必ず含まれているのですが、それはなぜでしょうか？性差別をしないというのであれば、Sex-blindという言葉があるように、性別という要素を無視すること（＝男だとか女だとかを考慮しないこと）で、かなりの差別を抑制することができます。ところが、現に車椅子が必要な障害者に対して、障害という要素を無視すること（＝障害を考慮しないこと）は、障害者差別の解決に結びつきません。そこで、これらの法律では、車椅子を利用する障害者に対して、机や作業台の高さを調整する、階段にスロープをつけるなどの合理的な配慮（reasonable accommodation）を求めています。これは、障害者を優遇しろという意味ではなく、合理的な配慮を行うことで、誰もが同じスタートラインに立つことができるようにとの趣旨なのです。

## 3 ── ワークルールとしての労働法

労働法というと固くて古めかしい響きですが、最近ではワークルールという言葉で説明されることもあります。働く人、働かせる会社（人）、双方の理解が欠かせません。

結局、「労働法」って、どんな法律ですか？

もう気がついたと思いますが、「労働法」という名前の法令は存在しません。働くことにかかわる数多くの法令や判例・裁判例の蓄積によって、「労働法」は

第Ⅳ編　今後の人生のために

形成されているのです。また、労働法だけでなく、社会保障法などの関連法規を含む広い概念として**社会法**という分野でくくることができます。社会法は、権利の主体を、労働者、妊産婦、障害者、高齢者など、より具体的な属性をもった人間像としてとらえます。つまり、それぞれの立場を考慮して、適切なルールを考えるということになります。

　それでは、労働法を学ぶためには、どのような方法があるのでしょうか。大学で労働法の講義が開講されていなくても、ブラックバイト（企業）対策としてワークルール教育や講演会が臨時開催されることがありますので、掲示をチェックしてみましょう[4]。ワークルール検定という講習会がセットになったテストも各地で実施されていますが、こちらは就職してから挑戦するのがよいでしょう（有料ですから）[5]。そして、当事者になったつもりで、労働法の判例を読んでみましょう。事実は小説より奇なり。熱いドラマが展開されていますよ！[6]

---

**考えてみよう**

最後に、図表13-3に取り上げられている労働法令の条文について、どのような内容なのか、調べて検討してみましょう（既出の法令も含む）。

---

図表13-3　知っておきたい労働法令

| 法律の名称（略称） | 条文（見出し） |
|---|---|
| 労働契約法 | 3条（労働契約の原則）、16条（解雇）、18条（有期労働契約の期間の定めのない労働契約への転換）、20条（期間の定めがあることによる不合理な労働条件の禁止） |
| 労働基準法 | 4条（男女同一賃金の原則）、36条（時間外及び休日の労働）、39条（年次有給休暇） |
| 労働組合法 | 7条（不当労働行為） |
| 雇用の分野における男女の均等な機会及び待遇の確保等に関する法律（男女雇用機会均等法） | 5条（性別を理由とする差別の禁止）、7条（性別以外の事由を要件とする措置）、9条（婚姻、妊娠、出産等を理由とする不利益取扱いの禁止等） |
| 短時間労働者の雇用管理の改善等に関する法律（パート労働法） | 8条（短時間労働者の待遇の原則）、9条（通常の労働者と同視すべき短時間労働者に対する差別的取扱いの禁止） |
| 労働者派遣事業の適正な運営の確保及び派遣労働者の保護等に関する法律（派遣法） | 30条の3（均衡を考慮した待遇の確保） |

【引用・参考文献】
1）　晴野まゆみ『さらば、原告A子』海鳥社、2001年
2）　柳澤武「整理解雇法理における人選基準の法的意義」『法政研究』82巻2・3合併号、2015年、p.769
3）　厚生労働省「新卒応援ハローワーク」（http://www.mhlw.go.jp/stf/seisakunitsuite/bunya/0000132220.html）
4）　道幸哲也「ワークルール教育の課題」『日本労働法学会誌』126号、2015年、pp.59-61
5）　日本ワークルール検定協会「ワークルール検定」（http://workrule-kentei.jp/）
6）　野田進・山下昇・柳澤武編『判例労働法入門［第5版］』有斐閣、2017年

# 第14章 老後の生活とリスク

関連するのは
社会保障法

ここでは、高齢者を支える法（年金・介護・成年後見）について学びます。

## 1 ── 第二の人生、どうやって暮らしていくの？

〈キーワード〉
- 年金
- 介護保険
- 認知症

　日本は、4人に1人が65歳以上の高齢者という超高齢社会になっています。とはいえ、65歳以上とはいっても、若い人たちよりも元気な人もよく見かけます。元気なままで過ごせられればよいですが、一方で、最近では、老後破産や下流老人といった言葉も聞かれます。

お母さんが「老後のためにしっかり貯金しているのよ」といっていましたが、どうして貯金が必要なのですか？

　貯金はどんな世代でもあるに超したことはないのですが、特に老後の資金のための貯金という場合には、2つの事実があると思います。ひとつは、たいていの企業は**定年制**を設けていて60歳で定年を迎えるということ[*1]、そしてもうひとつは、ノーワーク・ノーペイの原則、つまり働いていないとお金を稼ぐことができないということです[*2]。したがって、労働者が働いていなければ、使用者は賃金を支払う必要はありませんから、定年で会社を辞めてしまえば、使用者が賃金を支払う義務はないわけです。そうなると、日々の生活費に貯金をくずすことも必要になるかもしれませんよね。だからこそ、貯金が必要だ、というわけですね。

でも、老後には年金があるんですよね。20歳の私のところに、お知らせが届いたのですが……？

　確かに、日本には20歳以上の人が必ず加入しなければならない（**強制加入**）、**公的年金制度**があります。しかし、みなさんが年金（老齢年金）をもらえるのは65歳からです。したがって、60歳から65歳の間は、年金もないし、働かなければ賃金もない、ということになります[*3]。
　20歳のみなさんに届いたお知らせは、**国民年金**の保険料納付のお知らせです。日本の公的年金制度は、2階建ての年金制度になっていて（図表14-1）、職業ごとに加入する年金が違う制度になっています。

*1　厚生労働省「平成27年就労条件総合調査」によれば、定年制を定めている企業は92.6%となっており、そのうち定年年齢を60歳とする企業が80.5%を占めている。しかしながら、急速な少子高齢化を背景に、労働力不足が懸念され、意欲と体力があり、雇用の継続を希望する高年齢者について、60歳から65歳への定年の延長が推奨されている（高年齢者雇用安定法）。同法では、事業主が高年齢者の再雇用を含めた、雇用継続ができるための制度（継続雇用制度）を整えることを義務づけ（9条）、違反した企業には公表の措置が講じられる（10条）。

**POINT**
*2　労働契約法6条では、労働者が労働すること（労働者の債務）に対し、使用者が賃金を支払うこと（使用者の債務）を、両者が合意することによって、労働契約が成立することが定められている。

第Ⅳ編　今後の人生のために

（数値は平成27年3月末）

図表14-1　公的年金制度の仕組み

出所：厚生労働省「公的年金制度の概要」
（http://www.mhlw.go.jp/stf/seisakunitsuite/bunya/nenkin/nenkin/zaisei01/）

☑CHECK
*3　主にサラリーマンなどが加入する厚生年金では、制度発足当時（昭和17年と19年）は55歳から年金を受給することができた。しかしながら、昭和29年に男性が60歳、女性が55歳、昭和60年に男性が65歳、女性が60歳、平成6年および12年には男女とも65歳となった。この趣旨としては、表向きは「60歳引退社会」から「65歳現役社会」への転換といわれているが、実際には、急速な少子高齢化による財政難が背景にある[1]。

☑CHECK
*4　なお、学生の場合は、報酬を得ているわけではないので、学生納付特例制度という保険料の支払いを待ってもらえる（猶予）制度がある。猶予した場合には、保険料納付期間に加えられるため、安心して制度を利用できる。手続きは、大学構内でできる場合があるが、詳しくは、自分が住んでいる市町村役場で確認してほしい。

自営業者や大学生、無職の人は、1階部分の国民年金に加入し、2017（平成29）年度の保険料である16,490円を、毎月、口座振替やクレジットカード、金融機関や郵便局、コンビニ等の窓口などで支払います。会社員や公務員の人は、1階部分の国民年金と2階部分の**厚生年金**の2つを給料から天引きする方法で支払います。会社員や公務員の人の保険料額は、その人の報酬によって異なり、報酬の18.182〜18.184％（うち半分は使用者負担）が保険料となります。

国民年金を20歳から60歳まで40年間納め続けると、**老齢基礎年金**として、年779,292円（月にして約65,000円）もらうことができます。ただし、保険料を納めた期間（保険料納付期間）が40年に満たない場合には、納めていない期間に応じて減額されます。また、少なくとも通算10年納めていないと、老齢基礎年金そのものをもらえる資格（受給資格）がありません[*4]。

 そんなに安いんですか！　年78万円で生活していけますか？

確かにそのとおりですね。年78万円では到底生活費として足りません。夫婦で国民年金に加入していた場合は、2人分の年150万円ほどになります。また、厚生年金との差額を埋めるために、国民年金基金[*5]や個人型確定拠出年金（iDeCo）[*6]といった、国民年金に上乗せして年金をもらう制度も設けられています。ただし、この国民年金基金やiDeCoは、加入してもしなくてもよいことになっています（任意加入）。

 私たちが老後を迎えるときには、年金がもらえますか？

現在の公的年金制度は、今まで支払われた年金を積み立てて、それを取り崩し

第14章　老後の生活とリスク

つつ（積立方式）、現在働いて、保険料を支払っている現役世代が、年金を受給している高齢者を支えるという**修正賦課方式**を採用しています。私たちが納めた年金が、必ずしも、私たちのために使われているわけではありません。これは、年金が世代間扶養の役割を果たしているからだとも説明されています。ですが、このことが、保険料を支払ったこと（拠出）と、得られるメリット（給付）のバランスがとれないのではないかといった不安や、少子高齢化しているので、支え手が少なく、年金をもらえる高齢者がどんどん増えて大変なことになるのではないか、といった不満などの原因にもなっています。こうした不安や不満は、年金の未納者の増加を招き、2016（平成28）年の未納者は、3割を越えています[3]。

> **Mini Column　年金の制度運用に関する問題点**
>
> 年金の運用については、問題が山積みです。たとえば、年金の積立金を株式や国債などを使って運用している「年金積立金管理運用独立行政法人」（GPIF）は、2015（平成27）年度に5兆ほどの運用損を出しており、順調に資金を増やしているわけではありません[4]。また、現在、公的年金制度の事務を行っているのは日本年金機構ですが、2015（平成27）年に外部からの不正アクセスを受け、約125万件の個人情報を流失しました[5]。
> このほかにも、年金保険料を給与から天引きし、労働者の代わりに保険料を支払うこととなっている事業主が、保険料額を少なくするために嘘の申告をしたため、もらえるはずの年金がなくなってしまう「消えた年金問題」や、年金が人の手（手書き）で管理されていた時代に、個々人に固有に与えられる基礎年金番号を変えてしまったために、誰と誰が同一人物なのかわからなくなってしまい、未結合となってしまった年金が存在することとなった「宙に浮いた年金問題」など、公的年金制度に対する国民の信頼を揺るがすような事件がありました[6]。

### POINT
＊5　国民年金基金は、国民年金に加入する第1号被保険者のために作られた、年金の上乗せ制度（国民年金法115条）。掛け金は、月額68,000円を上限とし、各人の希望により、何歳から掛けるか、いくら掛けるのかなどを選択できる。地域型と職能型の2種類に分かれ、地域型は47都道府県に設置され、それぞれの地域ごとに加入することになっている。一方、職能型は、独立開業している医師や弁護士などの自営業者ごとに加入する仕組みになっている[2]。

### 用語解説
＊6　iDeCoとは、国民年金基金と同様、年金の上乗せ制度だが、第1号被保険者に限らず、原則として60歳未満の年金加入者（年金の種類は問わない）が加入できる制度（確定拠出年金法62条）。銀行などの金融機関が取り扱っており、年金の上乗せをしたいと考える人が、自分自身で加入する。加入すると、税金がかかる金額が安くなる（税額控除）というメリットがある。

**Q5　それでも、払い続けたほうがいいですか？**

答えは、「はい」です。なぜなら、公的年金制度には、老後の備えとしての老齢年金だけではなく、**障害年金**や**遺族年金**という仕組みがあるからです。

障害年金は、法で定められた一定程度の障害を有する場合にもらえる年金です（国民年金法30条、厚生年金保険法47条）。また、遺族年金は、一家の大黒柱が亡くなったときにもらえる年金です（国民年金法37条、厚生年金保険法58条）。1人1年金なので、受給の理由が異なる年金（老齢、障害、遺族）を合わせてもらうことは、原則としてできないのですが、遺族年金については、自分自身の老齢年金と合わせて受給できる場合もあり、主に夫が亡くなった高齢の妻にとっては、老後の所得保障の役割を果たしています。

第Ⅳ編　今後の人生のために

## 2 ── 高齢者の介護は誰がする？

年齢を重ねると、お金の心配もさることながら、健康面でも心配があります。必ずしも元気で過ごせるわけではないので、誰かの手助けや介護が必要になる場合もあります。その場合に、家族による手助け・介護だけでなく、高齢者の健康・介護に関する社会的な制度が作られています。

　高齢者の健康に関する対策は、なにか立てられていますか？

日本は、世界的にも長寿国として有名ですが、厚生労働省の「平成27年簡易生命表の概況」によれば、日本人の平均寿命は、男性で80.79歳、女性で87.05歳となっています[7]。ですが、いくら長生きしても、健康でなく、寝たきりの状態であったらどうでしょうか。そこで、平均寿命のほかに、健康寿命という考え方があります。**健康寿命**については、WHO（世界保健機関）が提唱したとされており、健康で過ごすことのできる期間、あるいは日常生活に制限のない期間を健康寿命としています[8)9)]。2013（平成25）年の段階で、健康寿命は男性で71.19歳、女性で73.62歳となっており[10]、平均寿命との差が生じています。また、75歳以上になると、介護が必要な状態になる（要介護状態）人の割合が高くなることが指摘されており[11]、長生きできたとしても、10年近く、介護が必要になる可能性があることがわかります。

このような状況から、国民の健康を増進させるため、2002（平成14）年に**健康増進法**が制定されました。そして現在、同法7条にもとづいて健康日本21（第二次）という基本方針を定めて、2013（平成25）年から2022年までの取り組みを定めています。たとえば、生活習慣病の予防やメンタルヘルス対策、介護予防などの取り組みです。みなさんも、ロコモ（ロコモティブシンドローム）[*7]やスマート・ライフ・プロジェクト[*8]といった言葉を聞いたことがあるかもしれませんが、それらの普及活動も、この取り組みの一環です。

　まだ今は元気でいるけれど、将来的におばあちゃんに介護が必要になったら、どうしたらいいですか？

介護が必要な状態になったら、まずは、各小学校区に1つくらいの割合で設置されている、**地域包括支援センター**[*9]（介護保険法115条の46）に行きましょう。地域包括支援センターには、常時、社会福祉士、看護師、保健師の3人の有資格者がいて、介護に関する相談にのってもらえます。

---

**用語解説**

*7　ロコモ（ロコモティブシンドローム）
筋肉や骨、関節などの運動器が、障がいを原因として、動かなかったり、移動できなくなっている状態をいう。ロコモになると、身体を動かすことができなくなり、介護が必要な状態になることから、ロコモを防ぐ運動が展開されている[12]。

**用語解説**

*8　スマート・ライフ・プロジェクト
健康寿命をのばすことをスローガンに、適度な運動、適切な食生活、禁煙という3つの行動をするために、企業や地方公共団体などの活動を支援する運動である[13]。

**用語解説**

*9　地域包括支援センター
各小学校区に1つずつ設置されている機関（介護保険法115条の46）で、社会福祉士、看護師、保健師の3人が配置されている。予防も含めた介護に関する相談、援助などの業務を行っている。

第14章 老後の生活とリスク

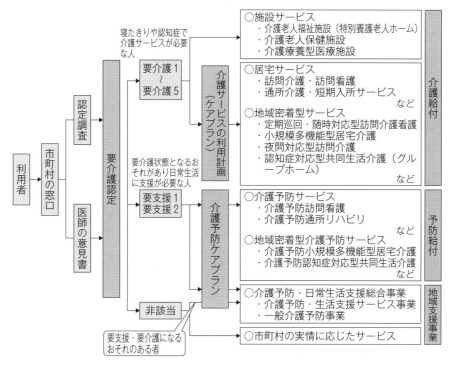

**図表14-2 介護保険申請から給付までの流れ**

出典：厚生労働統計協会編『国民の福祉と介護の動向2015／2016』厚生労働統計協会、2015年を一部改変

　実際には、**介護保険**という制度を利用して、介護サービスを受けることになります。制度を利用するためには、市町村に対して利用申請をしなければなりませんので、地域包括支援センターでは、その申請の仕方も教えてもらえます。ですが、ここでも少しふれておきましょう。図表14-2は、介護保険の申請から、サービスの受給までの流れを示したものです。

 介護保険って、誰でも申請できるのですか？

　介護保険を利用したいと申請できる人は、介護保険に加入している人（被保険者）本人とその家族、地域包括支援センターのほか、一定の条件を満たす介護施設・介護事業所です（介護保険法27条1項）。これは、介護保険を利用するために必要な、**要介護認定**を行うために申請することになっています。申請を受けた市町村は、この要介護認定を行うことになりますが、まず職員を申請者本人の自宅に向かわせ、面接や聞き取り、身体能力のチェックなどを行い、コンピューターによって、どのくらいの介護時間が必要になるのかの判定を行います（1次判定：介護保険法27条2項）。その後、申請者本人の主治医の意見書などを参考に、保健医療福祉の専門家5名からなる介護認定審査会で、そのコンピューターの結果で

よいのかどうかの議論が交わされます（2次判定：介護保険法27条5～7項）。そして出された結果が、どのくらいの時間・程度の介護が必要かを示す、8段階の判定になります。8段階の判定は、軽いほうから非該当、要支援1・2、要介護1～5となっています。最も状態が重く、介護度が高い人は、要介護5と判定され、自宅で介護を受ける場合には、月額360,650円分（限度額）までのサービスを利用することができます[14]。

**どんなサービスを利用したらいいのか、わからないのですが……？**

そうですね。まずは、介護保険を使って利用できる2つのサービスについて説明しておきましょう。先ほどの要介護5の人は、自宅でサービスを受けると書きましたが、この場合は、**居宅介護サービス**です。そして、もうひとつは**施設サービス**です。そして、それぞれのサービスに、**介護**と**介護予防**のためのサービスが枝分かれしてある、と考えてください。

まず、居宅介護サービスでは、事業者が自宅を訪問して、食事・排泄などのお世話をする訪問介護や、入浴の手伝いをする訪問入浴介護などのサービスがあります。また、同じように、事業者が自宅を訪問する場合であっても、介護予防を目的として、利用者本人ができないことをお世話する、介護予防訪問介護といったサービスもあります。利用者本人が事業者のところに出向いて、身体の機能を回復させるための訓練や、折り紙・音楽といったレクリエーションを行ったりする、通所介護（デイサービス）もあります。加えて、自宅で介護する場合には、専用のベッドや車いすが必要になるかもしれません。そこで、介護用ベッドや車いすなどの福祉用具、滑りにくい靴や杖などの特定福祉用具販売なども、介護保険でまかなえるサービスとなります（介護保険法41条4項）。

次に、施設には3つの種類があります。ひとつは、常に介護が必要な人が入所する、介護老人福祉施設（特別養護老人ホーム）です（介護保険法86条）。もうひとつは、少し状態がよくなって、身体の機能を回復させるための訓練を行う、介護老人保健施設です（介護保険法94条）。そして、長期にわたって治療やそのための介護が必要な人が入所する、介護療養型医療施設です。以上3つの施設には、要介護3以上の人しか入所できないことになっています。

介護にはいろいろなサービスがあるのですね

**いろいろあってむずかしそうなのですが……？**

上記に述べた多種多様なサービスを、どのように組み合わせて（あるいは、どの施設を）利用したらよいか、すぐにはわかりませんね。そこで、先ほどの要介護認定を受けたら、自分が利用したいなと思う介護事業所や施設に相談に行くと、

ケアマネージャーと呼ばれる有資格者が、どのようなサービスを、いつ、どのくらい受けるかという計画（ケアプラン）をたててくれます。このケアプランの作成も、介護保険を使って、利用することができます（介護保険法40条7号・8号）。このように、何人もの人がかかわって、介護される人・介護する人を支えているのが、介護保険制度なのです。

**Q6　サービスを利用すると、いくらくらい負担をする必要がありますか？**

先ほど、要介護認定の結果から、どのくらいの金額のサービスを利用することができるかを示しましたが、実は、あの金額の1割（一定以上の所得がある人は2割、現役世代並みの所得の人は3割）を利用者が負担しなければなりません。つまり、先ほどの要介護5の自宅で介護サービスを限度額いっぱいに利用する人は、月額36,000円の負担をしなければならない、ということです。

また、介護保険は、保険という仕組みを使っています。保険という仕組みは、日頃保険料を支払い、万が一事故が起こったときに、保険を使ってまかなうという性質のものです。つまり、私たちは日頃、介護保険の保険料を支払っているということになります。とはいえ、必ずしも、国民全員が支払っているわけではなく、40歳以上の国民が支払うことが定められています（介護保険法10条1号）。

また、40歳以上65歳未満の人（第2号被保険者）と65歳以上の人（第1号被保険者）では、サービスを利用する際の条件が異なります。**第1号被保険者**は、たとえ、介護が必要になった原因が交通事故によるものであっても、介護が必要でありさえすれば、介護保険を使うことができます。ですが、**第2号被保険者**は、加齢を原因とする、アルツハイマー[*10]など16種類の病気（特定疾病）にかかった場合のみ、介護保険を使うことができます（介護保険法施行令2条）。

**Q7　介護保険に入れない場合やお金がない場合はどうすればいいですか？**

介護保険に入れないということはありません。なぜなら、公的年金と同じように、必ず入らなければならない保険だからです（**強制加入**）。

とはいえ、介護保険を使うためには、保険料を支払わなければならず、もし一定期間滞納してしまうと、介護保険を使うことができません（介護保険法67条・68条）。また、きちんと支払っていたとしても、サービスを利用した場合には、かかったサービスの1割から3割を負担しなければならず、生活に困窮していたり、あるいは家族から年金を取り上げられるなど、経済的な虐待を受けたりしていて、その負担をすることができない場合もあり得ます[*11]。そのような場合には、介護保険ではなく、老人福祉法にもとづいて、市町村が福祉の**措置**を行い（老人福祉

---

**用語解説**

*10　アルツハイマー
認知症の一原因と考えられている病名であり、脳が萎縮することによって、ひどい物忘れや人や物の区別ができる機能が低下する。65歳未満に発症する場合もあり、若年性アルツハイマーがこの場合に相当する。

**ここも CHECK**

*11　なお、生活保護を受給している場合には、介護保険の被保険者とはならず、生活保護から介護扶助が支給される。

第Ⅳ編　今後の人生のために

法10条の4・11条）、市町村の費用で、介護サービスを受けることになります（老人福祉法21条）*12。

*12　ただし、市町村は、扶養義務者に対して、費用の一部または全部を徴収することができる（老人福祉法28条）。

## 3 ── もし認知症になったら

歳を重ねて、より心配になるのが、病気のことです。とりわけ、高齢になると足腰が弱くなるとともに、視力の低下や関節痛など、さまざまな症状に見舞われる人が多くなります。さらに深刻なのは、物忘れなどの症状です。それらの症状が進むと、認知症とよばれる症状になったりもします。

**Q1**　要介護状態のなかでも、認知症になったら、どうすればいいですか？

先ほどは述べませんでしたが、介護保険のサービスのなかで、居宅、施設以外にもうひとつサービスがあります。それは、**地域密着型サービス**とよばれるもので、市町村によって提供されるサービスがあります。そのなかに、認知症対応型共同生活介護（認知症高齢者グループホーム）があります。認知症高齢者グループホームは、認知症になったお年寄りが数名入居できる施設（家のようなところが多い）です。認知症に対する知識をもったスタッフがおり、食事・排泄・入浴などをサポートしてくれます。また、最近では認知症専門の病院（主に精神科の病院）もあり、そこに入院することも可能です。ただ、グループホームも病院も、2012（平成24）年に462万人とも数えられた認知症患者に対応できていない状況であり[15]、入所・入院待ちの状態であることが問題です。

認知症は、さっき言ったことが思い出せないとか、言葉が出ない、物事を正しく認識できないといった症状をともなうことが多いです[16]。家族にとってみれば、これらの症状を原因として、思うように行動できない高齢者（家族にとってみると、親や祖父母）が暴言や暴力をふるったり、徘徊したり、妄想が出たりして、とても困った状態になることも考えられます。そういったときに、どのように介護したらよいのか、どこまで介護したらよいのか、グループホームや病院に入れてよいのか、といったことを、誰かに相談したり、話したりしたくなるかもしれません。そうしたニーズから、最近では、認知症カフェといって、認知症の家族がいる人たちの、語らいの場が全国各地に設けられています[17]。

認知症患者は、2012年で約462万人です

172

# 第14章 老後の生活とリスク

## Q2 もし一緒に住んでいるおばあちゃんが認知症になったら、家族はどうすればいいですか？

もし家族に認知症になった人がいたら、法的には、その人には**意思能力**（判断能力）がない、とされる場合があります。意思能力というのは、ものごとを判断し、その結果を理解できる能力で、契約などの法律行為をすることができる能力のことをいいます[*13]。一般的に7～10歳にはこの能力が備わっているといわれていますが、法律行為の内容によって、この能力がどの程度必要かは異なるとされています（**意思能力の相対性**）[*14]。認知症の高齢者も、症状はさまざまなので、一律に意思能力がない、とはされません。ただし、意思能力がない場合には、その法律行為は無効となるので[*15]、特に施設などへの入所契約や遺言を書いたりする場合には、注意が必要です。

これを補う制度として、**成年後見制度**という制度があります。成年後見制度に

ここも CHECK

[*13] 意思能力に関する法律の規定はないが、改正民法には、3条の2に「法律行為の当事者が意思表示をした時に意思能力を有しなかったときは、その法律行為は、無効とする」という条文が入っている。

[*14] 京都地判平成25年4月11日判時2192号92頁。

[*15] 大審院判決明治38年5月11日民録11輯706頁。

**図表14-3　法定後見の3つの類型**

| | 後見 | 保佐 | 補助 |
|---|---|---|---|
| 対象となる人 | 判断能力が全くない人 | 判断能力が著しく不十分な人 | 判断能力が不十分な人 |
| 申立てができる人 | 本人、配偶者、四親等以内の親族、検察官、市町村長など | | |
| 後見人等に必ず与えられる権限 | 財産管理についての全般的な代理権、取消権（日常生活に関する行為を除く） | 特定の事項[注1]についての同意権[注2]、取消権（日常生活に関する行為を除く） | |
| 申立てにより与えられる権限（保佐人、補助人の場合） | | 特定の事項[注1]以外の事項についての同意権[注2]、取消権（日常生活に関する行為を除く）▼特定の法律行為[注3]についての代理権 | 特定の事項[注1]の一部についての同意権[注2]、取消権（日常生活に関する行為を除く）▼特定の法律行為[注3]についての代理権 |
| 制度を利用した場合の資格などの制限 | 医師、税理士等の資格や会社役員、公務員などの地位を失うなど | 医師、税理士等の資格や会社役員、公務員などの地位を失うなど | |

注1）特定の事項とは、民法13条1項にあげられている、借金、訴訟行為、相続の承認や放棄、新築や増改築などの事項をいいます。ただし、日用品の購入など日常生活に関する行為は除かれます。
注2）本人が特定の行為を行う際に、その内容が本人に不利益でないか検討して、問題がない場合に同意（了承）する権限です。保佐人、補助人は、この同意がない本人の行為を取り消すことができます。
注3）民法13条1項にあげられている同意を要する行為に限定されません。
出典：裁判所ホームページ「後見Q＆A」（http://www.courts.go.jp/tokyo-f/saiban/koken/koken_qa/）を一部改変

は、法定後見と任意後見という2つの種類があります。まず、法定後見には、**後見、保佐、補助**という3つの類型があり、高齢者本人にどのくらいの意思能力が残っているかによって、家庭裁判所がどの類型を用いるかを決めます。3つの違いについては、図表14-3をみてください。

### Q3 法定後見制度って、具体的にはどんな制度ですか？

成年後見制度のなかの法定後見制度では、本人の意思を尊重しつつ（民法858条）、どのくらいのことまでができるかを見極めて、本人の代わりを務める後見人、保佐人、補助人（以下、「後見人等」といいます）の権限を決定していきます。後見人等には、家族や親族がなる場合（親族後見）もありますし、家族・親族内に争いごとやもめごとがあれば、弁護士や司法書士、社会福祉士などの後見の業務を専門的に扱う、**専門職後見人**が選ばれることもあります[*16]。いずれにしても、選ぶのは家庭裁判所であり、本人にとって誰が一番ふさわしいのかという観点から選ばれています（民法843条・876条の2・876条の7）。

後見人等は、本人の**財産管理**と**身上監護**という2つの事務を行います。財産管理は、預貯金や不動産などの財産の管理をし、毎月いくら使っているかなどをチェックすることを指します。身上監護は、介護保険の申請や利用の手続き、日常の見守りなど、本人が本人らしく生活できているか、権利が侵害されていないかなどをチェックすることを指します。

このように、家族自身が高齢者を支える法的根拠を得たり、また、支えてくれる人を選ぶことによって、家族自身の負担を減らしたりすることもできます。

\ここも/
**CHECK**
*16 親族以外の第三者が後見人に選ばれるケースが全体の70.1％となっており、うち、専門職後見人は、63.2％となっている。また、社会福祉協議会やその他の法人による、法人後見も増えてきており、5.7％（前年5.4％）となっている[18]。

---

**Mini Column　高齢者の消費者トラブル**

　高齢者に関するリスクとしては、振り込め詐欺などの詐欺の被害者になる場合や、高額な商品を買わされたり、必要のない契約をさせられるなどの消費者トラブルもあります。消費者庁が刊行している『平成28年版消費者白書』によれば、2015（平成27）年に、高齢者が消費生活センターなどに寄せた相談は24万件となっており、特に年齢が高い世代ほど、相談件数が増加している傾向にあります[19]。特に、新聞や屋根工事、浄水器などの訪問販売に関する相談が多いことが特徴です。
　こうした被害を防ぐために、2014（平成26）年6月、消費者安全法が改正されました。本法では、高齢者の消費者トラブルの背景には、高齢者自身の社会的孤立や認知力の低下等にあるとし、病院や教育機関、郵便局や生協、自治会などが消費者安全確保地域協議会（消費者安全法11条の3）を設置して、被害の事前防止のための活動をすることができるようになりました。たとえば、先にあげた、地域包括支援センターと消費者センターとが連携して、高齢者の消費者トラブルの情報をいち早く入手したり、被害防止のための講座を開いたりと、高齢者を見守るためのネットワークができている事例もあります[20]。
　家族と同居していない高齢者も多くなってきていますので、こうした地域で高齢者を見守るネットワークは、消費者トラブルを防ぐためにも、ひいては、孤立死や孤独死を防ぐためにも、重要になってきているといえます。

第14章　老後の生活とリスク

 自分の代わりを務めてくれる人を選んだりできますか？

上記の法定後見では、家庭裁判所が決めた人が後見人等となるので、自分が望む人を後見人にしたい場合には、自分の意思能力が十分なうちに、後見人となる人を定めておく必要があります。これが、**任意後見**とよばれるものです。

任意後見は、自分自身の意思能力があるうちに、誰に（受任者）、何をどこまでやってもらうかをあらかじめ定めておく契約（任意後見契約）です。通常、契約は二者間の合意が必要になりますが、任意後見契約は、**公証役場**で公証してもらう必要があります（任意後見契約法3条）。公証というのは、公証人という人が立ち会って、その契約の内容に不備がないかどうかをチェックし、証明してくれるものになります。そして、任意後見契約が結ばれると、登記がなされます*17。

そして、自分自身の意思能力が低下してきた場合に、受任者や本人、配偶者、四親等内の親族が、任意後見監督人という、受任者（将来的には任意後見人）をチェックする立場の人を選んでくださいと、家庭裁判所に申し立てます（任意後見契約法4条）。任意後見監督人が家庭裁判所によって選ばれると、あらかじめ定めておいた契約の内容が実行され、任意後見人による支援が始まります。

> **POINT**
> *17　なお、法定後見の場合も、登記がなされる。

 いろんな制度がありますが、こうした制度を利用していれば安心ですか？

実は、残念ながら必ずしもそうではありません。最近では、後見人等に選任された弁護士や司法書士などによる財産の着服事件が後を絶ちません。最高裁の調査を報じた報道によれば、2015（平成27）年には専門職後見人による着服が、調査を始めて以来、過去最高となり、37件（1億1,000万円）の被害がありました*18。

このような状況から、近年では後見人による財産管理ではなく、日常生活に必要な資金を除いたお金を信託銀行などに預けて、税金の支払いなど必要に応じて、お金を引き出す**後見制度支援信託**も、積極的に取り入れられるようになりました。最高裁の「後見制度支援信託の利用状況等について（平成27年1月～12月）」によれば、この制度を導入した当時の2012（平成24）年には98人が利用していましたが、2015（平成27）年は6,563人が利用しています。

また、実際に着服などの被害にあってしまった場合に補償する制度として、2017（平成29）年4月より、日本弁護士連合会が依頼者1人につき500万円を上限に、見舞金を支払う制度を導入しています*19。

本来は、こうした着服等について、家庭裁判所や後見監督人が目を光らせているはずなのですが、それらの機関による監督がうまくいっていないことも問題と

*18　毎日新聞「専門職の不正最多　弁護士ら、財産着服など37件」（2016年4月15日付記事）。なお、親族後見人も含めた成年後見人全体の被害の状況は、521件（29億7,000万円）となっている。

*19　時事通信「横領被害の依頼者に見舞金＝上限500万円──日弁連」（2017年3月3日17:54配信）。

*20 家庭裁判所の過失を認め、賠償責任を認めた裁判例として広島高判平成24年2月20日。否定した裁判例として、大阪地堺支判平成25年3月14日。

なっています*20。

　以上のように、後見制度は必ずしも完璧な制度ではありません。とはいえ、今後高齢化はますます進み、認知症高齢者の数も増えることが予想されています。よりよい制度になるよう、また、その利用が進むよう、2016（平成28）年には、**成年後見利用促進法**が制定され、今後対策が講じられることになっています。

【引用・参考文献】
1) 厚生労働省「第4回社会保障審議会年金部会平成23年10月11日資料1：支給開始年齢について」（http://www.mhlw.go.jp/stf/shingi/2r9852000001r5uy-att/2r9852000001r5zf.pdf）
2) 国民年金基金ホームページ（http://www.npfa.or.jp）
3) 厚生労働省「国民年金保険料の納付率について（平成28年2月末現在）」（http://www.mhlw.go.jp/stf/houdou/0000122446.html）
4) GPIF「前年度末の運用状況ハイライト」（http://www.gpif.go.jp/operation/archive.html）
5) 厚生労働省編『平成28年度厚生労働白書』2016年、pp.360-361
6) 厚生労働省「年金記録問題に関する特別委員会報告書」（http://www.mhlw.go.jp/stf/shingi/0000035132.html）
7) 厚生労働省「平成27年簡易生命表の概況」（http://www.mhlw.go.jp/toukei/saikin/hw/life/life15/index.html）
8) 厚生労働省『平成26年度版厚生労働白書』2014年、p.2
9) 内閣府『平成28年度版高齢社会白書』2016年、p.22
10) 内閣府『平成28年度版高齢社会白書』2016年、p.22
11) 内閣府『平成28年度版高齢社会白書』2016年、p.24
12) ロコモティブシンドローム予防啓発公式サイト「ロコモチャレンジ！」（https://locomo-joa.jp/locomo/01.html）
13) 厚生労働省「スマート・ライフ・プロジェクト」（http://www.smartlife.go.jp）
14) 厚生労働省「介護事業所・生活関連情報検索：サービスにかかる利用料」（https://www.kaigokensaku.jp/commentary/fee.html）
15) 内閣府『平成28年度版高齢社会白書』2016年、p.21
16) 厚生労働省「みんなのメンタルヘルス：認知症」（http://www.mhlw.go.jp/kokoro/speciality/detail_recog.html）
17) 認知症の人と家族の会「認知症カフェのあり方と運営に関する調査研究事業報告書」（http://www.alzheimer.or.jp/webfile/cafe-web_0001.pdf）
18) 最高裁判所事務総局家庭局「成年後見関係事件の概況—平成27年1月～12月—」（http://www.courts.go.jp/vcms_lf/20160427koukengaikyou_h27.pdf）
19) 消費者庁『平成28年版 消費者白書』2016年、p.119
20) 国民生活センター『ウェブ版国民生活』50号、2016年（http://www.kokusen.go.jp/pdf_dl/wko/wko-201609.pdf）pp.1-13

# 第15章 財産の行方

関連するのは
民法（相続法）

ここでは、人の死亡を原因とする財産の承継＝相続に関する法を学びます。

## 1 ── 死んでからじゃ遅い！？──遺言

〈キーワード〉
■ 遺言
■ 法定相続
■ 相続人

　第1章でも述べたように、私たちは、たくさんの権利や義務に囲まれて生活しています。学生でも「土地や建物を持っている」という人や、「最近車を買ってもらった」という人もいるかもしれません。それらの物がみなさんのものであれば、みなさんはそれらの物に対する所有権という権利をもっていることはすでに述べました*1。一方で、友だちからお金を借りている場合はどうでしょうか。もちろん借金があれば、それは返さなければいけません。お金を借りるということは、それを返す義務も負っているということですよね。

*1　所有権について、第1章（p.14〜）を参照。

では、もし、みなさんが死亡してしまったら、それらの土地や建物、車および借金はどうなりますか？

　所有者が死亡してしまったからといって土地や建物、車が放っておかれてはもったいないですし、それら財産の奪い合いが起こっても大変です。借金も返さないでそのまま、というわけにはいきませんよね。このような場合に備えて、死亡した人の権利（所有権など）や義務（返還義務など）を誰かに承継させるためのルール、つまり、土地や建物、車の新しい所有者や、借金を返す人を決めるルールがあります。それが民法のなかの相続の規定（民法882条以下）であり、とくにそれらは**相続法**とよばれます。

　相続法は、人が死亡した後、つまり、**権利能力**\*2を失った後、その人に帰属していた権利や義務を、いつ、どこで、誰に、どのように承継させるかを定めるルールです。このルールのなかで、死亡した人は**被相続人**、財産（権利や義務）を承継する人は**相続人**、承継される財産は**相続財産**（または**遺産**）とよばれます。

*2　次ページのミニコラムを参照。

　そして、相続法にしたがって残された財産を相続させる方法は、大きく2つに分かれます。そのひとつが**遺言**による財産の承継です。人は、生存中であれば、自分の財産を自分の意思で自由に処分できます。土地や建物、車など、自分のものであれば、売ったりあげたり、棄ててしまったりするのは自由です。生存中に自由にできるのであれば、自分の死亡後の財産の行方についても、自分の意思で

177

第Ⅳ編　今後の人生のために

自由に決めておきたくはありませんか。それを可能にするのが遺言なのです。ただし、誰もが遺言を残しておくわけではありません。遺言がない場合には、もうひとつの方法によることになります（第2節）。

> **Mini Column　権利能力と相続**
>
> 　権利能力とは、「権利を有し、義務を負うことができる地位」のことで、民法を勉強するうえで、必ず覚えておかなければならない専門用語のひとつです。日本人であれば、老若男女を問わず、誰でも平等に権利能力を有しています。権利能力を有するからこそ、土地や建物、車などの所有者になれますし、借金をすることもできるのです。権利能力の始期（権利能力をいつ持ち始めるか）は、生まれたときであり（民法3条）、終期（いつ失うか）は、死亡のときとされています。したがって、人は、死亡すると、権利を有したり、義務を負ったりすることができなくなります。そして、この手放さざるを得なくなった権利や義務を特定の人に承継させること、それが相続なのです。

## Q2 遺言という言葉は聞いたことがありますが……？

　遺言は、遺言を書いた人（＝**遺言者**）の最後の意思表示です。もちろん、遺言を書いたからといって、すぐに死亡してしまうわけではありませんが、それでも法律上は、遺言者の最終意思とみるべきものです。

　遺言が遺言者の最終意思であること、そして、遺言によって相続人に大きな影響を与える可能性があることなどから考えると、「誰でも遺言を書いてよい」というわけにはいきません。民法は、遺言者が遺言を書くときに**意思能力**[*3]を備えていることを前提に、「15歳に達した者は、遺言をすることができる」（民法961条）と規定しました。つまり、15歳以上で意思能力を備えていれば、遺言をすることができるのです[*4]。

　また、遺言には、なにを書いても構いません。これを**遺言自由の原則**とよんでいます。たとえば、「葬式はしなくてよいから、遺骨は太平洋にまいてくれ」というお葬式の方法や「家族みんな仲良く暮らすように」という遺訓を書いてもよいのです。ただし、書いた内容のすべてが法律上の拘束力を有するとは限りません。お葬式の方法や遺訓には、法律上の拘束力は生じません。つまり、相続人は、遺言に書かれたお葬式の方法や遺訓に従う必要はないのです。これらとは逆に、法律上の拘束力が生じるもの（＝**遺言事項**）の典型例として、**相続分の指定**（民法902条）や**遺贈**（民法964条）があげられます。相続分の指定とは、**相続分**[*5]を変更すること、遺贈とは遺言による財産の譲渡を指し、どちらも、相続人の相続分に大きな影響を与えます。

---

**用語解説**

**＊3　意思能力**
　ここでいう意思能力とは、具体的には、「遺言の内容を理解し、遺言の結果を弁識することができる能力」、つまり、自分が遺言でなにを書いたか、そして、その結果としてどのようなことが起きるかを理解できる能力を指す。

**＊4**　15歳以上であっても、認知症に罹患しているとか、お酒を飲んでぐでんぐでんに酔っ払っているという状態では、遺言をすることができない。もしそのような状態、つまり、意思能力が不十分な状態で遺言をしても、その遺言は無効（何もないのと同じこと）である。

**用語解説**

**＊5　相続分**
　相続人が複数いる場合の、相続財産全体に対する各相続人の持分のこと。

第15章　財産の行方

　遺言をする際、どのような点に気をつければよいですか？

　遺言は、遺言者が死亡したときに、その効力を生じます。たとえば、前述の遺贈は、遺言者が死亡して遺言の効力が生じたことによって実行されます（民法985条1項）。ということは、遺言の効力が生じたときには、本人（遺言者）に、その遺言の内容の真偽や真意を確認することができなくなっています。そこで、民法は、遺言者の最終意思を正確に把握できるように、そして、他人が偽造・変造できないように、遺言に厳格な方式を要求しました（民法960条）。たとえば、「遺言だ！」といって、スマートフォンに録画や録音したりしても、法律上、有効な遺言とは認められません。以下のいずれかの方式でなければ、そもそも遺言とはいえないのです。

```
普通方式（民法967条本文）─┬─自筆証書遺言（民法968条）
                          ├─公正証書遺言（民法969条）
                          └─秘密証書遺言（民法970条）
特別方式（民法967条但書）─┬─危急時遺言（民法976条・979条）
                          └─隔絶地遺言（民法977条・978条）
```

**図表15-1　遺言の種類**

いろいろな遺言の方式がありますね

　では、自筆証書遺言って、どのようなものですか？

　**自筆証書遺言**をするには、遺言者が、遺言の全文、日付および氏名を自書し、これに押印しなければなりません（民法968条1項）。まず、全文の自書が要求されているので、代筆は認められず、パソコンやスマートフォンなどで作成した文書も自筆証書遺言としては無効です。したがって、文字を書けない人は、自筆証書遺言をすることができません。

　日付は、遺言者の遺言能力の有無の判定や、内容の矛盾する複数の遺言書の前後（新旧）を確定する際の基準として重要な役割を果たすので、年月日まで正確に記載しなければなりません。たとえば、「昭和41年7月吉日」では、日を特定できないため、日付を欠く遺言として無効とされた事例があります[*6]。ただし、年月日を特定できればよいので、たとえば、「60回目の誕生日」や「2017年元日」などの記載でもよいとされています。なお、内容の矛盾する複数の遺言書がでてきた場合は、その矛盾する部分については、新しいものが有効となります（民法1023条）。

*6　最判昭和54年5月31日民集33巻4号445頁。

第Ⅳ編　今後の人生のために

氏名は、遺言者の同一性つまり本人であるかどうかを確認できればよいので、必ずしも戸籍上の本名である必要はなく、通称、雅号、芸名、屋号などでもよいとされています。氏の記載のない遺言書を有効とした事例もありますが[*7]、わざわざそのようなリスクをおかさずに、本名を自書したほうが安全でしょう。また、押印に使用する印は実印である必要はなく、認印でも構いません。指印（親指やその他の指に墨や朱肉などをつけて押印すること）でも有効とされた事例があります[*8]。

なお、日付および氏名の自書、押印は、遺言書本文を記載した紙面になされていなければならず、遺言書を入れた封筒にのみ日付および氏名の自書、押印があるような場合、その遺言は、原則として無効となります。

*7　大判大正4年7月3日民録21輯1176頁。

*8　最判平成元年2月16日民集43巻2号45頁。

> **Mini Column　戦国武将のサイン—花押（かおう）**
>
> ここ数年、戦国武将がブームのようです。その影響かどうかはわかりませんが、戦国武将などが書簡に記した花押をまねたサインが押印の代わりになるか否かが争われた事件があります。そもそも押印の慣行のない外国人の遺言については、押印がなくてもサインだけで有効とした事例がありますが[*9]、最高裁判所は、花押は「印章による押印と同視することはできず、民法968条1項の押印の要件を満たさない」と判示しています[*10]。契約書などをイメージするとわかりやすいと思いますが、日本では、押印は、非常に重要なものなのです。

*9　最判昭和49年12月24日民集28巻10号2152頁。

*10　最判平成28年6月3日民集70巻5号1263頁。

## Q5　自筆証書遺言には、メリット・デメリットってあるのですか？

自筆証書遺言は、遺言能力があり[*11]、文字を書くことができれば、誰でも作成することができます。遺言の内容を知られたくないとか、遺言の存在自体を知られたくないという場合には非常に有用で、費用もそれほどかからない（紙、ペン、印鑑、朱肉、封筒があれば十分です）というメリットもあります。その反面、遺言者の死亡後に、変造・隠匿・破棄されてしまうおそれがあり、また、遺言者に法律の知識がない場合には、遺言の内容が不明瞭であるとか、前述の要件に違反しているなどの理由で、遺言の効力をめぐって紛争が生じる可能性もあります。

**POINT**

*11　15歳以上で意思能力のある状態を指す。

### ▶CASE①
おじいさんが死亡した後、仏壇のなかからおじいさんの自筆証書遺言を発見してしまいました。どうすればよいのですか？

亡くなった人の自筆証書遺言を保管していたり、発見したりした場合は、遺言書を家庭裁判所に提出して**検認**[*12]の手続きを経る必要があります（民法1004条1項）。あわてて開封してはいけません。遺言書が封印されていた場合、家庭裁判所外で勝手に開封すると、5万円以下の過料に処されてしまいます（民法1004条3項・1005条）。また、他の相続人から遺言書を変造したのではないかとあらぬ疑い

**用語解説**

*12　検認
遺言書の検証および証拠保全の手続きで、遺言書あるいは「遺言書らしきもの」の存在を確認して、その外形を保全して、以後の偽造・変造を防止するための手続きをいう。

第15章　財産の行方

をかけられる可能性もありますので注意が必要です。ちなみに、検認の手続きを経たからといって、遺言の有効性が認められたわけではないという点にも注意が必要です。

　では、公正証書遺言って、どのようなものですか？

公正証書遺言は、**公証人**\*13に作成してもらう遺言です。遺言者が**公証役場**に行くか、公証人に出張を求めて、作成してもらいます。公正証書遺言の作成は、以下のようにしてなされます（民法969条）。

① 証人2人以上の立会いのもとで、遺言者が遺言の趣旨を公証人に口授する（同条1号・2号）。

② 公証人が、遺言者の口述を筆記して（つまり、書面にして）、これを遺言者および証人に読み聞かせ、または、閲覧させる（同条3号）。

③ 遺言者および証人が、筆記の正確なことを承認した後、各自がこれに署名し、押印する（同条4号本文）。ただし、遺言者が署名することができない場合は、公証人がその事由を付記して、署名に代えることができる（同条4号但書）。

④ 公証人が、以上の方式にしたがって作成したものである旨を付記して、署名、押印する（同条5号）。

公正証書遺言では、遺言の趣旨を口授すればよいのですから、文字を書くことができない人も、遺言をすることができますし、口がきけない人あるいは耳が聞こえない人も、通訳人の通訳によって、遺言をすることができます（民法969条の2）。

公正証書遺言は、遺言書の原本が公証役場に保管されるため、変造・隠匿・破棄などのおそれはありません。また、公証人が関与するため、遺言の内容が不明瞭であるとか、あるいは要件違反など、遺言の効力をめぐって紛争が生じるおそれが少なく、検認の手続きも不要（民法1004条2項）といったメリットもあります。その反面、相続人のような利害関係人であれば原本の閲覧などを請求できるため、遺言の内容が漏れてしまう可能性がありますし、費用\*14や時間がかかり、2人以上の証人を探す必要もあるので、手軽に作成するというわけにはいきません。

> **CASE②**
> もし、遺言者A男さんが「自分の全財産は、お世話になった花子さんに遺贈する」という遺言をしたら、相続人である奥さんのB子さんや子のC美さん、子のD太くんは何ももらえなくなってしまうのですか？

遺言書作成当時、遺言者A男さんに遺言能力があり、遺言書が前述の遺言の方式を満たしていれば、この遺言は有効であり、遺言者A男さんの全財産は花子さ

**用語解説**

\*13　公証人
公正証書の作成などをする公務員のこと。裁判官や検察官出身者が多い。

**CHECK**

\*14　「証書作成手数料」（財産価額が100万円以下であれば5,000円、100万円を超え200万円以下であれば7,000円というように、財産価額の上昇にともない手数料も増加する）＋「1万1,000円」（遺言加算といって、全体の財産が1億円以下のときにかかる）＋「各種の正本代・謄本代」などがかかる。

181

第Ⅳ編　今後の人生のために

んに遺贈されます（花子さんが、実は遺言者A男さんの愛人だったりすると話がややこしくなりますが…）。この場合の花子さんを**受遺者**とよびます。

ところが、この遺贈が実行されると、遺言者A男さん所有の土地、建物、預貯金などはすべて花子さんに帰属することになり、遺言者A男さんに扶養されていた配偶者のB子さん、子のC美さん、子のD太くんは、路頭に迷うことになりかねません。

そこで、民法は、遺産の一定割合を**遺留分**として相続人に保障されるものとして、遺言自由の原則に制限を加えています。つまり、遺言者（被相続人）に一定の相続人がいる場合、遺言者（被相続人）は、「遺留分の規定に違反しない範囲内」であれば、自分の財産を自由に処分できるということになります。もし、遺留分の規定に違反する遺贈などが行われた場合、相続人である配偶者のB子さん、子のC美さん、子のD太くんは、自分の遺留分を主張することで、遺産の一定割合を取り戻すことができるのです。

**Q7** 遺留分を主張できるのは誰ですか？　どのぐらい取り戻すことができるのですか？

遺留分を主張できる人（＝**遺留分権利者**）は、相続人である配偶者、子、父母など（後述する法定相続人のうち兄弟姉妹以外の人）です（民法1028条参照）。

遺留分の割合は、**直系尊属**（父母や祖父母、曾祖父母などを指します）のみが相続人である場合は遺産の3分の1で（同条1号）、それ以外の場合（配偶者や子がいる場合）は遺産の2分の1と規定されています（同条2号）。CASE②では、配偶者のB子さん、子のC美さん、子のD太くんが相続人なので、遺産の2分の1まで取り戻すことが可能です。

なお、相続人である配偶者のB子さん、子のC美さん、子のD太くんに遺留分が保障されているとはいっても、花子さんへの遺贈が無効となるわけではありません。自分の遺留分を侵害された配偶者のB子さん、子のC美さん、子のD太くんが、**遺留分減殺請求**[*15]を行うことによってはじめて、自分の法定相続分の2分の1まで取り戻すことができるのです（民法1031条）。しかし、もし配偶者のB子さん、子のC美さん、子のD太くんが、花子さんに対する遺贈があったことを知りながら1年間なにもしなければ、時効によって遺留分減殺請求権を行使できなくなり（民法1042条）、遺言者A男さんの全財産は花子さんのものになります。

**用語解説**

*15　遺留分減殺請求
　侵害された自分の遺留分を取り戻すために必要となる請求のこと。

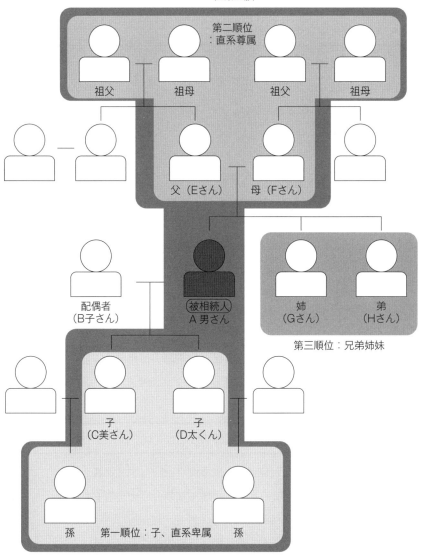

図表15-2　血族と法定相続人

## 2 ── 財産はどう分けられる？

　それでは、被相続人が遺言をしないで死亡した場合、相続財産は、誰に、どのように分けられるのでしょうか。この節では、**法定相続**[*16]についてみていきましょう。

> **用語解説**
>
> *16　法定相続
> 　民法に規定される相続人や相続分にしたがった相続をいう。

相続人になるのは誰ですか？

まず、被相続人に**配偶者**がいれば、その配偶者は相続人となります（民法890条）。これを**配偶者相続人**とよびます[*17]。

さらに、被相続人に**血族**がいれば、その血族は相続人となる可能性があります。これを**血族相続人**とよびます。血族とは、血のつながり、つまり、血縁のある人を指しますが、血縁があれば誰でも相続人になれるというわけではありません。血族相続人には、順位があります。第一順位として被相続人の子、そして、もし被相続人の子が被相続人より先に死亡していたような場合[*18]はその直系卑属、つまり、被相続人の孫（民法887条1項・2項）になります。被相続人に直系卑属がいない場合には、第二順位として被相続人の**直系尊属**、つまり、被相続人の父や母（民法889条1項1号）、被相続人に直系尊属もいない場合には、第三順位として被相続人の兄弟姉妹（同項2号）が相続人となります。先順位者が相続すれば、後順位者は相続できません。少々複雑に感じるかもしれませんが、簡単にいえば、被相続人の財産は、被相続人の子孫が、子孫がいなければ祖先が、祖先がいなければ兄弟姉妹が、兄弟姉妹がいなければおい・めいが相続するということになります[*19]。被相続人のおじ・おばは、相続人になれません。

 養子や胎児はどうなるのですか？

被相続人の子については、実子（**自然血族**）・養子（**法定血族**）の区別はありません。養子も法定「血族」ですから、自然「血族」である実子と同様に血族相続人です。

それでは、胎児はどうでしょうか。胎児は「相続については、既に生まれたもの」とみなされます（民法886条1項）。たとえば、父が交通事故で死亡したという場合、父が死亡する前に生まれていた子には相続人となることのできる資格（＝**相続権**）があって、父が死亡したときは胎児であり父が死亡した直後に生まれた子には相続権がないとすると、どちらも同じく父の子であるのに不公平だと考えられるからです。ただし、胎児が、「死体で生まれたとき」、つまり、流産あるいは死産のときは、はじめから相続人にならなかったものとして扱われます（同条2項）。

---

**POINT**
*17 ここでいう配偶者とは法律上の（戸籍上の）配偶者である。内縁の配偶者や事実上の配偶者は相続人になれない。

**POINT**
*18 被相続人の子が、被相続人より先に死亡していた場合、相続欠格者である場合、廃除された場合、この3つの場合には、被相続人の子の子（被相続人の孫）が、被相続人の子に代わって相続する。これを**代襲相続**という（民法887条2項・889条2項）。

**CHECK ここも**
*19 相続人になれるのは、おい・めいまで（民法889条2項・887条3項参照）。おい・めいの子は相続人になれない。

# 第15章　財産の行方

> **CASE ③**
> 被相続人A男さんの相続財産が6,000万円であった場合、それはどのように分けられるのですか？

前述の相続分の指定がなければ、原則として、法定相続分にしたがって分けられます（民法900条）。基本的な3つのパターンでみていきましょう。

① 配偶者と子が相続人の場合……配偶者と子全体が2分の1ずつで（同条1号）、子が数人ある場合は、子全体の相続分を均等に分けます（同条4号）。たとえば、被相続人A男さんの配偶者のB子さん、子のC美さん、子のD太くんが相続人であれば、配偶者のB子さんが相続財産全体の2分の1である3,000万円を相続し、子のC美さんと子のD太くんが子全体の相続分である3,000万円を均等に分けて、それぞれ1,500万円ずつ相続します。

② 配偶者と直系尊属の場合……配偶者が3分の2、直系尊属全体が3分の1で（同条2号）、直系尊属が数人ある場合は、直系尊属全体の相続分を均等に分けます（同条4号）。たとえば、被相続人A男さんの配偶者のB子さん、父のEさん、母のFさんが相続人であれば、配偶者のB子さんが相続財産全体の3分の2である4,000万円を相続し、父のEさんと母のFさんが直系尊属全体の相続分である2,000万円を均等に分けて、それぞれ1,000万円ずつ相続します。

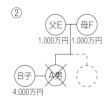

③ 配偶者と兄弟姉妹の場合……配偶者が4分の3、兄弟姉妹全体が4分の1で（同条3号）、兄弟姉妹が数人ある場合は、兄弟姉妹全体の相続分を均等に分けます（同条4号）。たとえば、被相続人A男さんの配偶者のB子さん、兄弟姉妹のGさんとHさんが相続人であれば、配偶者のB子さんが相続財産全体の4分の3である4,500万円を相続し、GさんとHさんが兄弟姉妹全体の相続分である1,500万円を均等に分けて、それぞれ750万円ずつ相続します。なお、半血の兄弟姉妹（異父母兄弟姉妹）の相続分は、全血の兄弟姉妹の相続分の2分の1とされています（同条4号但書）。

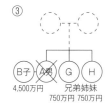

---

**Mini Column　嫡出でない子の相続分**

かつては、嫡出でない子の相続分は、嫡出子の相続分の2分の1とされていましたが、2013（平成25）年9月4日に、最高裁判所大法廷は、国内外の状況を精査したうえで、「遅くとも［被相続人］の相続が開始した平成13年7月当時においては、……嫡出子と嫡出でない子の法定相続分を区別する合理的な根拠は失われていたというべきであ」り、「本件規定は、遅くとも平成13年7月当時において、憲法14条1項に違反していたものというべきである」と判示し[20]、その結果、民法が改正され、嫡出子と嫡出でない子との相続分の平等化が図られました。

*20　最大決平成25年9月4日民集67巻6号1320頁。

結婚するときにA男さんにマンションを買ってもらった子のC美さんと、何も買ってもらえなかった子のD太くん。相続分が同じではD太くんが損をしませんか？

たとえば、相続人のなかに、被相続人の生前に、被相続人から特別の贈与を受けていたとか、他の相続人に比べて高額な学費援助を受けていたという人がいる場合、相続財産を均等に分けると不公平になる可能性があります。また、相続人のなかに、被相続人の事業に関する労務の提供や被相続人の療養看護など、特別の寄与をして被相続人の財産の維持または増加について寄与した人がいる場合も同様です。

そこで、民法は、前者については**特別受益の持戻し**とよばれる制度[*21]を、後者については**寄与分**とよばれる制度[*22]を設けて、相続人間の実質的な公平を図っています。

> **POINT**
> [*21] C美さんが買ってもらったマンションを、相続財産の一部（相続財産の前渡し）とみて、相続分を計算することで、子のC美さんと子のD太さんとの公平を図ることができる（民法903条）。

> **POINT**
> [*22] 特別の寄与があったと認められると、その寄与の分だけ、他の相続人よりも多くの相続財産を得ることができる（民法904条の2）。

子のC美さんはA男さんの遺言書をこっそり書き換えていたことが発覚しました！　C美さんはどうなるのですか？

おそらく、多くの人は、「C美さんに相続させてはいけない！」と答えるでしょう。民法も同じように考えていて、「家族的な協同関係を破壊するような非行」あるいは「相続秩序を侵害するような非行」をした相続人に対しては、相続権を法律上当然に喪失させることにしています。これを**相続欠格**といい、これによって相続権を喪失する相続人を**相続欠格者**とよんでいます。

それでは、具体的に、どのような行為が相続欠格の理由となるのでしょうか。民法は、5つの欠格事由を規定しており（民法891条）、これらは、被相続人または先順位もしくは同順位の相続人を殺害する行為にかかわるもの（1号・2号）と、被相続人の遺言に不正な干渉を加えたり、遺言書の偽造・変造・隠匿などを行ったりすることによるもの（3号・5号）の2つに大別することができます。遺言書の書き換えも欠格事由に該当するので、子のC美さんは相続欠格者となり、相続人から外されます。

子のD太くんがA男さんに暴力を振るっていたような場合はどうですか？

推定相続人が、欠格事由には至らないものの、被相続人に対して、暴力を振るったり、「お前なんか死んでしまえ！」と罵ったり、被相続人の預貯金を勝手に下

ろして使い込んだりするような場合があります。このような場合に備えて、民法は、被相続人の請求にもとづいた家庭裁判所の審判によって、相続人から相続権を喪失させる、**廃除**という制度を用意しています（民法892条）。相続欠格も廃除も、どちらも相続人の相続権を喪失させるという、いわば民事上の制裁ともいえる機能を有しています。

　親の借金はどうなるのでしょうか？

　被相続人の死亡によって相続が開始すると（民法882条）、相続人は、被相続人の死亡の事実や自分が相続人になったことを知っていたかどうかにかかわらず、被相続人の一身に専属したもの（＝一身専属権[*23]）を除いて、被相続人の財産に属した一切の権利義務を承継します（民法896条）。土地、建物、預貯金などのプラスの財産（積極財産）も、借金などのマイナスの財産（消極財産）もどちらも相続するのです。しかし、マイナスの財産がプラスの財産を上回る債務超過の場合（借金のほうが多い場合）にまで相続を強制することは、相続人にとっては酷です。また、プラスの財産のほうが大きくても、たとえば、被相続人の生き方に対する反発や他の相続人に相続財産を集中させたいなどの理由から、相続人が承継を望まない場合もあります。

　そこで、民法は、相続人に、相続財産を無条件に承継するか（**単純承認**）、相続財産を条件つきで承継するか（**限定承認**）、相続財産の承継を全面的に拒否するか（**放棄**）、という3つの選択肢を与えました。相続人は、「自己のために相続の開始があったことを知った時」から3か月以内に、3つのなかから1つを選択しなければなりません（民法915条1項本文）。この期間を**熟慮期間**といいます。もし、相続人が、熟慮期間内に、家庭裁判所で、限定承認または放棄の手続きをしなければ、単純承認をしたものとみなされます（民法921条2号）。

[*23] 一身専属権については、次ページを参照。

　それでは、単純承認、限定承認、放棄の違いはなんでしょうか？

　単純承認をすると、相続人は、被相続人のプラスの財産だけでなくマイナスの財産をも無限に承継することになり（民法920条）、債務超過の場合には、その不足分を自分の財産を使ってでも弁済する義務を負います。

　相続を放棄すると、放棄者は、その相続に関して、初めから相続人とならなかったものとみなされます（民法939条）。もし、相続人のなかの誰か一人が放棄をすれば、放棄された相続分は相続財産のなかへ戻され、放棄者を除く他の相続人にあらためて配分されることになります。

　単純承認や放棄と比べて、限定承認は、少々理解するのがむずかしいかもしれ

ません。たとえば、債務超過の場合に、相続財産で弁済できる分だけ弁済するというのが限定承認です（民法922条）。単純承認と異なるのは、不足分については、自分の財産を使って弁済する必要がないという点です。たとえば、相続人が限定承認をすると、被相続人に金銭を貸していた人（＝**相続債権者**）は、相続財産で弁済できる分は弁済してもらえますが、不足分については弁済してもらえないという結果になります。相続人が保護される反面、貸した人が損をするのです。

それでは、放棄とは、どのような点で異なるのでしょうか。放棄をしても、限定承認をしても、被相続人に借金があった場合は、相続財産を売却して金銭に換え、その金銭を借金の弁済にあてるのが一般的です。そうすると、「相続財産が思ったよりも高く売却できた」という事態が生じる可能性もあるのです。この場合は、「借金全部返せるじゃん！」となるかもしれません。

借金を全部弁済してもなお金銭が残っている場合（実は債務超過ではなかった場合）、放棄をしていると、放棄者は相続人ではないので、残った金銭を相続することができません。これに対して、限定承認をしていたのであれば、残った金銭を相続することができるのです。ほかにも限定承認のメリットはありますが、限定承認は、相続人全員が共同して行わなければならないこと（民法923条）、相続財産の目録を作成して家庭裁判所に提出しなければならないこと（民法924条）など、面倒なことも多いので、あまり利用されていません。

**Q8** そもそも相続財産とはどのような財産のことですか？

民法896条本文は、「相続人は、相続開始の時から、被相続人の財産に属した一切の権利義務を承継する」と規定します。これを**包括承継**[*24]とよんでいます。この「被相続人に属した一切の権利義務」が相続財産であり、たとえば、被相続人が所有していた土地や建物に対する所有権や預貯金などに関する権利、借金を弁財しなければならないといった義務などが含まれます。

一方、民法896条但書は、「ただし、被相続人の一身に専属したものは、この限りでない」と規定します。ここでいう「被相続人の一身に専属したもの」（＝**一身専属権**）とはなんでしょうか。一身専属権とは、個人の人格・才能や地位と密接不可分の関係にあるために、他人による権利の行使や義務の履行を認めるのが不適当な権利義務のことです。たとえば、第9章に登場した親権は、権利義務の一種ですが、親権は父母の「一身に専属したもの」であり、父母が死亡したからといって、親権が未成年の子に相続されるとすると……。このような権利義務は、相続財産から外されているのです。

---

**用語解説**

*24　包括承継
「包括」というのは、ここでは「相続財産全体」とか「相続財産の一部分」という意味で使われている。

お墓も相続されるのですか？

　一身専属権以外にも、相続財産から外されている財産があります。それが**祭祀財産**です（民法897条）。祭祀財産とは、たとえば、家系図、位牌、仏壇仏具、神棚、十字架、墓石のような祖先の祭祀（法事など）のための財産であり、これらについては、相続とは別のルールで承継されます。というのも、祭祀財産は、相続分にしたがった分割にはなじまないからです。墓地も祭祀財産に準じると考えられるので、相続財産に含まれません。

　それでは、どのように承継されるのかというと、祭祀財産は、祖先の祭祀を主宰すべき人（**祭祀主宰者**：祭祀承継者などともいいます）が承継します。祭祀主宰者になれる資格については、とくに制限はありません。相続人でなくてもよいですし、被相続人と氏が異なっていても問題ありません。しかし、いったん祭祀主宰者に指定されると「やーめた」といって辞退をすることはできません。そうすると、祭祀主宰者になるのは大変だと思われるかもしれませんが、祭祀主宰者は、祭祀を行う法律上の義務を負っているわけではないので、何もしなくても構いません（もちろん、親戚一同から文句をいわれるかもしれませんが……）。一方、祭祀を行ったからといって、相続のうえで特別な利益を受ける権利もありません。ただし、祭祀主宰者は、祭祀財産を自由に処分することができます。いい加減な人を祭祀主宰者に指定すると、知らない間に先祖代々のお墓が売却されていた、などという事態が起こってしまうかもしれません……。

# 資料 — 法律についてもっと詳しくなりたいなら！

　各章で扱われた事例や法律などについて、深く調べたい場合には、大学教員や弁護士など法の専門家が書いた本を読むのがよいのですが（法律トラブルに巻き込まれたりしてすぐ必要なら最新のものがよい！）、ここでは、スマホなどから気軽に利用できるサイトを紹介したいと思います。

・たとえば、みなさんが法律トラブルに巻き込まれた場合に根拠となる法律など法令を調べたいなら！
　**電子政府の総合窓口e-Gov**（https://www.e-gov.go.jp/）
・法律が作られた経緯を知りたいなら（大日本帝国議会議事録も検索可能）！
　**国会会議録システム**（http://kokkai.ndl.go.jp/）
・ごく最近の判例を調べたいなら！
　**裁判所のホームページ**（http://www.courts.go.jp/）
・自分が知りたい法律について研究者など専門家が書いている論文を調べたいなら（一部、PDFファイルで論文自体を公表しています）！
　**CiNii**（http://ci.nii.ac.jp/）
・各分野の弁護士の意見をふまえたいなら！
　**弁護士ドットコム**（https://www.bengo4.com/）
・その他、条例は各自治体のホームページに議事録などもあわせて掲載されていることが多いです。

　ここからは、足を使って文献収集をする方法を少し紹介しましょう。公共図書館や大学図書館の中には、法律文献や判例検索、新聞記事検索のデータベースを有している場合もありますので、ぜひ確認してみて下さい。
　また、どうしても入手困難な資料がある場合には、国立国会図書館（一部資料公開）（http://www.ndl.go.jp/）にあることが多いです（ちなみに、マンガや雑誌も保管されています［笑］）。
　過去の法令や行政資料を調べたい場合には各都道府県の公文書館や国立公文書館（一部資料公開）（http://www.archives.go.jp/）に行くのもよいでしょう！

# 索　引

## あ　行

アカデミック・ハラスメント　49
新しい権利　31
アポイントメントセールス　133
安全配慮義務　103
育児休業　122
意見表明権　86
遺言　177
　　──自由の原則　178
意思能力　173、178
　　──の相対性　173
意思表示　16
萎縮効果　38
遺贈　178
遺族年金　167
逸失利益　60
一身専属権　188
遺留分　182
　　──減殺請求　182
　　──権利者　182
受取証書　17
氏　109
ADR　146

## か　行

カードローン　139
解雇回避努力義務　160
介護保険　169
貸金業法　138
家事審判　151
家事調停　151
割賦販売法　135
家庭裁判所　150
簡易裁判所　149
監護教育権　115
監護者　116
姦通罪　42
期間の定めのない労働契約　94
期日前投票　75
疑似パート　99
起訴　57、145
規則　5
キャッチセールス　133
求職者支援制度　162
教育訓練給付金　163
協議離婚　112
強制加入　165、171
強制性交等罪　42
共同親権　115
居所指定権　115
居宅介護サービス　170
寄与分　186
均衡処遇　98、100
金銭消費貸借契約　138
近代立憲主義型の憲法　9
クーリング・オフ制度　133
クーリング期間　96
クレオール化　3
クレジットカード　132
ケアプラン　171
刑事裁判　31、57、145
刑事事件　144
刑事責任　33、56
刑事訴訟法　6、57
刑事被告人　145
刑罰　43、56
刑法　6、43、56
契約　14、29
　　──書　16
　　──の解除　23
血族　184
健康寿命　168
健康増進法　168
原告　144
検索の抗弁　140
検察官　57
原状回復義務　21
限定承認　187
検認　180
憲法の三大原理　8

権利能力　177、178
権力分立　8
合議制　150
合計特殊出生率　120
後見制度支援信託　175
公証人　181
公証役場　175、181
公職選挙法　66
公正証書遺言　181
厚生年金　166
公的年金制度　165
高等裁判所　152
国際結婚　118
国民主権　8
国民年金　165
個人再生　141
個人賠償責任保険　61
国会　8
国家の刑罰権　56、145
国旗及び国歌に関する法律　10
子ども・子育て支援法　124
子どもの権利委員会　88
子ども兵士　88
個別クレジット　134
雇用安定措置　100
雇用保険　161
婚姻　43, 106
　　──意思　108
　　──適齢　108
婚氏続称　114

## さ　行

罪刑法定主義　56
債権　20
最高裁判所　152、154
最高法規　9
催告の抗弁　140
再婚禁止期間　108
財産管理　174
　　──権　115

191

財産分与　110
祭祀財産　189
最善の利益　86
裁判員制度　153
裁判所　143
裁判離婚　112
債務不履行　23
雑則　11
三審制　148
産前産後休業　123
時間外労働　100
敷金　18
敷引き特約　19
指揮命令関係　99
施行　11
時効　26
自己破産　141
事実婚　107
施設サービス　170
失業　161
児童虐待　88
　　──防止法　88
自動車損害賠償保障法　61
児童の権利条約　85
児童扶養手当　128
自賠責保険　61
支払停止の抗弁　136
自筆証書遺言　179
司法　8
受遺者　182
週休1日制の原則　101
重婚　108
住民投票　76
主権者　72
出産育児一時金　123
出資法　138
出生数　126
障害者差別の禁止　163
障害年金　167
証拠　16
少子化　120
使用者責任　58
肖像権　31、32
承諾　18

少年審判　152
消費貸借　138
商法　6
消滅時効　26
条約　5
省令　5
条例　5
除斥期間　27
所有権　20
書類送検　33、81
知る権利　39
親権　115
　　──者　115
　　──喪失の審判　117
人工妊娠中絶　50
親告罪　34
人事訴訟　151
身上監護　174
人的担保　140
審判離婚　112
深夜労働　101
ストーカー　44、47
青少年保護育成条例　42
製造物責任法　24
政党　69
成年後見制度　173
成年後見利用促進法　176
整理解雇　160
政令　5
セクシャル・ハラスメント（セクハラ）　48、158
積極的平和　8
選挙　65
　　──権　66
専門職後見人　174
捜査　57
造作買取請求権　22
総則　11
相続　177
　　──欠格　186
　　──権　50、184
総量規制　139
訴訟事件　150
訴訟代理人　144

損害賠償　58
　　──請求権　23

### た 行

待機児童　122
諾成契約　16
多重債務　140
　　──者　138
堕胎　50
単純承認　187
単独親権　115
地域包括支援センター　168
地域密着型サービス　172
知的財産高等裁判所　152
地方裁判所　150
地方自治　8
仲介手数料　18
調停離婚　112
直系尊属　182、184
賃貸借契約　18
通信販売　133
DV　45
　　──防止法　45
デイサービス　170
貞操義務　110
定年制　165
デートDV　46
手数料　135
徹底的な平和主義　8
当事者主義　144
同性婚　112
投票率　67、68、73
道路交通法　10，53
特定調停　140
特別受益の持戻し　186

### な 行

内縁　107
内閣　8
内定辞退　95
内定取消し　95
日本国憲法　5、6

索　引

任意後見　175
任意整理　140
人間交際　3
認知　49
認知症　172
ネグレクト　89
年次有給休暇（年休）　101、103
年齢差別　161

　　　は　行

パートタイム労働者　98
媒介契約　18
配偶者暴力相談支援センター　45
売春防止法　42
廃除　187
売買契約　15
パターナリズム　29、85
罰金　82
パブリシティ権　31、32
パワー・ハラスメント（パワハラ）
　　103、104
晩婚化　106、121
非行少年　151
被告　144
非訟事件　150
ピジン化　3
非正規労働者　95
ひとり親家庭等日常生活支援事業
　　129
表現の自由　38、54
夫婦財産契約　110
夫婦別氏選択制　109
不在者投票　75
附則　11
物権　20
不法行為　24、58
扶養義務　49、109
プライバシー権　31
府令　5
プロバイダ責任法　36
分割払い　135
包括クレジット　134
包括承継　188

放棄　187
法定財産制　110
法定相続　183
法定代理人　29
法定労働時間　100
法テラス　59、64
法律　5
法令　5
保険　60
保護処分　152
母子家庭等就業・自立支援センター
　　129
母子父子寡婦福祉資金貸付金　128
保証金　19
保証人　139
母性保護　123
補足　11
本則　11

　　　ま　行

マザーズハローワーク　128
マタニティ・ハラスメント（マタハ
　　ラ）　157
未婚化　121
未成年者　29、133
　　──飲酒禁止法　80
民事裁判　31、59、144
民事事件　144
民事責任　33、56、58
民事訴訟法　6、59
民主主義　38、71
民法　6、14
無過失責任　24
　　──原則　156
無期転換申込権　96
無期転換ルール　96
面会交流権　116
申込み　18

　　　や　行

雇止め　96
　　──法理　96

有期労働契約　95
養育費　117
要介護認定　169
要式行為　16
要物契約　16
預金者保護法　137

　　　ら　行

履行請求権　23
離婚　107、112
　　──原因　113
　　──届　113
リストラ　159
利息制限法　138
立憲主義　8
立法目的　83
リベンジポルノ　33
　　──防止法　34
リボルビング払い　135
礼金　18
連帯保証人　139
労働安全衛生法　156
労働契約　94、99
労働災害　156
労働者派遣法　99
労働条件の差別　98
老齢基礎年金　166

　　　わ　行

ワークライフバランス　98、124、
　　158
忘れられる権利　37
割増賃金　101

【編著者紹介】

榎　澤　幸　広（えのさわ　ゆきひろ）
　名古屋学院大学現代社会学部准教授。1973年生まれ。専門は、憲法学、マイノリティと法、島嶼と法。
［主要業績］
・清末愛砂・飯島滋明・石川裕一郎・榎澤幸広編『緊急事態条項で暮らし・社会はどうなるか』（現代人文社、2017年）
・「日本語を話しなさい」石埼学ほか編『リアル憲法学［第２版］』（法律文化社、2013年）
・「地方自治法下の村民総会の具体的運営と問題点―八丈小島・宇津木村の事例から―」『名古屋学院大学論集社会科学篇』第47巻第３号（2011年）


小川（杉島）由美子（おがわ［すぎしま］　ゆみこ）
　中京大学法学部教授。1960年生まれ。専門は、民法、消費者法。
［主要業績］
・小川由美子・尾島茂樹・熊田裕之・佐藤啓子・田中稔・田沼柾・深谷格・渡邉知行『現代民法入門［三訂版］』（一橋出版、2006年）
・「特定商取引法改正と消費者保護」椙山女学園大学現代マネジメント学部紀要『社会とマネジメント』第３巻第１号（2005年）
・「契約トラブルの法的救済と法情報提供のあり方」『椙山女学園大学生活の科学』24号（2002年）

### Qからはじめる法学入門

2017年9月20日　初版第1刷発行
2020年3月31日　初版第3刷発行

編著者　榎　澤　幸　広
　　　　小　川　由美子
発行者　竹　鼻　均　之
発行所　株式会社みらい
　　　　〒500-8137　岐阜市東興町40　第5澤田ビル
　　　　TEL 058-247-1227㈹
　　　　http://www.mirai-inc.jp/
印刷・製本　西濃印刷株式会社

ISBN978-4-86015-416-5　C1032
Printed in Japan　　乱丁本・落丁本はお取替え致します。